现代商贸流通
重大战略研究丛书

浙江智库
ZHEJIANG
THINK TANK

教育部人文社科重点研究基地
浙江省新型重点专业智库
浙江工商大学现代商贸研究中心

数字贸易发展
与全球产业链升级

朱 勤 著

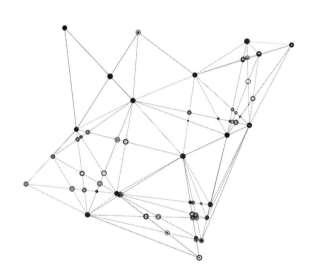

中国财经出版传媒集团
经济科学出版社
Economic Science Press
北京

图书在版编目（CIP）数据

数字贸易发展与全球产业链升级／朱勤著 . -- 北京：
经济科学出版社，2024.8
（现代商贸流通重大战略研究丛书）
ISBN 978 - 7 - 5218 - 5830 - 3

Ⅰ. ①数… Ⅱ. ①朱… Ⅲ. ①国际贸易 - 电子商务 -
研究 - 中国 Ⅳ. ①F724.6

中国国家版本馆 CIP 数据核字（2024）第079908号

责任编辑：赵　芳
责任校对：王肖楠
责任印制：范　艳

数字贸易发展与全球产业链升级
SHUZI MAOYI FAZHAN YU QUANQIU CHANYELIAN SHENGJI

朱　勤　著
经济科学出版社出版、发行　新华书店经销
社址：北京市海淀区阜成路甲 28 号　邮编：100142
总编部电话：010 - 88191217　发行部电话：010 - 88191522
网址：www. esp. com. cn
电子邮箱：esp@ esp. com. cn
天猫网店：经济科学出版社旗舰店
网址：http：//jjkxcbs. tmall. com
北京季蜂印刷有限公司印装
710 × 1000　16 开　16 印张　250000 字
2024 年 8 月第 1 版　2024 年 8 月第 1 次印刷
ISBN 978 - 7 - 5218 - 5830 - 3　定价：68.00 元
（图书出现印装问题，本社负责调换。电话：010 - 88191545）
（版权所有　侵权必究　打击盗版　举报热线：010 - 88191661
QQ：2242791300　营销中心电话：010 - 88191537
电子邮箱：dbts@ esp. com. cn）

前　言

对外贸易是我国开放型经济的重要组成，也是畅通国内国际双循环的关键枢纽。党的二十大报告提出，我国要"推动货物贸易优化升级，创新服务贸易发展机制，发展数字贸易，加快建设贸易强国"。2022 年，我国可数字化交付的服务贸易规模达 2.5 万亿元，比五年前增长了 78.6%。[①]数字贸易以数据为关键生产要素、数字服务为核心，以数字订购与交付为主要特征，依托数字技术与传统产业的深度融合而实现（OECD，2021）。随着新一轮科技和产业革命快速发展，数字贸易不仅是对传统贸易内容和模式的变革，还将促进全球产业链的各节点解构进而产生新链接，有效促进消费互联网向产业互联网转型，助力于制造业智能化的实现。本书以数字贸易促进全球产业链位势提升为主题，主要研究工作和研究特色如下。

第一，根据国际权威机构关于数字贸易测度的理念，以及我国数字贸易"二元三环"方案，以全面的视角，将数字贸易划分为基于"数字交付"的数字服务贸易和基于"数字订购"的跨境电子商务分别进行分析。系统梳理了数字贸易的历史沿革、内涵特征，总结了其发展演进和相应阶段特征事实，反映了数字贸易发展的动态趋势。通过国际比较分析，对全球分部门及整体的可交付数字服务贸易的竞争优势（TC）指数、显性比较优势（RCA）指数进行了测算，清晰地反映了全球数字交付贸易竞争力水平存在的区域差异及我国所处地位。本书对于区域数字贸易的测算做出了有益的推进：丰富和完善了现有指标体系，构建由数字贸易基础设施、数字产业基础、数字贸易市场潜力和数字金融支持 4 个一级指标构成的综合测度体系，对于我国区域省级层面数字贸易发展水平进行了测度；并在第

[①]　商务部官网。

七章将研究进一步细化到城市层面，首次测度并分析了我国257个地级市的数字贸易发展水平。

第二，通过引入空间分析，反映出我国数字贸易发展区域差异及空间分布动态演进，以及区域数字化转型对于贸易竞争力提升的空间溢出效应。在第三章中，通过达古姆（Dagum）基尼系数、核密度估计、莫兰指数及马尔科夫链等方法，揭示了我国数字贸易呈现非均衡发展态势，分析了区域差异及其来源。同时，我国数字贸易发展水平的层级结构比较稳定，即各省份在全国的发展地位短期内不易变化，而东部、中部、西部、东北四大地区数字贸易发展水平的绝对差异正随时间演变而逐渐缩小。我国区域数字贸易水平的动态转移，大多发生在相邻水平的省份之间，显现了高水平省份正向溢出的近邻效应。在第六章中，在测算数字化转型水平和区域贸易竞争力的基础上，分析了两者时空演变特征；进而利用空间杜宾（SDM）模型，研究了数字化转型对区域贸易竞争力的空间溢出效应，并分析了经济政策不确定性在其中发挥的作用。由于重视空间计量分析，本研究得到了相较于同类有关数字贸易发展研究更为丰富的结论，有助于政府相关部门制定相应战略决策，推动我国区域数字贸易发展水平的提升。

第三，构建了立体多维的分析框架，从环境、区域到企业层层细化，分别进行了数字贸易提升全球产业位势的理论和实证分析，揭示了关键的影响变量和作用路径。在环境层面，研究了互联网发展对全球产业链位势提升的影响，以及数字化转型促进区域贸易竞争力提升的空间效应。在区域层面，进行了城市数字贸易发展提升全球产业链位势的机制研究。在企业层面，进行了跨境电商平台赋能、服务企业数字化与价值提升路径的研究。在第七章中，通过构建双重企业异质贸易模型，基于数理分析进行了以出口技术复杂度表示的全球产业链位势影响因素的分析，并以之作为机制检验的理论依据。进而以实证研究证实我国城市数字贸易发展显著促进了全球产业链位势提升。门槛模型检验显示，该影响呈现边际效应递减的非线性特征。技术创新效应和成本节约效应是数字贸易促进全球产业链位势提升的实现路径；相对于成本节约效应，技术创新效应的作用有待更深入地发挥。异质性检验表明，对我国西部地区、稳定型城市群及四五线城市而言，数字贸易发展对于全球产业链位势提升具有重要的普惠效应。

第四，突出了微观层面的调研分析和企业案例研究的整体设计和有机融合。（1）从供给侧视角，基于对 690 份出口跨境电商开展的问卷调查，实证研究结果表明，跨境电商平台赋能显著提高了出口跨境电商的绩效，价值共创的子维度即共同制订计划、共同解决问题和灵活做出调整，在平台赋能对出口跨境电商绩效的正向影响中发挥了部分中介作用。（2）从需求侧视角，通过对进口跨境电商平台 516 份顾客调研问卷的实证分析表明，互联网平台赋权能显著地促进顾客忠诚度提升，顾客参与及顾客信任在内的顾客融入在其中发挥了中介作用。建议互联网平台优化赋权环境、重视顾客参与并增进顾客信任，有效发挥互联网平台供需匹配及降低交易成本的作用。（3）对浙江米奥兰特商务会展股份有限公司（以下简称"浙江米奥兰特"）进行了案例研究。采用扎根理论的三步编码方法，揭示了服务贸易企业价值提升的数字化路径与作用机制，揭示了服务贸易企业通过业务流程的数字化赋能、商业模式的数字化升级以及产业体系的数字化融合，与客户、市场和相关企业形成了基于数据整合的价值共享生态系统，创造了全新形式的商业价值成长。

在政策建议方面，深入分析了数字贸易发展中跨境数据流动规制及国际治理，阐释构建具有一致性、连贯性及可执行的跨境数据流动国际治理体系，已成为全球贸易政策制定者关注的重点议题，提出我国作为数字经济发展中大国，应在跨境数据国际治理体系中承担的角色和发挥的作用。针对全球国际经贸主导国不断维护其利益诉求等诸多因素，国际经贸规则正在重塑，本书论证了对接高标准国际经贸规则的紧迫性。通过对《全面与进步跨太平洋伙伴关系协定》（CPTPP）、《美国—墨西哥—加拿大贸易协定》（USMCA）、《区域全面经济伙伴关系协定》（RCEP）、《数字经济伙伴关系协议》（DEPA）为代表的国际高标准经贸规则中有关数字贸易内容，进行了比较研究，分析了我国数字贸易领域对接高标准国际经贸规则的内涵、方向及举措。在上述研究基础上，系统构建了赋能我国企业全球产业链升级的数字贸易政策体系，包含了四大模块，分别为数字贸易基础制度、数字贸易创新创业中心、数字贸易产业生态圈和数字贸易监管体系，并提出要在这四大模块间形成良性循环，以期为我国推动数字贸易高质量发展，有效实现全球产业链位势提升，带来有益的启发。

本书是教育部人文社会科学重点研究基地浙江工商大学现代商贸研究中心的研究成果，也是国家社会科学基金重大项目"高标准数字经贸规则促进产业链与创新链深度融合的机制研究"（23&ZD085）、国家社会科学基金一般项目"数字贸易提升我国全球产业链分工位势的机制与政策研究"（21BJY054）、浙江省哲学社会科学规划专项课题"浙江省重点产业链供应链韧性和安全水平评估与对策研究"（23ZX28）的阶段性研究成果。

感谢浙江工商大学现代商贸研究中心团队和课题组研究团队的全力支持。本书由朱勤负责搭建逻辑框架并参与了全书撰写工作，由于涉及的数据量和计算量很大，这项研究工作非仅凭一己之力能够完成，其他参与本书撰写工作的包括孙元、周蕾、夏晴、于海静、刘玥、周祥祥、张雨涛、应安妮、周立勇、郑梦洁、李兵涛、杨晶晶。参与资料收集和编辑校对工作的包括姜珊珊、吴若嫣、陈婷、祝昀森，向各位老师和同学的精诚合作和努力付出表示感谢。本书主体部分的内容主要来自作者及课题团队成员已发表的课题阶段性论文，随着研究工作的推进，我们将在研究数据收集及更新、研究的视角、方法和内容上积极创新，期待有更高质量的研究成果陆续发表。本书研究肯定存在不足之处，希望读者朋友们不吝赐教，提出富有建设性的改进意见。

朱　勤

2024 年 4 月

目录 CONTENTS

第一章

导 论

第一节 研究主题和意义

在全球化格局经历深刻调整的背景下，新的产业革命及数字技术进步为发展中国家打破由发达国家主导的分工体系，推动全球产业链重构提供了新的驱动力（荆林波、袁平红，2019）。我国企业在积极参与全球价值链分工的过程中，虽然仍未完全摆脱对技术外溢依赖、发达国家的俘获效应等"低端锁定"问题（吕越等，2018），但在全球价值链中出口上游度和生产复杂度已显著提高（倪红福、玉海成，2022；彭水军、吴腊梅，2022）。数字贸易作为我国构建对外开放新格局的重要抓手，能否有效推动我国全球产业链位势的提升？其具体的影响机制和作用路径是怎样的？这对于我国更高水平对外开放、对外贸易创新发展，并以外循环赋能更高水平双循环等国家重大战略部署的实施具有重要的意义。

关于数字贸易较早的研究集中于内涵和趋势的研究、数字贸易规则的探讨（盛斌、高疆，2020；周念利、寰琦，2020）。近年来，学术界对于数字贸易引致的经济效应分析更趋深入。现有研究从不同视角分析了跨境电子商务在降低贸易成本（张洪胜、潘钢健，2021；鞠雪楠等，2020）、促进出口增长（吕越等，2022）、降低出口市场风险（马述忠、胡增玺，2022）、出口产品转换及资源再配置（李小平等，2023）、跨境电商企业绩效（Yang et al.，2023）等方面产生的经济效应，也揭示了数字服务贸易促进了各国的技术创新（Wen et al.，2023）。还有少数研究基于全球价值链的视角，分析了数字贸易带来的影响。刘斌和顾聪（2022）的研究表明，跨境电商有利于降低企业参与全球生产分工"门槛"，促进企业参与全球价值链；侯俊军等（2023）的研究支持了缔结 RTA 数字贸易规则，能够显著促进中国企业在全球价值链地位的提升。

同时，数字贸易发展的测度研究也在不断丰富。马等（Ma et al.，2019）基于电子贸易指标体系（WITS）电子贸易指标体系构建了综合评价指标体系，对国际和我国国内数字贸易发展状况进行了评估；有研究考察了我国省域层面数字贸易的区域差异，并揭示了其空间动态演变的过程（Zhu & Zhou，2023）。值得注意的是，我国城市的数字经济发展呈现出明显的区域差异，已形成了以北京、上海、深圳等一线城市为轴心和引领的数字经济"城市空间牵引模式"（中国信息通信研究院，2022），因此，有必要把数字贸易发展的研究进一步细化和推进到城市层面。

目前，有关数字贸易与我国全球产业链位势提升的问题逐渐受到学术界关注，现有文献做出了有益探索，仍然存在以下研究缺口：第一，从研究对象来看，数字贸易内容可以划分为基于"数字订购"的数字服务贸易和基于"数字交付"的跨境电子商务（贾怀勤等，2021），现有数字贸易相关经济效应分析较集中在后者，对于整体数字贸易发展的经济效应研究相对较少；第二，从研究视角来看，关于全球产业链位势提升的驱动力，尽管已有研究关注到缔结数字贸易规则这一重要视角（侯俊军等，2023），但尚未系统而全面地就数字贸易对全球产业链位势提升的影响展开研究，更未能深入分析其作用机制；第三，从研究框架上来看，全球产业链分工位势影响因素的研究通常从产业纵向层面展开。本书认为，产业层面固然非常重要，但亟须以其他不同维度的视角，如区域空间分析、微观调研及案例分析视角对已有研究进行丰富和补充。

本书通过构建更为立体多维的分析框架，展开数字贸易影响全球产业链分工位势的理论和实证研究；分析了我国数字贸易发展的特征事实、区域发展差异，以及分布动态演进，通过多种计量方法的融合，较为全面地探索数字贸易促进我国全球产业链位势提升的影响及机制；针对我国对接数字贸易领域国际高标准经贸规则的现实背景，详细分析了如何把握数字贸易蓬勃发展的机遇，充分发挥数字贸易开展中创新要素禀赋、数字平台赋能以及新型生态架构等优势，提出构建推动我国数字贸易高质量发展、促进全球产业链创新升级的政策支撑体系。

本书的理论意义在于：第一，构建数字贸易提升全球产业链位势作用机制的理论分析框架，这不仅能拓宽数字贸易理论的分析边界，也扩展了全球产业链理论的研究视角；第二，研究我国数字贸易提升全球产业链分工位势这一命题，有利于夯实高水平对外开放理论，对"双循环"新发展格局问题研究形成有益补充；第三，将现有数字贸易理论和全球产业链理论，在中国情境和相关实践上进行科学分析，学术探索的理论意义强烈。

本书的实践意义在于：第一，有利于深化数字贸易创新应用，推进更高水平对外开放，更好地发挥国际循环的作用，为推动我国实现全球产业链位势提升提供理论和实证研究支撑；第二，为把握全球产业链数字化和智能化重构的时代机遇，使数字贸易赋能于我国产业链现代化和企业数字化发展，提供理论支持和决策参考；第三，为相关政府部门促进数字贸易战略发展，赋能全球产业链分工位势提升提供有针对性的政策建议。

第二节　结构安排与研究创新

本书研究思路如下。（1）在理论层面，构建可供拓展的理论分析框架，研究数字贸易影响全球产业链重构的内在逻辑，有效解释数字贸易促进我国全球产业链位势提升的内在机制、影响路径和传递渠道。（2）在实证层面，完善数字贸易发展水平的评估方法；从不同角度检验数字贸易对我国全球产业链位势产生的影响及其作用路径；通过微观层面的问卷调研与案例研究，验证数字贸易作用于全球产业链位势提升的机制。（3）在政策层面，针对我国实现高水平对外开放及全面提升产业链现代化水平，在数字贸易发展战略及政策支撑体系设计方面，提出系统性的对策建议；为政府精准施策、企业优化国际化战略以实现全球产业链升级提供有力的决策支持。研究思路如图 1-1 所示。

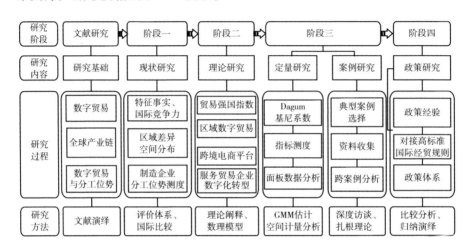

图 1-1　研究思路

本书结构安排介绍如下。第一部分为发展现状与特征事实，包含了第一章到第四章。第一章为导论。介绍全书研究主题和意义、研究思路和结构安排。第二章为数字贸易发展及国际竞争力分析。本章进行了数字贸易内涵及构成的分析、发展特征事实的分析和数字服务贸易国际竞争力的测算与比较。第三章为数字贸易发展区域差异及分布动态演进。通过空间计量分析刻画了我国省域数字贸易发展的差异及其来源，揭示了其动态演进特征。第四章为制造企业全球产业链分工位势的测算方法。本章对现有五种主要的全球价值链地位测算方法进行了比较分析，为第二部分的实证研究提供基础。

第二部分为影响及机制研究，包含了第五章到第八章。系统进行了环境层面、区域层面和企业层面数字贸易促进全球产业链分工位势提升的理论与实证研究。第五章为互联网发展对全球产业链位势提升的影响。主要是对环境层面的城市互联网与出口技术复杂度，以及与出口企业价格加成的关系研究。第六章为数字化转型促进区域贸易竞争力提升的空间效应。

在经济政策不确定性的视角下，研究了数字化转型促进区域贸易竞争力提升的空间效应。第七章为数字贸易发展提升全球产业链位势的机制。在区域层面研究了城市数字贸易发展对全球产业链位势的影响及机制。第八章为跨境电商平台、企业数字化与价值提升路径。从企业层面进行分析，首先以供给侧视角研究了跨境电商平台赋能对于出口企业绩效的影响及作用路径；其次，以需求侧视角研究了进口跨境电商平台对于顾客忠诚度的影响及作用路径；最后，对于服务贸易企业数字化转型与价值成长路径进行了个案分析。

第三部分为对策体系与政策建议，包含了第九章和第十章。第九章为数字贸易发展中跨境数据流动规则及国际治理。分析了数字贸易发展中跨境数据流动的规制及国际治理，提出我国作为数字经济发展中大国，应在跨境数据国际治理中提升话语权。第十章为赋能产业链位势提升的数字贸易政策体系。本章分析了我国数字贸易领域对接高标准国际经贸规则的内涵、方向及举措，并系统地构建了赋能我国企业全球产业链升级的数字贸易政策体系，提出要在数字贸易基础制度、数字贸易创新创业中心、数字贸易产业生态圈和数字贸易监管体系这四大模块间形成良性循环。

本书的研究特色与可能创新总结如下。一是研究视角创新，目前有关全球产业链分工位势影响因素的相关研究，往往从贸易结构、利用外资等角度开展。本书聚焦数字贸易蓬勃发展的时代背景、消费互联向产业互联转型的战略机遇，以及产业链数字化和智能化转型特征，从数字贸易发展的视角切入，提出数字贸易促进全球产业链位势提升的研究命题。二是研究观点创新，本书紧扣新发展格局下我国抢抓数字贸易发展机遇，实现全球产业链位势提升的主线，创新构建基于环境、区域和企业层面多维度的影响机制理论框架，系统分析数字贸易影响产业链分工位势提升的作用机制、路径优化和政策支撑体系，力图实现观点创新。三是研究方法应用创新，创新构建区域层面数字贸易评价体系并进行测度；研究中融合了空间计量分析微观层面调研问卷与案例研究等方法，综合应用到数字贸易问题的研究中，实证研究的方法力求立体多维，从而使研究结论更为可靠。

第二章

数字贸易发展及国际竞争力分析

第一节　数字贸易的内涵及构成

一、数字贸易的历史沿革

据联合国贸易和发展会议（UNTCAD）预测，在2030年前，数字技术将推动全球贸易逐年增长1.8~2个百分点，并带动全球服务贸易占比提高到25%，从而使数字贸易成为世界贸易增长的新引擎。从全球数字贸易发展动态来看，2017~2019年，全球跨境电子商务B2C市场规模年均增长率超过了8.5%；2011~2020年，全球数字服务贸易发展规模也逐年攀升，2020年，全球数字服务贸易出口规模达31925.9亿美元，占服务贸易比重上升至52.0%，占全部贸易比重上升至12.9%。我国数字贸易发展也取得了极大进展，2022年，我国跨境电商进出口规模达2.1万亿元，比两年前增长30.2%；可数字化交付的服务贸易规模达2.5万亿元，比五年前增长了78.6%。①

---

① 商务部官网。

纵观国际贸易的发展历史，国际贸易大体经历了三个大的发展阶段：20 世纪 70 年代之前的传统最终产品贸易阶段；1970～2010 年的全球价值链（GVC）贸易阶段；以及 2010 年以来，在全球更错综复杂的国际经济环境背景下，以工业革命 4.0 阶段和数字贸易发展为特征的新国际贸易阶段（刘洪愧，2020）。当前国际贸易所处阶段是在数字经济背景下，基于大数据、云计算、物联网、人工智能、区块链等技术进步，以数字服务贸易和跨境电子商务发展日益占据主导地位为特征的贸易发展新阶段。

数字贸易与传统贸易在贸易主体、贸易原因、关键技术、贸易方式、贸易内容、贸易影响和贸易监管方面存在显著差别（见表 2-1）。数字贸易的突出特点可以总结为两个方面。一是贸易方式的数字化。贸易的流程以及相关的产业链主要通过数字化的形式开展，突破了传统意义上面对面交付的贸易方式。二是贸易对象的数字化。以数字化内容存在的数据要素和数据服务，成为国际贸易中的重要交易对象（中国信息通信研究院，2022）。

表 2-1　　　　　　　　　数字贸易和传统贸易的比较

区分对象	传统贸易	数字贸易
贸易主体	不同国家间的政府、企业、消费者	不同国家间的政府、企业、消费者
贸易原因	价值链间分工（不同商品）、价值链内分工（不同环节）	价值链间分工（不同商品）、价值链内分工（不同环节）
关键技术	生产制造、交通物流	信息通信技术
贸易方式	市场调研、面对面贸易洽谈、现实交易场所、物理运输、跨境交易结算系统	信息服务、电商平台展示、网络传输、线上交易结算
贸易内容	以货物商品为主	数字化的产品和服务
贸易影响	产业发展、国际分工、价值分配、国家安全	产业发展、国际分工、价值分配、国家安全
贸易监管	海关、检验检疫、外汇管理局	数字内容审核部门、产业安全审核部门、数据流动监管部门

资料来源：中国信息通信研究院．数字贸易发展与影响白皮书（2019 年）［R］．2019.

从历史演进的角度来看，数字经济、跨境电子商务和数字贸易彼此影响并相互作用，三者处于融合、依存及助推的状态。数字经济是数字贸易发展的重要基础，跨境电子商务是数字经济背景下电子商务的国际化衍生，而数字贸易是跨境电子商务发展的更高层次，且包含了更广范围。

第一，数字经济是数字贸易发展的重要基础。数字技术进步使得数据、信息的传输不再受距离限制，由此带动了数字服务贸易的蓬勃发展。前沿的数字通信技术是数字贸易的重要推动力，为数字贸易的发展提供了技术保障。数字技术已在全球贸易的各个价值环节中得到广泛而深入的应用；数字经济背景下"互联网＋"与贸易的融合，极大促进了数字贸易的兴起和发展，并为构筑国际贸易的新优势带来机遇，也为传统外贸转型升级提供了重要契机，概括来说，数字经济的发展使数字要素和技术主导贸易模式成为可能。

第二，跨境电子商务是数字经济背景下电子商务的国际化衍生。跨境电子商务是电子商务的国际化衍生，是指分属不同关境的交易主体，通过电子商务平台达成跨境交易、进行支付结算，并通过跨境物流送达商品及完成交易的商务活动。数字化平台的快速发展为跨境电商提供了重要的中介，美国的亚马逊等跨境电商平台、中国的阿里巴巴国际站的成立引领了跨境电子商务的发展，目前各模式的跨境电子商务得到了多样化的发展。

第三，数字贸易是跨境电子商务发展的更高层次，且包含了更广范围。新一代数字技术发展和应用，推动了全球数字贸易体系的演变，实现了贸易方式和贸易对象的数字化。互联网技术与传统贸易结合而不断升级的数字贸易，具有要素、交易以及传输数字化特征；从历史演进来看，数字贸易是跨境电子商务发展的更高层次，数字贸易的交易仍然依托互联网平台完成，其贸易内容依托数字化知识与信息，通过数字产品与服务的传输和流通，以及基于虚拟化数字交付来实现。所以说，数字贸易不仅包括跨境电子商务平台的商品贸易，也包括基于跨境数据流动的数字服务贸易，其涵盖范围更广。

二、数字贸易概念界定及构成

（一）数字贸易

目前，国际机构对数字贸易代表性的界定如表 2-2 所示，美国国际贸易委员会（USITC，2013；2014）将数字内容、社会媒介、搜索引擎、跨境数据流，以及通过互联网销售的实体产品等纳入数字贸易的范围中，提出数字贸易包括在订购、生产及递送产品和服务中，互联网及相关技术发挥了关键作用的国内商务或国际贸易活动；并又于 2017 年以"通过固定或无线数字网络交付的产品与服务"进行了归纳（USITC，2017）。

表 2-2　　　　　　　　　国际关于数字贸易的界定

机 构	界 定
美国国际贸易委员会（USITC，2013）	通过互联网传输商品和服务的国内商务和国际贸易活动
美国国际贸易委员会（USITC，2014）	互联网和互联网技术在订购、生产及递送产品和服务中发挥关键作用的国内商务或国际贸易活动
美国国际贸易委员会（USITC，2017）	通过固定或无线数字网络交付的产品与服务
亚太经合组织、世界贸易组织、货币基金组织（OECD、WTO、IMF，2020）	数字订购和数字交付开展的贸易

2020 年 3 月，亚太经合组织、世界贸易组织、货币基金组织联合发布《关于衡量数字贸易的手册》，其中对数字贸易进行了更宽泛的定义，具体表述为"所有通过数字订购和数字交付的贸易"。按照交易性质不同，可划分为三个组成部分：一是数字订购贸易，也就是以接收或下达订单的方法，在计算机网络上进行的买卖；二是数字交付贸易，强调通过网络远程交付而实现的所有跨境交易；三是数字中介平台赋能贸易，主要指为买卖双方提供交易平台和中介服务的行为。

我国学者对数字贸易定义也主要分为"窄口径"和"宽口径"两类，

也就是有狭义和广义之分。狭义的数字贸易是指通过互联网及智能手机、网络连接传感器等相关设备交付的产品和服务，强调数字贸易的交付模式应为"数字交付"，剔除了大多数实物商品贸易，主要涵盖服务产品；广义的数字贸易除了覆盖以上内容，还包括了通过信息和通信技术（ICT）与数字方式交易的实体货物或商品（盛斌，2020）。为了更好地解析数字贸易的构成，可以采用数字贸易"二元三环"架构进行分析（贾怀勤，2021）。数字贸易的"二元"主要是指按服务贸易与货物贸易两个既有的贸易统计框架，搭建数字贸易的概念架构，包括数字服务贸易（数字订购）和以货物为贸易对象的跨境电子商务（数字交付）；"三环"的范围可以子范畴 A、子范畴 A＋B，以及子范畴 A＋B＋C 来描述（见表 2－3）。

表 2－3　　　　　　　　中国式数字贸易"二元三环"方案

类别		内容			备注
二元	二元划分	数字服务贸易（数字订购）		货物跨境电子商务（数字交付）	分类
	二元构成	A	B	C	符号
		核心数字服务，属于服务贸易范畴	潜在数字技术赋能服务，属于服务贸易范畴	数字化的货物贸易，属于货物贸易范畴	性质
		第 9 类：通信、计算机和信息服务	第 6 类：保险和养老金服务 第 7 类：金融服务 第 8 类：别处未涵盖的知识产权使用费 第 10 类：其他商业服务 第 11 类：个人、文化和娱乐服务	跨境电子商务	《国际收支服务扩展分类》（EBOPS）
三环	最窄范畴	A	—	—	—
	窄范畴	A＋B	—	—	—
	宽范畴	A＋B＋C	—	—	—

资料来源：国务院发展研究中心对外经济研究部，中国信息通信研究院 . 数字贸易发展与合作报告 . 2021〔M〕. 北京：中国发展出版社，2022.

子范畴 A 是核心数字服务，仅包括《国际收支服务扩展分类》中第 9

类"通信、计算机和信息服务"，是数字交付服务业务的重点推进对象。按数字贸易业务分可以分为三类：第一类是通信服务，含电信服务、互联网服务、卫星定位导航服务和其他服务；第二类是计算机服务，含基础软件服务和应用软件服务；第三类是信息服务，含信息提供服务、信息技术服务和云计算等。子范畴 B 是潜在数字技术赋能服务，是数字化的服务贸易即数字交付服务，涵盖《国际收支服务扩展分类》（EBOPS）中第 6、第 7、第 8、第 10、第 11 类的内容。其中，数字动漫、数字音像、数字游戏和数字出版所构成的数字内容属于第 11 类"个人、文化和娱乐服务"；第 11 类的数字交付贸易和第 9 类共同代表了数字服务贸易。子范畴 C 是指数字化的货物贸易，主要为以货物为标的的电子商务。对应于世界海关组织提出的《跨境电子商务标准架构》中"有形商品的跨境电子商务"的提法（WTO，2018），该架构中实际上用"跨境电子商务"专门指代了货物跨境电子商务。因此，本书根据数字贸易"二元三环"方案，将数字服务贸易、跨境电子商务的集合定义为数字贸易，下文将从数字服务贸易、跨境电子商务两个方面进行发展特征事实的分析。

（二）数字服务贸易

数字服务贸易的定义由美国经济分析局（USBEA）于 2012 年最先提出。美国经济分析局（USBEA，2012）、联合国贸易和发展会议组织（UNCTAD，2015）以及亚太经合组织（OECD，2020）提出对于数字服务贸易的界定（见表 2 - 4）。

表 2 - 4　　　　　　　国际关于数字服务贸易的界定

机　构	界　定
美国经济分析局（USBEA，2012）	信息通信技术参与且发挥重要作用的跨境服务贸易，具体包括版权和许可费、金融和保险服务、通信服务、专业和技术服务
联合国贸易和发展会议（UNCTAD，2015）	通过信息通信网络跨境交付的所有服务贸易，主要包含保险和养老金服务，金融服务，知识产权使用费，电信、计算机和信息服务，其他商业服务以及视听和相关服务等类别
亚太经合组织（OECD，2020）	通过信息通信网络跨境传输交付的贸易，包括电子图书、软件、数据和数据库服务等

此外，亚太经合组织建立了交易方式、产品类型和参与者三个维度的分析框架来阐释数字服务贸易的特点：第一，从交易方式来看，数字服务贸易包括了数字订购、应用平台和数字交付；第二，从产品类型来看，主要涉及服务、信息和数据；第三，从参与者来看，数字贸易覆盖了企业、家庭、政府、居民与服务组织等不同群体。将数字服务贸易的界定划分为狭义和广义两种：狭义的数字贸易是指传统服务贸易，包括教育、医疗、旅游等通过现代信息技术实现数字化的过程；广义的数字服务贸易是在狭义定义的基础上，加上了搜索引擎、云提供的数字服务和数据跨境流动等新型数字服务内容。

随着数字服务贸易在我国的快速发展，我国商务部对其进行了界定，指出数字服务贸易的开展依赖于数字化载体，包括传统服务产业的数字化，以及技术迭代后所催生的全新经济模式或业态。《数字贸易发展白皮书》指出，数字服务贸易包含数字贸易，以服务贸易为主的数字服务贸易和以货物贸易为主的跨境电商、供应链数字化共同组成了数字贸易（中国信息通信研究院，2020）。

（三）跨境电子商务

联合国欧洲经济委员会（UNECE，2011）在《全球化对国民核算的影响》中，提出了跨境电子商务的内涵及包括的内容，指出其包括两种类型，即线上提交订单线上交付和线上提交订单线下交付。亚太经合组织（OECD，2017）在《测度数字贸易：走向概念性架构》的报告中，探讨跨境电子商务中哪些交易属于数字贸易，其中一个维度是交易环节，称为特质（nature），分为是否数字订货，或者是否通过第三方平台，或者是否以数字交付。世界贸易组织将跨境电子商务界定为，通过电子方式生产、分销、市场营销、销售和服务的交易，并且正式归纳了跨境电商的四个核心特征：一是交易行为全部在线上完成，包括下单、支付、沟通和售后等行为操作；二是和消费有关的所有操作必须实现跨境；三是最后的载体要包括实体；四是实物要发生被接受的物理意义上的行为（见表2－5）。

表 2 - 5 跨境电子商务的主要界定

来源	界定
UNECE（2011）	不同国境地域的交易主体之间，以电子商务的方式达成交易，在线订购、支付结算，并通过跨境物流递送商品，清关，最终送达并完成交易的国际商业活动
WTO（2018）	通过电子方式生产、分销、市场营销、销售和服务的交易，具有四个特征：交易行为全部在线上完成；和消费有关的所有操作必须实现跨境；最后的载体要包括实体；实物要发生被接受的物理意义上的行为
商务部（2021）	生产和贸易企业通过电子商务手段，将传统贸易中的展示、洽谈和成交环节数字化、电子化，最终实现产品进出口的新型贸易方式
阿里研究院（2016）	广义的界定是指分属不同关境的交易主体通过电子商务手段达成交易的跨境进出口贸易活动；狭义的界定是指跨境网络零售，指分属不同关境的交易主体通过电子商务平台达成交易进行跨境支付结算，通过跨境物流送达商品

2021 年，商务部对跨境电商内涵界定强调了跨境电商将传统贸易中的展示、洽谈和成交环节数字化、电子化，最终实现产品进出口的新型贸易方式。在阿里研究院（2016）发布的报告里，主要从广义和狭义两个角度进行阐述。其中，广义的跨境电子商务是指分属不同关境的交易主体通过电子商务手段达成交易的跨境进出口贸易活动；狭义的跨境电子商务特指跨境网络零售，指分属不同关境的交易主体通过电子商务平台达成交易进行跨境支付结算，通过跨境物流送达商品，完成交易的一种国际贸易新业态。

第二节　数字贸易发展的特征事实

一、数字服务贸易的发展

数字技术使得越来越多企业向世界市场提供服务贸易更加便利，另外，基于数字技术开展的线上研发、设计、生产和交易等活动日益频繁，极大地促进了数字服务贸易的发展。目前，数字服务贸易发展具有以下特点。

第一，全球数字服务贸易处于加速发展的阶段。2011～2020年，全球由数字驱动的服务贸易从2.14万亿美元增长到了3.17万亿美元；在此期间，中国数字服务贸易总额由1648.38亿美元增长到了2947.60亿美元，服务贸易数字化发展势头强劲（UNCTAD，2021）。随着互联网平台企业的崛起，微软、苹果、亚马逊、谷歌、阿里巴巴、脸书和腾讯等互联网平台企业在数字服务贸易领域发挥了重要作用，这些互联网平台企业提供的数字产品与服务除了搜索引擎和云计算，还包括数字音乐及电子出版物、数字游戏等领域，涵盖了数字服务贸易的各个领域。

第二，数字服务出口占全球服务贸易比重逐年攀升。图2-1显示，从数字服务出口占全球服务出口的比重看，该比重从2005年的44.37%逐步上升到2019年的51.80%。自2016年以来，数字服务出口占全球服务出口的比重首次突破50%，并呈现稳步增长态势，数字服务在全球服务贸易中的主导地位已然显现；2020年，全球数字服务贸易规模达31900亿美元，占服务贸易比重高达63.60%（中国信息通信研究院，2022）。

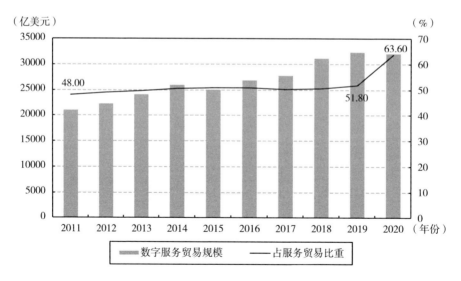

图2-1　2011～2020年全球数字服务贸易规模和占比

资料来源：国务院发展研究中心对外经济研究部，中国信息通信研究院. 数字贸易发展与合作报告. 2021［M］. 北京：中国发展出版社，2022.

第三，数字服务贸易展现出较强的发展韧性。在全球经济不确定性加强的背景下，2020 年，全球数字服务贸易虽然同比下降 1.8%，但下降幅度远低于服务贸易和货物贸易（UNCTAD，2021）。事实上，相比旅行、运输等高度依赖于实际场景发生的服务贸易，以数字手段交付的服务贸易无论在供给还是交付环节受到的影响均有限，其受到的冲击主要源自市场需求乏力。对于金融、保险、教育、医疗等尚未完全通过数字化手段交付的传统服务贸易，线下转移到线上的程度进一步加深。此外，从数字服务出口的内部结构来看，信息通信技术（ICT）服务出口占数字服务出口比重也不断提升，信息及数据技术的进步在数字服务出口中发挥了重要作用。

从发展的驱动力来考察，全球数字服务贸易面临以下发展机遇。

一是数据成为核心生产要素。在数字经济时代，数据成为新的关键生产要素。相比于其他生产要素而言，数据资源具有可复制、可共享且可无限供给的禀赋特征，突破了传统要素有限供给的限制，为数字贸易持续增长提供了有效的基础。目前，中国、美国、英国、荷兰、瑞典、韩国等多个国家提出大数据发展战略，通过加大技术研发投资、强化基础数据库、推动数据开放共享等途径促进大数据产业发展。数字化推动传统服务贸易的转型，催生各类新型的服务贸易模式创新，都需要借助互联网平台实现数据流动，实现数据价值增值及货币化，而上述过程围绕的核心都是数据。

二是全球数据流通规则逐渐完善。美国通过了《澄清域外合法使用数据法》，欧洲联盟出台《通用数据保护条例》，对企业数据使用方式进行了限定，任何收集、传输、保留或处理涉及欧盟所有成员国内的个人信息的机构组织均受该条例的约束。我国也日益重视数据流通问题，以《中共中央 国务院关于构建数据基础制度更好发挥数据要素作用的意见》为代表的一系列政策文件，构建了数据产权、流通交易、收益分配、安全治理等制度，为我国数据流通产业发展提供了重要思路。

三是数字技术创新极大提升了服务的可贸易性。信息的传输不再受距离限制，虽然传统服务业仍将继续以本地提供的商业实体存在，但传统的零售、软件开发和商业外包由于线上远程交付的广泛应用，使曾经必须固定地点面对面生产和交付的服务可以跨越国界进行交易；换言之，原本的

"不可贸易品"由于数字化转型的深入可在全球范围内流通。图 2 - 2 显示，2010 ~ 2020 年，全球通过数字形式交付的服务出口规模已从 1.87 万亿美元增长至 3.17 万亿美元，年均增速为 5.4%。

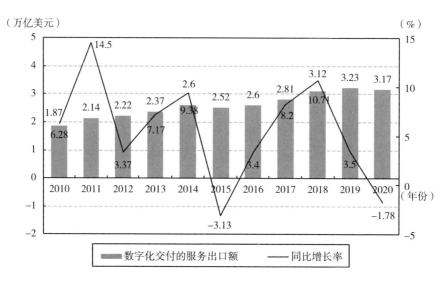

图 2 - 2 2010 ~ 2020 年全球可数字化交付的服务出口及同比增长率
资料来源：联合国贸易和发展会议。

四是跨境服务贸易的成本大幅降低。新技术使现有数字服务可以更广泛地采取跨境交易形式，推动全球服务市场以更高的效率运转。以云计算、大数据、人工智能等为代表的新兴数字技术加速成熟和快速商业化，催生了数字化生产组织方式创新和变革，数字产业已成为我国经济高质量发展中增速最高、影响最广的行业领域，较大程度上推动了我国成为全球数字经济的重要引领者，从而为数字服务贸易奠定了坚实的产业基础。

五是以数字化平台为核心的产业生态格局形成。数字化平台整合了贸易价值链的各个环节，涵盖商家、买家、金融机构、物流服务商、海关、海外渠道商等多维度参与者，构建了层次丰富的生态圈。从数字贸易发展实践来看，与互联网平台密切相关的生产、技术、交付和物流四大体系正加速优化升级，数字贸易的平台型产业生态圈正在形成。同时，在全球数字贸易竞争格局中，为了有效集聚数字经济的新竞争优势，贸易主体必然积极致力于数字贸易平台的建设，构建以数字化平台为中心的贸易生态圈。

六是超大规模市场优势发挥了积极作用。服务贸易作为现代产业的重要组成部分，对于经济增长、稳定就业方面发挥着巨大作用，其不仅为发达国家和发展中国家带来了巨大的 GDP 贡献，也带来了大量的就业机会。随着我国经济步入新发展阶段，推动我国经济持续增长的人口红利正在转化为国内超大规模市场优势。我国大规模的消费市场，有利于数字化商业模式能够迅速实现，从而产生数字消费者红利，并且海量的平台交付数据为数字服务贸易结构优化和模式创新提供了基础。随着超大规模市场优势进一步巩固，数字服务贸易将成为提高国内经济大循环效率和水平的关键引擎。

二、跨境电子商务的发展

跨境电商具有全球性、无形性、匿名性、即时性、无纸化等特征，狭义上是指分属于不同海关境内的交易主体，借助电子商贸平台达成线上交易与结算支付，并借助跨境物流将商品送达，完成交易的电子商务和在线交易平台；更宽泛意义上的跨境电商则解释为电子商务在进出口产品与服务贸易以及零售业务中的广泛应用，包括跨境电商（B2B、B2C 与 C2C）、进出口跨境电商等。现阶段跨境电商可按照货物流向、商业模式、经营主体不同等来进行区分（见表 2 - 6）。

表 2 - 6　　　　　　　　　　　跨境电商主要分类

划分标准	名称	含义
贸易流向	出口跨境电商	将本国产品出售海外
	进口跨境电商	从海外购买产品至国内
商业模式	垂直型跨境电商	提供特定领域产品，满足少数顾客群体
	综合型跨境电商	产品涉及多种行业，满足多种顾客需求
经营方式	自营式跨境电商	电商平台统一管理产品的生产、销售、配送
	开放式跨境电商	电商平台仅整合资源，服务于买卖双方
	混合型跨境电商	除自营业务外，电商平台也对第三卖家开放

电子商务的交易模式主要可分为企业对企业（B2B）跨境电商、企业

对消费者（B2C）跨境电商、消费者个人对个人（C2C）跨境电商三类（见表 2 - 7）。从贸易规模角度来看，B2B 相对于 B2C 而言，显然已成为跨境电商交易模式的主流。

表 2 - 7　　　　　　　　　跨境电商三种交易模式的比较

模式	参与主体	交易特点	代表平台
企业对企业 （B2B）	企业与企业 交易	大批量、小批次、订单集中，正规货物报关	阿里巴巴国际站、阿里巴巴一达通、宁波世贸通、易单网等
企业对消费者 （B2C）	企业与个人 交易	小批量、多批次、订单分散，以个人或货物报关	亚马逊、兰亭集势、环球易购、京东全球购、网易考拉等
消费者个人 （C2C）	个人与个人 交易	小额、通过第三方平台交易，以个人物品报关	易贝、全球速卖通等

作为发展速度快、带动作用强的外贸新业态，跨境电商已成为中国外贸发展的新动能、转型升级的新渠道和高质量发展的新抓手。我国跨境电商的发展也呈现出以下特点：中国跨境电商产业的发展在世界范围内处于领先地位，且已经成为拉动经济增长的新引擎。即使在国际经济发展环境不确定性的背景下，全球贸易和投资的发展速度减缓，我国跨境电商市场依然维持着较高的规模和增长率。图 2 - 3 显示，2013～2021 年，我国跨

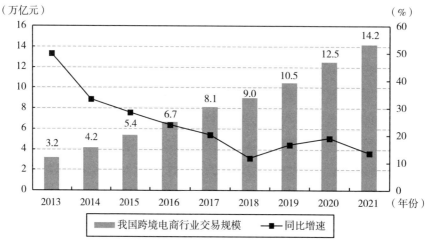

图 2 - 3　2013～2021 年中国跨境电商行业交易规模及增速

资料来源：36 氪研究院 . 2022 年中国跨境电商行业研究报告［R］. 2022.

境电商市场总交易规模在 2013 年为 3.2 万亿元，2021 年达到了 14.2 万亿元。伴随着跨境电子商务市场规模的扩张，跨境电商平台有效推动了贸易数字化，形成了显著的平台经济效应。

　　当前，全球跨境电商平台的市场结构呈现寡头垄断、市场集中度较高的特点。据前瞻产业研究院（2021）调研显示，2021 年，国际主流跨境电商平台以亚马逊、速卖通为代表，都以 30% 以上的增速渗透全球市场，营业收入破千亿美元。2021 年，24% 的跨境消费者在选择跨境电商交易时选择亚马逊平台，16% 的消费者选择全球速卖通，14% 的消费者选择了易贝。2021 年，美国电商前 5 位企业市场占有率高达 62%，仅亚马逊的占有率就高达 41.4%，同比增长 47%，反映出跨境电商平台上的市场集中程度较高。总的来说，跨境电商市场的集中度有不断提高的趋势。

　　跨境电商按跨境出口和跨境进口进行划分，当前，我国跨境电商主要是以出口交易为主要形式，伴随着我国跨境电商市场的快速发展，用户跨境消费习惯的培养，跨境电商企业在产品品类、质量和服务等方面的不断提高和完善，在进口跨境电商和出口跨境电商两个方面，我国跨境电商都具有比较显著的发展特点。

　　我国进口跨境电商目前已步入增长速度稳定的阶段。在"双循环"的新发展格局下，中国消费者对智能化、差异化、高附加值产品的新需求日益增多，而跨境电商恰好是中国消费者这一新需求的最好载体，因此，中国跨境电商的用户、市场和贸易规模将会保持持续增长。2019 年，我国进口跨境电商市场交易规模达 2.64 万亿元，同比上升 17.3%；2020 年，进口跨境电商市场交易规模达 3.07 万亿元（艾媒咨询，2021）。总体来看，跨境电商进口交易规模额在不断增加，随着新发展格局下国内大循环的进一步畅通，跨境电商进口交易额将会保持较高的增长速度。

　　目前 B2C 模式的跨境进口电商平台集中度相对较高。当前我国进口跨境电商平台主要有天猫国际、京东国际、考拉海购、洋码头、洋葱集团、蜜芽、宝贝格子、55 海淘、亚马逊海外购、海拍客、海带、识季、笨土豆等。在 B2C 类进口跨境电商中，天猫国际、考拉海购、京东国际、唯品会（国际）排名前列。图 2－4 显示了 2021 年国内进口跨境电商平台的市场份额情况：天猫国际和网易考拉、京东国际由于产品布局广、用户规模大、竞争力强，分别以 65.00%、14.00% 的市场份额占据跨境电商市场前列（前瞻产业研究院，2021）。

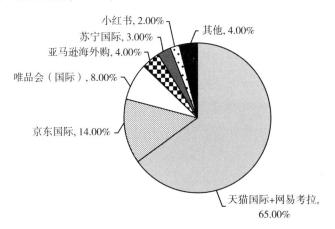

图 2-4　2021 年国内进口跨境电商平台市场份额

资料来源：前瞻产业研究院. 预见 2022：2021 年中国跨境电商行业全景图谱［R］. 2021.

从跨境电商进出口结构来看，我国跨境电商贸易的顺差明显，跨境出口远超跨境进口。图 2-5 展现了 2013～2020 年我国进口型和出口型跨境电商贸易份额对比，我国跨境电商交易以出口为主，虽然进口型跨境电商

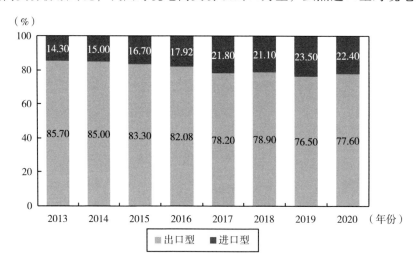

图 2-5　2013～2020 年进口型和出口型跨境电商贸易份额对比

资料来源：网经社官网。

贸易额比重逐年上升，但出口型跨境电商贸易额仍占据主导地位。尤其在 2017～2021 年，我国跨境出口电商行业持续保持了高于 20% 的同比增速，叠加新冠疫情对世界各国消费端的线上化的加速效应，2021 年跨境出口电商行业规模突破了 6 万亿元。2022 年，受到全球供应链调整压力以及国际经济不确定性等因素综合影响，跨境出口行业边际增速有所下降，但全年仍然实现了 9.4% 的同比增长，规模达到了 6.6 万亿元（艾瑞咨询，2023）。

从市场结构来看，市场份额进一步向具备全链条服务能力的出口电商平台集中，呈现了行业集中度提升的趋势。例如，据网经社报告，在 B2C 出口领域，全球速卖通是我国最大的跨境出口平台之一，同时也是在俄罗斯、西班牙排名第一的电商网站。2022 年 6 月，速卖通覆盖超过 200 个国家，海外成交买家数量突破 1.5 亿元，在俄罗斯、西班牙及巴西的市场品牌知晓度均已超过 90%。得益于国家出台降低跨境电商企业税负及简化征税流程、提高跨境支付便利性、提高跨境出口通关效率以及加强对跨境电商的监管等相关政策，虽然全球经济在近年来承受下行压力，随着产业结构升级、政策鼓励以及技术进步的推动，我国跨境电商仍然具有良好的发展机遇，跨境电商出口成为外贸高质量发展的中坚力量。

第三节　数字服务贸易国际竞争力分析

一、范围及分类

在实践监管与统计工作中需要对数字服务贸易进行范围界定，联合国贸易和发展会议（2018）依据分行业的数字化程度以及服务交付形式，提出了"可数字化服务"的行业分类标准。亚太经合组织（2017）提出从三个维度建立了数字贸易服务的统计框架，分别为交付方式、相关产品、相关平台，构建了数字服务贸易的基本统计框架，并且不断完善其框架和内涵。依据上述两个统计框架，欧美国家结合数字服务贸易产业发展实际，建立起了相对一致的数字服务贸易统计口径。

　　我国商务部对数字服务贸易也进行了具体领域的界定（见图 2−6），主要包括以下三类：一是信息技术服务贸易，如软件、社会媒体、搜索引擎、通信、云计算、卫星定位等；二是数字内容服务贸易，如数字传媒、数字娱乐、数字学习、数字出版等；三是其他服务贸易，如其他通过互联网交付的离岸服务外包，从而进一步明确了数字服务贸易的观测对象。

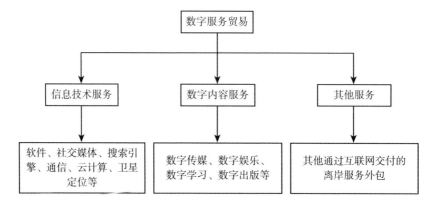

图 2−6　数字服务贸易范围界定

资料来源：中华人民共和国商务部服务贸易和商贸服务业司. 中国数字服务贸易发展报告 2018 ［R］. 2019.

　　此外，关于数字服务贸易范围的讨论，岳云嵩和李柔（2020）基于联合国贸易和发展会议对数字服务贸易的分类，进行了数字服务贸易分类及与国际收支服务分类的对比（见表 2−8），从中可更清晰地了解数字服务贸易涵盖的领域。当前，数字服务全球市场呈现出区域发展不平衡的特点，各经济体在数字服务领域国际竞争力和市场规模的差异很大。表 2−9 显示，美国、欧盟、日本、澳大利亚作为发达经济体，中国、印度、俄罗斯、巴西作为发展中经济体，在数字服务贸易的出口规模、国际市场占有率、同比变化率及年均增速这些方面的对比。欧盟、美国的市场占有率具有显著的领先优势，2018 年，美国、欧盟数字服务出口规模分别为 4667.2 亿美元和 14490.6 亿美元，在世界数字服务出口中的合计占比超过 65%。

表 2 - 8　　　　　数字服务贸易分类及与国际收支服务分类的对比

数字服务贸易分类	拓展的国际收支服务分类
1.1 通信服务	9.1 电信服务
1.2 计算机服务	9.2 计算机服务
1.3 销售和营销服务	10.2 专业和管理咨询服务
1.4 信息服务	9.3 信息服务
1.5 保险和金融服务	6 保险和养老金服务 7 金融服务
1.6 管理、行政和后台服务	10.2 专业和管理咨询服务
1.7 许可服务	8 知识产权使用费用
1.8 工程和相关技术研发	10.1 研究和开发 10.3 技术、贸易相关和其他商业服务
1.9 教育和培训服务	11 个人文化和娱乐服务

资料来源：岳云嵩，李柔.数字服务贸易国际竞争力比较及对我国启示［J］.中国流通经济，2020，34（4）：12 - 20.

表 2 - 9　　　　　　　　2018 年主要经济体数字服务贸易发展情况

指　标	美国	欧盟	日本	澳大利亚	中国	印度	俄罗斯	巴西
出口规模 （亿美元）	4667.2	14490.6	1059.4	160.0	1314.5	1326.0	210.4	208.1
市场占有率 （％）	15.92	49.43	3.61	0.55	4.48	4.52	0.72	0.71
同比变化 （％）	- 0.24	- 0.72	0.20	- 0.05	0.61	0.14	- 0.22	- 0.28
年均增速 （％）	3.11	3.13	4.98	1.07	7.36	4.31	- 3.35	- 4.75

注：同比变化（％）及年均增速（％）的时期为 2014 年到 2018 年。
资料来源：联合国贸易和发展会议。

由于数字服务领域存在高技术壁垒和规模经济效应等特性，发展中国家受技术和市场经验的限制较明显，因此发展中经济体在数字服务贸易国际竞争格局中整体处于弱势。以 2018 年为例，中国、印度数字服务出口在世界中的占比分别为 4.48％和 4.52％，2014～2018 年，中国、印度在世界数字服务出口中的占比分别提升了 0.61% 和 0.14%。同时，俄罗斯和巴西在世界数字服务出口中的占比不足 1%（UNCTAD，2020）。

事实上，我国近年来数字服务贸易领域的发展较快，增值潜力不容忽视。在高水平对外开放及建设贸易强国的相关政策积极推动下，我国数字服务贸易规模持续扩大，数字贸易新模式、新业态不断涌现，并且在全球的规模排名持续提升。2020 年，在 105 个国家和经济体中，我国数字服务贸易规模的排名上升至全球第 5 名，也是前五强中唯一的发展中国家（见图 2 - 7）。也应看到，与欧美发达国家相比，我国数字服务贸易的发展仍存在差距，未来有较大发展潜力和上升空间（UNCTAD，2020）。

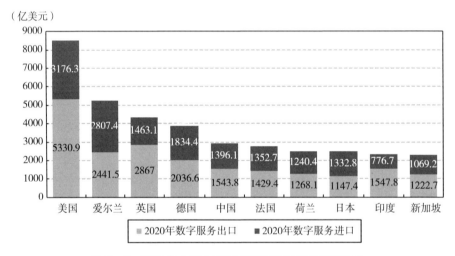

图 2 - 7　2020 年全球主要国家数字服务贸易规模排名
资料来源：联合国贸易和发展会议。

二、国际竞争力测算及比较

区别于数字订购贸易和数字中介平台贸易，以数字化内容为贸易对象的"可数字化交付服务"部分，代表了数字贸易领域最具技术含量、也是最能体现数字贸易国际竞争力的服务贸易领域。2021 年，全球可数字化交付服务出口总额 3.81 万亿美元，同比增长 14.2%，在全球服务出口占比达到 62.8%，较 2019 年上升 10.5%；其中，发达经济体的可数字化交付服务出口额为 3 万亿美元，同比增长 13.4%，占全球市场份额的比重高达 77.9%。发展中经济体可数字化交付服务出口 8425.8 亿美元，同比增长 17.1%，占全球市场份额为 22.1%。我国的数字交付贸易增长势头强劲，2021 年，我国在此领域的进出口规模位居全球第 5 位，仅次于美国、英国、爱尔兰和德国，国际竞争力稳步提升（中华人民共和国商务部服务贸易和商贸服务业司，2021）。通过利用联合国贸易和发展会议网站数据库，本书对世界各国在样本期间分部门以及整体的数字贸易竞争优势（TC）指数、显性比较优势（RCA）指数进行测算，通过国际比较分析，从中可反映出我国数字服务贸易的国际竞争力状况。

（一）贸易竞争优势指数

TC 指数，是被国际广泛认可的用于衡量行业贸易国际竞争力的测度指标，其计算公式如下：

$$TC = (X_{ij} - M_{ij}) / (X_{ij} + M_{ij}) \qquad (2-1)$$

其中，X_{ij} 表示 i 国 j 类可数字化交付服务贸易的出口额；M_{ij} 表示 i 国 j 类可数字化交付服务贸易的进口额。从其指标计算来看，TC 指数代表了可数字化交付服务贸易顺差占该类贸易总额的比重，因此用来刻画体现为贸易顺差的竞争力。该指数的取值区间在 $-1 \sim 1$，其数值越大，则代表该国在数字化交付服务贸易的顺差越大，即国际竞争力越强。

根据联合国贸易和发展会议网站数据库中数据可得性，可以根据式（2-1）计算特定的行业包括"保险和养老金服务、金融服务、知识产权使用费服务"等 7 个贸易部门的 TC 指数。以 2020 年为样本期，本书选取了 15 个在数字服务贸易领域竞争优势具有代表性的经济体，测算了贸易竞争优势指数，并与我国进行对比，测算结果如表 2-10 所示。从贸易顺差的角度，反映出各国在 7 个部门的竞争力优势情况，在所研究的 7 个贸易部门中，英国具有较为全面的竞争优势；美国在 6 个贸易均处于领先优势地位，仅在保险和养老金服务部门的优势较弱。此外，在保险和养老金服务部门和金融服务部门，瑞士的优势比较明显；在研究和发展服务部门，加拿大的顺差优势明显；在电信、计算机和信息服务，以及建筑、工程、科学和其他技术服务部门中，爱尔兰的竞争优势突出；作为发展中国家，印度体现出在研究和发展服务，电信、计算机和信息服务，以及专业化和管理咨询服务方面的突出优势；我国在金融服务部门，电信、计算机和信息服务部门的顺差明显，但是仍存在一定的差距。

表 2 – 10　　　　　分部门贸易竞争优势（*TC*）指数的国际比较

国家	保险和养老金服务	金融服务	知识产权使用费服务	电信、计算机和信息服务	研究和发展服务	专业化和管理咨询服务	建筑、工程、科学和其他技术服务
美国	− 0.4627	0.5471	0.4516	0.1898	0.1480	0.2819	0.2252
英国	0.7871	0.5725	0.1417	0.3608	0.1597	0.3902	0.5703
德国	0.2330	0.2276	0.3827	− 0.1012	0.0245	− 0.0701	0.1062
法国	− 0.2888	0.2983	0.0816	− 0.1034	− 0.0425	0.0581	0.0800
加拿大	− 0.4105	0.0095	− 0.3572	0.1758	0.5860	0.0273	—
瑞士	0.5776	0.7157	0.1256	− 0.1913	− 0.5996	− 0.3614	—
瑞典	0.1166	0.3415	− 0.0468	0.1714	− 0.0697	− 0.1457	0.3006
卢森堡	0.3745	0.1862	− 0.5295	− 0.2028	− 0.0657	− 0.0374	0.1513
荷兰	0.1499	− 0.3073	0.0102	0.2096	− 0.0605	− 0.1895	0.1413
意大利	− 0.4729	− 0.2022	0.0162	− 0.1795	0.4444	− 0.0896	− 0.0332
爱尔兰	0.0975	0.0215	− 0.7704	0.9210	—	—	0.7555
日本	− 0.6480	0.1926	0.2145	− 0.3640	− 0.4812	− 0.0568	—
中国	− 0.3874	0.1469	− 0.6182	0.2833	—	—	—
新加坡	0.1124	0.5913	− 0.3410	− 0.0641	− 0.8881	0.1543	0.2769
印度	− 0.4148	− 0.0587	− 0.7048	0.7222	0.7824	0.6652	—
韩国	− 0.3105	0.2907	− 0.1844	0.2457	− 0.6889	− 0.3166	—

资料来源：根据联合国贸易和发展会议网址数据计算。

对各国整体的可数字化交付服务贸易的 *TC* 指数进行测算，选取样本区间为 2005～2020 年，以每 5 年为观察期进行比较研究，结果如表 2 – 11 所示。该表显示了 2005 年、2010 年、2015 年和 2020 年，排名前 10 名的国家及其竞争优势指数，表 2 – 11 最后一行显示了我国的竞争优势指数。从贸易顺差的角度来看，2005～2020 年，我国与全球排名前 10 位的国家差距较为明显，可数字化交付服务贸易一直处于逆差；但从动态发展来看，逆差一直处于削减之中。随着我国数字经济和数字贸易的不断发展，我国的数字服务贸易发展速度已经超过了很多发达国家，可预期未来具有较大的发展潜力。

表 2-11　　　　　　　　数字化交付服务 *TC* 指数的国际比较

排名	2005 年		2010 年		2015 年		2020 年	
	国家	*TC*	国家	*TC*	国家	*TC*	国家	*TC*
1	科威特	0.7271	哥斯达黎加	0.5391	印度	0.5756	印度	0.5442
2	印度	0.5180	摩洛哥	0.4881	摩洛哥	0.5406	乌克兰	0.4329
3	塞浦路斯	0.4811	科威特	0.4631	哥斯达黎加	0.4602	摩洛哥	0.4176
4	英国	0.4062	英国	0.4211	英国	0.3844	巴拿马	0.3380
5	拉脱维亚	0.2645	印度	0.4100	巴拿马	0.2770	摩尔多瓦	0.3378
6	波黑	0.2293	塞浦路斯	0.2879	拉脱维亚	0.2678	英国	0.3319
7	卢森堡	0.2002	巴拿马	0.2711	美国	0.2584	保加利亚	0.3303
8	美国	0.1837	拉脱维亚	0.2165	瑞典	0.2057	冰岛	0.2965
9	瑞士	0.1605	美国	0.2018	塞浦路斯	0.1847	拉脱维亚	0.2647
10	哥斯达黎加	0.1450	卢森堡	0.1999	菲律宾	0.1769	美国	0.2497
	中国	-0.6485	中国	-0.4094	中国	-0.1333	中国	-0.0518

资料来源：根据联合国贸易和发展会议网址数据计算。

（二）显性比较优势指数

显性比较优势（*RCA*）指数又称"相对出口绩效指数"，其计算公式如下：

$$RCA = (X_{ij}/Y_i)/(X_{wj}/Y_w) \qquad (2-2)$$

其中，X_{ij} 表示 i 国第 j 种可数字化交付服务贸易出口总额；Y_i 表示 i 国所有商品和服务的出口总额；X_{wj} 表示世界上 j 种可数字化交付服务贸易出口总额；Y_w 表示世界上全部商品和服务的出口总额。一般而言，*RCA* 指数越大，说明 i 地区 j 种商品或服务的竞争实力越强。

　　根据联合国贸易和发展会议网站数据库中数据可得性，可以计算特定可数字化交付服务贸易部门的 *RCA* 指数。以 2020 年为样本期，本书选取了 15 个在数字服务贸易领域竞争优势具有代表性的经济体、测算了显性比较优势指数，并以之与我国进行对比，测算结果如表 2 - 12 所示。从分部门 *RCA* 指数的国际比较来看，在保险和养老金服务部门，瑞士的竞争优势比较突出；金融服务部门，卢森堡的表现最好；知识产权使用费部门，日本处于国际竞争力的前沿；值得注意的是，在电信、计算机和信息服务部门，我国的显性比较优势突出；研究和发展服务部门，德国、意大利的竞争优势明显；在专业化和管理咨询部门，亚洲的印度和新加坡两国显著领先；建筑、工程、科学和其他技术服务部门，法国和意大利的显性比较优势领先于其他国家；最后，在视听及相关服务部门，加拿大在全球领先于其他国家，且领先优势较大。

表 2 - 12　　　　　　　　　　分部门 *RCA* 指数的国际比较

国家	保险和养老金服务	金融服务	知识产权使用费服务	电信、计算机和信息服务	研究和发展服务	专业化和管理咨询服务	建筑、工程、科学和其他技术服务	视听及相关服务
美国	0.7233	1.2909	1.3986	0.3958	1.2836	1.0351	0.7010	2.1557
英国	1.7339	1.2941	0.5073	0.3588	0.7394	1.0695	1.5657	0.7565
德国	1.3931	0.8008	1.3556	0.7423	2.2007	0.9162	2.0458	0.8516
法国	1.1764	0.8063	0.9802	0.7272	1.7543	1.3832	2.4625	1.6024
加拿大	0.6140	0.8987	0.7503	0.6879	1.6270	1.4018	—	6.3608
澳大利亚	0.6439	1.1476	0.4200	1.0806	0.7825	1.4424	1.6090	1.5468
瑞士	1.8928	1.3636	1.9850	0.5069	0.9337	0.4898	—	—
卢森堡	0.7587	3.6267	0.1294	0.1703	0.2500	0.5093	0.1336	—
荷兰	0.1917	0.2999	3.5263	0.8046	0.8132	0.4845	1.1875	0.5456
意大利	0.6030	1.1066	0.8513	0.9808	2.1080	0.9283	2.2274	0.4052
爱尔兰	1.1006	0.4434	0.3839	2.6631	0.7175	0.0511	0.0589	—
日本	0.4673	0.8463	3.1681	0.4086	1.1179	0.5592	—	0.3322
中国	1.3016	0.2575	0.7363	2.7807	—	—	—	—
新加坡	1.1104	1.3306	0.4791	0.5041	0.0943	1.9238	1.4302	0.4406
印度	0.3102	0.1367	0.0574	1.7746	0.5478	2.0988	—	0.4231
韩国	0.6309	0.8151	1.9320	1.0593	0.6558	0.6133	—	2.7932

资料来源：根据联合国贸易和发展会议网址数据计算。

进而，根据式（2-2）对各国可数字化交付服务贸易的 RCA 指数进行测算，选取样本区间为 2005～2020 年，以每 5 年为观察期进行比较研究，结果如表 2-13 所示，该表显示了 2005 年、2010 年、2015 年和 2020 年排名前 10 位的国家及其 RCA 指数，表 2-13 最后一行显示了我国的相应指数。整体上看，RCA 指数较高的国家均属于欧美发达国家；此外，作为发展中国家，印度的 RCA 指数也较高，从前文可知，印度在专业化和管理咨询服务的显性比较优势居于全球前列。我国的 RCA 指数在样本期内基本都低于 0.8，但从 2005 年到 2020 年，上升速度较快。根据计算，我国的数字化交付服务贸易的 RCA 指数，从 2005 年的 0.1511 增长至 2020 年的 0.5516；在 2005 年的全球排名为第 113 名，在 2020 年已赶超了很多国家，迅速增长至全球第 54 名。

表 2-13　　　　　数字化交付服务贸易 RCA 指数的国际比较

排名	2005 年		2010 年		2015 年		2020 年	
	国家	RCA	国家	RCA	国家	RCA	国家	RCA
1	卢森堡	2.9583	卢森堡	2.1303	卢森堡	1.8432	英国	1.6555
2	英国	2.5754	英国	1.8904	爱尔兰	1.7292	爱尔兰	1.5769
3	瑞士	2.3037	爱尔兰	1.8111	英国	1.6334	美国	1.4800
4	印度	2.0162	印度	1.6189	印度	1.4951	科威特	1.4726
5	加拿大	1.9018	瑞士	1.5610	瑞典	1.4582	卢森堡	1.4716
6	马耳他	1.7961	瑞典	1.4890	芬兰	1.4394	印度	1.3797
7	美国	1.7016	美国	1.4722	荷兰	1.4143	塞浦路斯	1.3150
8	瑞典	1.3589	加拿大	1.4091	瑞士	1.3958	芬兰	1.3049
9	德国	1.3366	德国	1.3357	美国	1.3034	瑞士	1.3003
10	芬兰	1.1577	芬兰	1.3000	比利时	1.2887	加拿大	1.2039
	中国	0.1511	中国	0.2102	中国	0.3596	中国	0.5516

资料来源：根据联合国贸易和发展会议网址数据计算。

总结而言，本节主要从数字交付服务的角度考察，以数字交付服务测度了数字服务贸易的竞争力，利用联合国贸易和发展会议网址数据库的数字交付贸易数据，测算了代表性国家数字交付贸易及代表性部门的 TC 指数和 RCA 指数。通过对数据进行统计分析，研究发现，2005～2020 年，总体上美国和英国等国家数字交付服务贸易的国际竞争力水平居于全球前列；印度体现出在研究和发展服务，电信、计算机和信息服务，以及专业化和管理咨询服务方面的突出优势。从 *TC* 指数来看，我国在样本期内处于逆差，但逆差幅度显著缩小；从 *RCA* 指数分部门情况来看，我国在电信、计算机和信息服务部门的优势比较突出；从整体发展情况来看，从2005 年的 0.1511 迅速上升到 2020 年的 0.5516，发展速度较快。虽然与此领域领先的发达国家相比仍然存在距离，但可以预期，我国的数字服务国际竞争力在未来具有很大的提升空间。

第三章

数字贸易发展区域差异
及分布动态演进[*]

　　5G、大数据、人工智能、云计算等数字技术渗透了国际贸易诸多领域，贸易数字化转型蓬勃展开，数字贸易已经成为促进国际贸易发展的新引擎。区别于传统贸易模式，数字贸易以虚拟化、平台化、普适化、个性化及全球化为特征。已有学者从不同角度研究表明，数字贸易，其具有以下优势：第一，数字贸易超越了时间和地域的限制，同时提高了交易效率（Brodny，2021；Lynn & Yu，2020）；第二，数字贸易极大地降低了贸易过程中的一系列贸易成本（Xiao & Li，2020）；第三，数字贸易增加了贸易的种类和数量，从而产生和催生出更多的数字服务产品（Staiger，2021）。由于经济发展、城市化进程、互联网发展、产业结构及支付便利性水平等因素对数字贸易发展水平存在显著影响（Aguerre，2019；Hu et al.，2022），区域发展基础不同也将造成数字贸易发展水平存在差异。事实上，数字贸易发展不平衡是一个普遍存在的现象。有学者对全球 111 个国家和中国省份的数字贸易发展现状进行了评估，结果表明，中国数字贸易总体

　　* 本章内容全文参见已发表论文：Zhu Q，X X Zhou. Regional differences and dynamic evolution of digital trade：data from China ［J］. Applied Economics，2023（5）：1 – 19.

水平居全球前列，但存在着区域发展的不平衡（Ma et al.，2019）。现有研究并未阐明中国数字贸易发展区域不平衡的原因；同时，理解数字贸易发展的区域差异和变化成为数字贸易研究的重要议题，然而，关于这一主题的研究甚少，从空间效应的视角对数字贸易发展进行的研究相当有限（Li & Liu，2021）。本章将测度我国省份层面的数字贸易发展水平，并采取空间计量经济学的方法，探索区域数字贸易发展的空间相关性和差异来源，并清晰识别区域数字贸易发展水平的动态转移模式。

第一节 研究方法和数据来源

一、数字贸易发展指标体系

按照系统性、可比性、数据可获得性的原则，本章从四个方面构建区域数字贸易发展指标体系，包括 4 个一级指标、7 个二级指标和 20 个三级指标（见表 3 - 1），以之为基础采用熵权法测算评价 2013～2020 年我国省域层面的数字贸易发展指数。指标体系的结构说明如下。（1）数字网络与物流基础设施。该一级指标包含数字网络和物流运输 2 个二级指标。数字技术和互联网使新的经济活动成为可能（Acs et al.，2021），数字贸易的进展在很大程度上受到数字网络基础设施的完善程度的影响，这是形成数字贸易相对优势的重要因素。另外，物流基础环境是实体货物转移的基础，高效畅通的物流环境能够推动贸易发展（Varnavskii，2021）。（2）数字产业基础。该一级指标涵盖 2 个二级指标（即产业数字化和数字产业化）。（3）数字贸易潜力。该一级指标包含 2 个二级指标，即居民消费潜力和对外贸易开放水平。（4）数字金融支持。数字金融有利于提高经济运行效率和金融消费者的福利，使数字贸易的发展更具有普惠性，为数字贸易的发展提供金融支持（Bunje et al.，2022），该指标数据由中国数字金融普惠指数来衡量。

表 3-1　　　　　　　　中国数字贸易发展水平评价指标体系

一级指标	二级指标	三级指标	权重	属性
数字网络与物流基础设施	数字网络	域名数量（万个）	0.069	正
		网站数量（万个）	0.071	正
		互联网宽带接入端口（万个）	0.033	正
		长途光缆线路长度（万公里）	0.021	正
		移动电话年末用户数（万户）	0.016	正
		互联网宽带接入用户（万户）	0.034	正
	物流运输	物流相关活动从业人数（人）	0.024	正
		公路营运载货物汽车拥有量（万辆）	0.027	正
数字产业基础	产业数字化	电子商务销售额（亿元）	0.070	正
		有电子商务活动企业数（个）	0.054	正
		快递业务收入（万元）	0.103	正
		邮政业务总量（亿元）	0.109	正
	数字产业化	信息传输、软件和信息技术服务业城镇单位就业人数（万人）	0.061	正
		信息传输、计算机服务和软件业全社会固定资产投资（亿元）	0.024	正
		软件业务收入（万元）	0.097	正
		电信业务量（亿元）	0.061	正
数字贸易潜力	居民消费潜力	居民人均消费支出（元）	0.024	正
		社会消费品零售总额（万元）	0.035	正
	对外贸易开放水平	贸易开放度	0.052	正
数字金融支持	数字金融	中国数字金融普惠指数	0.015	正

二、空间差异和分布动态

本章利用达古姆基尼系数、核密度估计、莫兰指数和马尔可夫链分析等方法分析了数字贸易发展分布的空间差异和动态演变。

1. 熵权法

积极指标:

$$y_{ij} = x_{ij} - \min(x_{ij})/\max(x_{ij}) - \min(x_{ij}) + 0.01 \qquad (3-1)$$

负面指标:

$$y_{ij} = \max(x_{ij}) - x_{ij}/\max(x_{ij}) - \min(x_{ij}) + 0.01 \qquad (3-2)$$

$$Y_{ij} = y_{ij} / \sum_{i=1}^{m} y_{ij} \qquad (3-3)$$

$$e_j = -\frac{1}{\ln n} \sum_{i=1}^{m} Y_{ij} \ln Y_{ij} \qquad (3-4)$$

$$w_j = (1 - e_j) / \sum_{j=1}^{20} (1 - e_j) \qquad (3-5)$$

$$F = \sum w_j Y_{ij} \qquad (3-6)$$

式 (3-1) 和式 (3-2) 为各指标的标准化评分。i 是省份数, $i=1$, $2,\cdots,30$; j 为评价指标个数, $j=1,2,\cdots,20$。x_{ij} 是指标的初始值; y_{ij} 是标准化指标值。在式 (3-3) 中, Y_{ij} 是省份 i 根据指标的 j 权重。在式 (3-4) 中, e_j 是指标 j 的信息熵。在式 (3-5) 中, w_j 是指标 j 的权重。在式 (3-6) 中, F 为数字贸易综合指数。

2. 达古姆 (Dagum) 的基尼系数及其分解方法

利用达古姆 (Dagum, 1977) 提出的基尼系数及其分解方法, 将样本总体差异分为区域内差异、区域间差异和区域间超变密度。以上三点差异可以揭示我国区域数字贸易发展水平的差异, 计算公式参考了吕等 (Lv et al., 2021) 的研究。

3. 核密度估计

核密度估计在空间分布不平衡研究中有重要应用。本章采用核密度估计法探索数字贸易发展的动态特征。

$$f_{(x)} = \frac{1}{Nh} \sum_{i=1}^{N} K\left(\frac{X_i - \bar{x}}{h}\right) \qquad (3-7)$$

$$k_{(x)} = \frac{1}{\sqrt{2\pi}} \exp\left(-\frac{x^2}{2}\right) \qquad (3-8)$$

在式（3-7）中，N 代表省份数，h 代表带宽。本章选择式（3-8）的高斯函数或正态函数用于研究。

4. 莫兰指数（Moran's I）

在本章中，我们使用莫兰指数来分析数字贸易的空间相关性。全球莫兰指数表示数字贸易整体的空间关联程度，局部莫兰指数表示各区域的集聚特征。

$$\text{全局莫兰指数} = \frac{n \sum_{i=1}^{n} \sum_{j=1}^{n} w_{ij}(x_i - \bar{x})(x_j - \bar{x})}{\sum_{i=1}^{n} \sum_{j=1}^{n} w_{ij} \sum_{i=1}^{n} (x_i - \bar{x})^2} \quad (3-9)$$

$$\text{局部莫兰指数} = \frac{x_i - \bar{x}}{\frac{1}{n}\sum_{i=1}^{n}(x_i - \bar{x})^2} \sum_{j=1}^{n} w_{ij}(x_j - \bar{x})^2 \quad (3-10)$$

在式（3-9）和式（3-10）中，x_i 代表 i 省份数字贸易发展水平；$\bar{x}$ 表示各省份数字贸易发展水平的均值，W 为空间权重矩阵。

5. 马尔可夫链分析

马尔可夫链方法将量化的连续值离散化为 N 种状态类型，并计算每种状态类型的变化及其概率。本研究使用传统马尔可夫链和空间马尔可夫链可以研究数字贸易发展的动态变化和转移概率。传统马尔可夫链的矩阵是一个 $N \times N$ 的状态转移矩阵。空间马尔可夫链是在常规模型中引入空间滞后的概念，考虑相邻区域对该区域的影响，将常规方法中的转移概率矩阵转化为 $N \times N \times N$ 的矩阵而形成的模型。转移概率表达式如下：

$$P_{ij}^{t,t+d} = P\{X_{t+d} = j \mid X_t = i\} = \frac{\sum_{t=2013+d}^{2020} n_{ij}^{t,t+d}}{\sum_{t=2013}^{2019-d} n_i^t} \quad (3-11)$$

在式（3-11）中，$P_{ij}^{t,t+d}$ 表示某一地区的数字贸易发展水平从 t 年的 i 型水平转移到 $t+d$ 年的 j 型水平的概率。$n_{ij}^{t,t+d}$ 表示 t 年数字贸易发展等级 i 和 $i+d$ 年数字贸易发展等级 j 分布的省份数量；n_i^t 表示 t 年数字贸易

发展 i 水平分布的省份数。

三、数据来源

鉴于数据可得性和完整性，本研究对象不包括西藏和港澳台地区，即研究对象为除此以外的 30 个省份。研究选取的样本区间为 2013～2020 年。对于数字贸易发展指标的测度，计算的 20 个三级指标的数据均来源于《中国统计年鉴》以及北大数字金融研究中心。对于样本内极少部分的缺失数据，采用了三期移动平均法进行处理补充。

第二节　数字贸易发展水平测度

一、分省份数字贸易发展水平

表 3－2 列出了运用熵权法对 2013～2020 年中国 30 个省份数字贸易发展水平测度结果。中国各省份数字贸易发展极不均衡。广东以 1.899 的平均值居首位，数字贸易发展水平明显高于其他省份。广东由此成为数字贸易发展的第一梯队；北京、浙江、江苏及上海 4 个省份数字贸易发展水平稍低，综合指数均值均在 1 左右，组成了数字贸易发展的第二梯队；山东、福建、四川及河南 4 个省份数字贸易指数均值位于 0.454～0.733 之间，组成数字贸易发展的第三梯队；河北、湖北、辽宁、安徽、湖南、陕西、重庆、天津、江西、广西 10 省份数字贸易发展水平较低，均值位于 0.204～0.366 之间，组成数字贸易发展的第四梯队；云南、黑龙江、山西、吉林、内蒙古、贵州、新疆、海南、甘肃、宁夏及青海 11 个省份数字贸易水平滞后，综合指数均值位于 0.046～0.190 之间，组成了数字贸易发展的第五梯队，其中，甘肃、宁夏及青海 3 个省份的数字贸易发展严重滞后。

表 3 - 2　　　　　　　　2013～2020 年中国数字贸易发展综合指数

省份	2013 年	2014 年	2015 年	2016 年	2017 年	2018 年	2019 年	2020 年	均值	年均增长率	排序
广东	0.998	1.151	1.378	1.692	1.899	2.244	2.722	3.109	1.899	0.153	1
北京	0.693	0.786	0.913	1.042	1.169	1.242	1.373	1.456	1.084	0.097	2
浙江	0.501	0.606	0.776	0.987	1.094	1.277	1.531	1.806	1.072	0.174	3
江苏	0.608	0.702	0.838	0.912	1.018	1.153	1.338	1.491	1.007	0.119	4
上海	0.540	0.668	0.772	0.851	1.006	1.090	1.211	1.337	0.934	0.120	5
山东	0.491	0.513	0.562	0.665	0.735	0.882	0.939	1.077	0.733	0.103	6
福建	0.281	0.330	0.417	0.546	0.700	0.728	0.784	0.739	0.566	0.129	7
四川	0.249	0.304	0.377	0.459	0.512	0.605	0.716	0.816	0.505	0.160	8
河南	0.222	0.270	0.342	0.397	0.457	0.557	0.646	0.739	0.454	0.162	9
河北	0.200	0.232	0.266	0.329	0.354	0.418	0.513	0.614	0.366	0.150	10
湖北	0.181	0.217	0.289	0.337	0.366	0.431	0.527	0.538	0.361	0.146	11
辽宁	0.261	0.295	0.318	0.309	0.322	0.352	0.388	0.421	0.333	0.062	12
安徽	0.145	0.183	0.240	0.291	0.321	0.396	0.485	0.552	0.327	0.182	13
湖南	0.139	0.161	0.197	0.250	0.278	0.315	0.446	0.509	0.287	0.176	14
陕西	0.128	0.161	0.195	0.240	0.260	0.320	0.382	0.421	0.263	0.160	15
重庆	0.128	0.163	0.189	0.223	0.241	0.283	0.326	0.375	0.241	0.144	16
天津	0.156	0.179	0.206	0.222	0.238	0.265	0.289	0.327	0.235	0.097	17
江西	0.096	0.183	0.223	0.235	0.203	0.253	0.311	0.354	0.232	0.177	18
广西	0.104	0.123	0.149	0.171	0.195	0.238	0.302	0.353	0.204	0.165	19
云南	0.105	0.125	0.148	0.162	0.179	0.221	0.268	0.316	0.190	0.148	20
黑龙江	0.137	0.149	0.152	0.154	0.172	0.188	0.213	0.228	0.174	0.066	21
山西	0.098	0.110	0.130	0.139	0.154	0.215	0.226	0.262	0.167	0.131	22
吉林	0.095	0.111	0.120	0.139	0.160	0.178	0.187	0.204	0.149	0.101	23
内蒙古	0.098	0.115	0.117	0.131	0.146	0.164	0.184	0.200	0.144	0.093	24
贵州	0.059	0.074	0.097	0.122	0.140	0.174	0.220	0.254	0.143	0.200	25
新疆	0.080	0.092	0.101	0.108	0.115	0.133	0.154	0.180	0.121	0.106	26
海南	0.049	0.058	0.165	0.150	0.156	0.101	0.116	0.124	0.115	0.124	27
甘肃	0.054	0.061	0.076	0.085	0.095	0.123	0.136	0.160	0.099	0.147	28
宁夏	0.024	0.036	0.040	0.047	0.054	0.063	0.064	0.072	0.050	0.150	29
青海	0.020	0.029	0.043	0.046	0.049	0.058	0.057	0.069	0.046	0.166	30

　　从年均增长率来看，2013~2020年所有省份数字贸易发展年均增长率为正，表明中国数字贸易发展较快，总体呈上升趋势。此外，年均增长率排名前5的省份分别是贵州、安徽、江西、湖南及浙江。除浙江以外，这些省份分别隶属于第五梯队和第四梯队，这说明尽管多数省份数字贸易发展处于第四和第五梯队，但数字贸易发展存在较大提升空间。

二、分地区数字贸易发展态势

　　图3-1反映了东部、中部、西部及东北地区数字贸易发展水平的时间变化趋势。该图再次表明，我国数字贸易呈现非均衡发展态势，发展水平由高到低排列分别为东部、中部、东北部、西部，具体而言，东部地区发展水平远高于全国发展水平，中部、东北部及西部地区数字贸易发展均低于全国数字贸易发展水平。在时序上，四个地区数字贸易发展水平均呈现出明显的上升趋势，东部地区上升幅度最大，其次是中部地区。

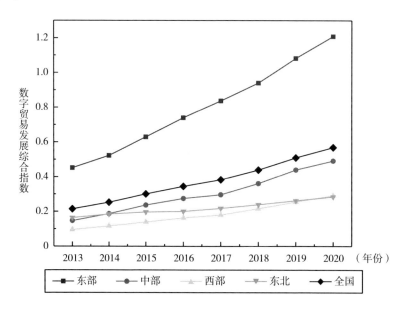

图3-1　2013~2020年中国分地区数字贸易发展综合指数

三、数字贸易发展的空间差异

为进一步考察我国数字贸易发展水平的差异和演化趋势，本书采用达古姆基尼系数及其分解进行研究，相关结果如表3－3所示。

表3－3 数字贸易的基尼系数及其分解结果

基尼系数		2013 年	2014 年	2015 年	2016 年	2017 年	2018 年	2019 年	2020 年	均值
G	总体	0.477	0.465	0.457	0.469	0.476	0.474	0.476	0.476	0.471
G_{jj}	东	0.335	0.336	0.318	0.327	0.324	0.340	0.355	0.365	0.338
	中	0.226	0.144	0.159	0.166	0.192	0.179	0.176	0.170	0.176
	西	0.167	0.221	0.223	0.188	0.165	0.161	0.170	0.353	0.206
	东北	0.330	0.328	0.331	0.346	0.346	0.344	0.357	0.170	0.319
G_{jh}	东—中	0.522	0.517	0.485	0.499	0.519	0.505	0.489	0.488	0.503
	东—西	0.549	0.530	0.549	0.591	0.604	0.622	0.636	0.645	0.591
	东—东北	0.675	0.661	0.651	0.657	0.664	0.656	0.651	0.645	0.657
	中—西	0.218	0.211	0.229	0.234	0.229	0.253	0.291	0.349	0.252
	中—东北	0.349	0.316	0.340	0.349	0.347	0.343	0.358	0.300	0.338
	西—东北	0.309	0.330	0.319	0.302	0.292	0.284	0.290	0.288	0.302
贡献率（%）	区域内	20.300	20.573	20.263	20.503	20.282	20.924	21.592	21.971	20.801
	区域间	72.642	71.643	73.719	72.984	73.073	70.823	69.595	69.117	71.699
	超变密度	7.058	7.784	6.019	6.513	6.645	8.253	8.813	8.912	7.500

1. 总体差异和区域差异

图3－2为2013～2020年中国数字贸易总体基尼系数和区域基尼系数变化趋势。如表3－3所示，中国数字贸易总体发展趋势较为平稳，略有下降趋势，2013～2015年和2016年小幅回升，平均基尼系数为0.471。从区域差异来看，东部和东北地区各省份数字贸易发展差距最大，基尼系数平均值分别为0.338和0.319，其次是西部地区，平均基尼系数为0.206，中部地区是最小的区域，平均基尼系数为0.176。具体而言，东部地区基尼系数呈近宽"V"型走势，基尼系数从2013年的0.335下降至2017年的0.324，2020年上升至0.365。东北地区数字贸易发展差异变化趋势前期较

为平稳，2020 年差异明显缩小，由 2019 年的 0.357 下降至 2020 年的 0.170。中部地区数字贸易基尼系数为大致呈"L"型，从 2013 年的 0.226 下降到 2020 年的 0.170。西部地区基尼系数呈不规则的"N"型趋势，基尼系数从 2013 年的 0.167 上升到 2020 年的 0.353。以上结果表明，我国东部、西部地区数字贸易发展差异有所扩大，东北地区和中部地区数字贸易发展差异趋于缩小。

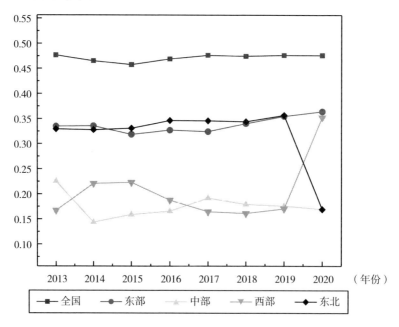

图 3 - 2 2013～2020 年中国区域内数字贸易的差异

2. 区域间差距

图 3 - 3 呈现的是 2013～2020 年地区间数字贸易基尼系数与演变特征。结合表 3 - 3 可以看出，2013～2020 年整体而言，东—中、东—东北、中—东北及西—东北间数字贸易发展差异趋于缓速下降，东—西和中—西间差异表现小幅上升态势。同时，四个地区间区域差异的波动幅度较小，没有大幅上升或骤降的情况，表明全国地区间数字贸易水平稳步提升，数字贸易发展公平性有所提高。从不同地区间的差异来看，四个地区间基尼系数均值由大到小排序为东—东北（0.657）、东—西（0.591）、东—中（0.503）、中—东北（0.338）、西—东北（0.302）、中—西（0.252）。这

表明东部地区数字贸易发展水平与中部、西部及东北地区有着相当大的差异，区域间基尼系数均超过了0.5。中部、西部及东北地区间的基尼系数均值有所减小，中—东北地区的基尼系数比西—东北和中—西地区基尼系数大0.036个单位和0.086个单位，西—东北和中—西地区间基尼系数相差0.050个单位，这说明中—东北和西—东北地区间数字贸易发展相对较大，中—西地区间数字贸易发展差异较小。

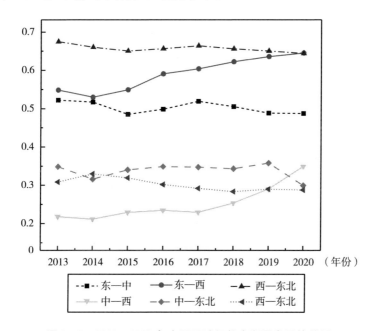

图3－3　2013~2020年中国区域间数字贸易发展的差异

3. 差异来源的贡献值

图3－4显示了区域差异的来源和贡献。从图3－4中可以看出，中国数字贸易发展差异的地区内贡献、地区间贡献和超变密度贡献的走势平缓，波动较小，没有出现大幅度的升降变化趋势。其中，区域间差异贡献率是最高的，年均值为71.699%；然后是区域内差异贡献率，年均值为20.801%；超变密度贡献率最小，年均值为7.500%。值得注意的是，我国数字贸易发展差异来源最主要的是区域间差异，其次是区域内差异，最后是超变密度。这说明我国数字贸易均衡发展要着重从解决区域间发展差异入手。

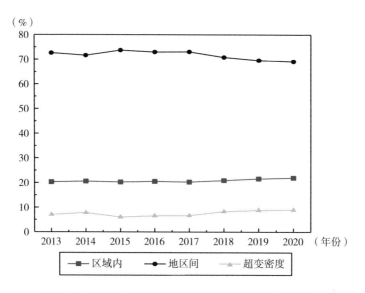

图 3 − 4　2013 ~ 2020 年中国数字贸易总体差异的来源

第三节　数字贸易发展分布动态演进

一、基于核密度估计的时间演变

为进一步刻画中国及不同区域数字贸易的分布动态特征，本章使用 Matlab 2019b 构造了核密度三维分布，通过其分布位置、态势延展性和极化现象来说明中国数字贸易发展的差异特征。图 3 − 5 展示了 2013 ~ 2020 年中国 30 个省份数字贸易发展水平的演进趋势，主要有以下三个特征：第一，从分布位置来看，数字贸易发展水平的分布曲线整体呈向右移的趋势，这体现出中国数字贸易发展水平不断提升；第二，主峰波峰高度不断下降，宽度呈变窄趋势，表明整体上数字贸易发展水平的绝对差异有所缩小；第三，2013 ~ 2020 年存在多个侧峰，说明数字贸易发展存在极化现象，如在东部地区和中西部地区均存在数字贸易发展水平较高的省份。随着时间推移侧峰高度不断下降，侧峰与主峰距离减小，极化现象有所减弱。此外，可以看出右侧出现明显的拖尾现象并呈收敛趋势，这说明全国数字贸易发展低水平省份的数字贸易发展水平有所提升，逐渐接近全国发展的平均水平。

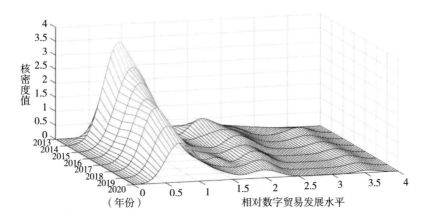

图3-5　2013～2020年中国数字贸易发展水平的演变

图3-6可以反映2013～2020年中国东部、中部、西部及东北四个地区数字贸易发展水平的演进态势，主要呈现以下三个特征。

第一，在分布位置上，东部、中部、西部地区整体上数字贸易发展核

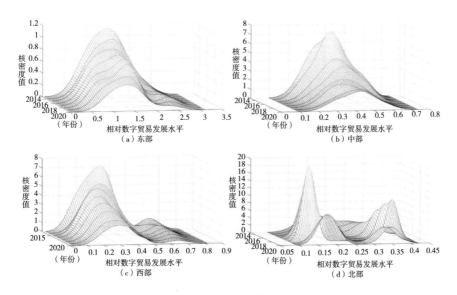

图3-6　中国分地区数字贸易发展水平的演变

密度分布曲线均呈右移趋势，这说明数字贸易水平整体不断得到提升。考察东北地区数字贸易水平分布曲线移动情况，在 2013～2018 年，主峰左移，侧峰右移，2019～2020 年主峰右移，侧峰左移，且移动幅度较大。此外，从总体上看，东北地区的数字贸易发展水平随着时间推移得到了提升。

第二，东部、中部、西部地区的图形显示主峰波峰均呈现高度不断下降，宽度变窄趋势，这说明三大地区内数字贸易发展水平绝对差异均有所下降。2013～2018 年，东北地区主峰和侧峰的波峰高度不断上升，宽度大致不变，说明数字贸易发展水平绝对差异有所下降；2019～2020 年，主峰和侧峰的波峰高度均大幅度下降，宽度变宽，全国数字贸易发展水平绝对差异有所上升，但主峰右移，侧峰左移，主峰与侧峰之间距离减小，极化现象得到改善，说明东北地区整体差异呈减弱趋势。

第三，东部地区的图形显示从 2016 年开始左侧出现侧峰、右侧明显拖尾，意味着地区内数字贸易发展低水平省份增加，但距离主峰较近且呈左侧收敛状态，极化现象并不严重。中部地区无侧峰出现，且大致呈收敛趋势，并无明显拖尾现象，说明中部地区数字贸易发展比较均衡。西部地区呈"双峰"状态，说明数字贸易发展水平在空间上存在极化现象；左拖尾现象明显，但随着时间推移呈收敛状态，说明西部区域内差异逐渐缩小。东北地区在 2013～2020 年一直呈"双峰"状态，其中在 2016～2018 年，主峰与侧峰距离呈扩大状态，极化程度由弱变强又变弱；右侧呈拖尾趋势，整体大致呈收敛状态，区域内差异状况得到改善。

二、基于莫兰指数的空间演变

1. 全局莫兰指数分析

为了深入研究中国数字贸易发展水平的空间相关性，本章使用 Matlab 2019b 软件，并分别采用不同类型的空间权重矩阵，对 2013～2020 年中国 30 个省份数字贸易发展水平的区域空间关联性进行了整体分析，具体结果如表 3-4 所示。结果表明，采用邻接空间权重计算的莫兰指数存在个别不显著。采用地理距离、经济距离或是经济地理距离空间权重计算出的莫兰指数显示，我国数字贸易发展水平始终存在较强的空间正相关性，均通过了10%的显著性检验。其中，采用经济地理空间权重计算的莫兰指数最大，这表明各省份数字贸易发展相关性受到地理位置和经济发展状况的双重影响最大。从时间维度上看，我国数字贸易发展水平的空间相关性不断增强，说明随着数字贸易的快速发展，各省份之间的联系增强。

表 3 – 4　　　　2013~2020 年中国数字贸易发展水平的莫兰指数

年份	邻接空间权重			地理距离空间权重			经济距离空间权重			经济地理距离空间权重		
	指数	z 值	p 值	指数	z 值	p 值	指数	z 值	p 值	指数	z 值	p 值
2013	0.088	1.003	0.161	0.148	1.864	0.043	0.098	1.731	0.042	0.297	3.297	0.001
2014	0.114	1.224	0.106	0.153	1.896	0.041	0.113	1.921	0.027	0.318	3.498	0.000
2015	0.164	1.671	0.057	0.154	1.917	0.045	0.119	2.007	0.022	0.332	3.644	0.000
2016	0.144	1.510	0.069	0.147	1.867	0.052	0.115	1.952	0.026	0.331	3.632	0.000
2017	0.153	1.588	0.063	0.156	1.961	0.045	0.109	1.875	0.030	0.324	3.564	0.000
2018	0.111	1.245	0.104	0.143	1.853	0.051	0.111	1.897	0.029	0.323	3.556	0.000
2019	0.096	1.142	0.128	0.125	1.700	0.060	0.115	1.948	0.026	0.326	3.581	0.000
2020	0.078	0.985	0.161	0.112	1.570	0.074	0.122	2.043	0.021	0.334	3.662	0.000

2. 局部莫兰指数分析

基于经济地理空间权重，本章进一步采用局部莫兰指数来研究各个省份间数字贸易的集聚特征。同时，基于省份自身和周边省份的数字贸易发展水平，将集聚情况划分为高—高（$H—H$）、低—高（$L—H$）、低—低（$L—L$）、高—低（$H—L$）四类。可以绘制 2013 年和 2019 年中国数字贸易发展水平的局部莫兰指数散点图。① 结果表明，绝大多数省份落在第一象限和第三象限，第一象限和第三象限均表示正相关，分别代表"高—高"集聚和"低—低"集聚。因此，数字贸易发展水平存在局部收敛的特征，各个省域之间呈现出"高—高"集聚和"低—低"集聚。数字贸易发展水平较高的省份，如广东、上海、浙江、江苏、北京等集聚在第一象限，多以东部地区的省份为主；数字贸易发展水平较低的省份集聚在第三象限，

———————————

① 局部莫兰指数散点图未在此处呈现，感兴趣的读者可向作者索取。

多以西部地区省份为主。

三、基于马尔可夫链的状态演变

为进一步探究中国数字贸易发展地区的动态变化，使用传统马尔可夫链和空间马尔可夫链计算中国数字贸易发展水平向其他水平转移的概率，从而反映省级数字贸易发展水平的演变状况。将中国 30 个省份数字贸易发展水平按照四分位法划分为四个不同类型，即低、中低、中高和高四个水平等级，进而计算数字贸易马尔可夫链状态转移概率矩阵（见表 3 – 5）。

表 3 – 5　　　　　中国数字贸易马尔可夫状态转移概率矩阵　　　　单位：%

空间滞后类型	类型	低水平	中低水平	中高水平	高水平
无空间滞后	低水平	75.5	24.5	0	0
	中低水平	2.2	71.7	26.1	0
	中高水平	0	2.3	86.0	11.6
	高水平	0	0	0	100.0
低水平	低水平	76.5	23.5	0	0
	中低水平	0	85.7	14.3	0
	中高水平	0	0	100.0	0
	高水平	0	0	0	100.0
中低水平	低水平	90.9	9.1	0	0
	中低水平	0	46.7	53.3	0
	中高水平	0	7.1	92.9	0
	高水平	0	0	0	100.0
中高水平	低水平	69.2	30.8	0	0
	中低水平	0	75.0	25.0	0
	中高水平	0	0	86.4	13.6
	高水平	0	0	0	100.0
高水平	低水平	62.5	37.5	0	0
	中低水平	7.7	84.6	7.7	0
	中高水平	0	0	50.0	50.0
	高水平	0	0	0	100.0

1. 传统马尔可夫链

传统马尔科夫链状态转移概率矩阵如表 3 – 5 中"无空间滞后"部分所示。从中反映出，第一，数字贸易发展具有较强的稳定性，对角线上的概率值明显高于非对角线上的概率值。由矩阵对角线上的概率值可知，最大概率值为 100.0%，最小值为 75.5%，意味着各省份保持原有数字贸易发展水平等级不变的概率在 75.5% 以上，远大于水平等级发生改变的概率。第二，考察期内各省份数字贸易具有向更高水平等级转移的可能性，但转移均发生在相邻等级之间，不存在跨越式转移。低水平、中低水平和中高水平省份向上转移即提升水平值的概率分别为 24.5%、26.1% 和 11.6%，大于向下转移即降低水平值的概率。第三，中国数字贸易发展存在一定程度的高水平"俱乐部趋同"现象（Tiwari et al.，2021）。初期数字贸易处于中高水平和高水平类型的省份，在之后年份仍然保持原水平的概率分别为 86.0% 和 100.0%。上述研究结果表明，我国数字贸易发展水平具有一定的稳定性，中高及高水平省份存在着趋同现象，且较为稳定地保持着对于数字贸易低水平省份的领先，虽然后者的数字贸易发展水平也在逐步提高。

2. 空间马尔可夫链

研究表明，各省份的数字贸易发展存在显著的空间相关性，即各省份数字贸易发展水平等级的转移在空间上可能并不是孤立的。周边省份的发展水平将对数字贸易的发展产生影响。因此，本章基于空间地理权重，采用空间马尔可夫链方法进行进一步分析。表 3 – 5 中，由空间马尔科夫链测算结果可知，地理空间因素对数字贸易各类型之间的动态转移具有显著影响，具体而言，第一，除数字贸易发展高水平省份外，各省份数字贸易在同一发展类型中的稳定性会因相邻省份数字贸易水平等级的不同而有所差异。当相邻等级为高水平时，低水平维持原有状态的概率为 62.5%，小于在其他相邻等级中维持原有状态的概率。同样，中低水平在相邻中低水平的稳定性最低（46.7%），中高水平在相邻高水平的稳定性最低（50.0%）。第二，考虑空间因素后，各省份数字贸易发展水平等级的转移也同样只发生在相邻等级之间，不存在跨越式转移，但相邻等级的不同会影响各地区向上转移的概率。如低水平和中高水平省份相邻的是高水平省份时，其向上转移即提升水平值的概率最大，分别为37.5%和50.0%。这也表明数字贸易发展水平高的省份对邻近省份产生了正向溢出效应。第三，当相邻数字贸易发展水平等级为低、中低、中高水平时，高水平等级向下转移的概率均为0。这表明与数字贸易发展水平较低的省份相邻并不会导致高水平省份向下转移的概率增加，即数字贸易发展落后省份不会抑制先进省份的发展进程。

尽管有学者提出中国各省份数字贸易发展存在区域不平衡（Ma et al.，2019），但很少有研究量化这些差异的程度，并探究差异产生的原因。基于2013~2020年中国30个省份的面板数据，本章完善并构建了评价指标体系，测度了中国数字贸易发展水平。基于空间视角，量化研究了中国不同省份之间数字贸易发展的区域差异，清晰揭示差异形成的原因及其动态变化；进而分析了数字贸易发展的空间相关性和水平动态转移特征，揭示出中国数字贸易发展的分布动态及演变趋势。

第四节　主要结论与讨论

本章构建了我国省域层面的数字贸易评估指标体系，并测度了2013~2020年我国省域层面的数字贸易发展水平；进而采用基尼系数和核密度估计方法衡量我国省域数字贸易发展水平，利用莫兰指数和马尔可夫链分析，分析了数字贸易发展的空间相关性和区域发展差异，进而揭示了数字贸易发展水平的动态转移模式。本章研究结果不仅揭示出我国数字贸易发展取得重要进展，通过达古姆基尼系数测度和核密度估计，也反映出我国数字贸易发展的区域不平衡。基于评价指标体系构建及数字贸易发展水平测度，我国各省份数字贸易发展水平可被区分为五个等级。从地理区域分析，东部地区数字贸易发展水平最高，其次是中部、东北和西部地区，按降序排列。研究还发现，区域间差异而非区域内差异是导致数字贸易发展差异的主要因素，年均贡献率为71.699%。此外，对差异分布动态变化的分析表明，随着时间的推移，数字贸易发展水平的绝对差异正在缩小。

通过莫兰指数分析表明，我国数字贸易发展水平具有较高的空间相关性，东部地区呈现出明显的"高—高"集聚，西部省份明显的"低—低"集聚。马尔可夫链检验结果反映了数字贸易发展水平动态转移模式。各省份数字贸易发展水平等级结构相对稳定，说明各省份数字贸易发展水平排名在短期内发生变化的可能性不大。另外，通过技术溢出和其他渠道所产生的邻近效应非常明显。这表明数字贸易发展水平高的省份带动了地理上邻近的数字贸易水平较低的省份。鉴于数字贸易发展存在的区域差异，一方面，各地区可采取差异化发展战略，积极推动数字贸易发展。另一方面，应重视数字贸易发展水平高的省份所产生的溢出效应，各地区需要着眼于数字贸易跨省协同发展，缩小数字贸易发展的区域差距，从而为我国数字贸易发展向更高水平升级提供良好的基础。

本章最后就区域数字贸易发展水平的测度进行讨论和总结。由于数字贸易被广为接受的宽泛内涵，提高了对其进行准确测度的难度。正如前文所述，美国国际贸易委员会（2017）曾为数字贸易的定量研究提供了两种思路：一是涉及对包括某些物理产品的数字产品和服务进行统计分析；二是统计互联网宽带的跨境数据流量，不包括实物产品。在2020年，亚太经合组织、世界贸易组织和货币基金组织联合发布的《衡量数字贸易手册》提供的框架具有较广泛的影响。然而上述测量方法在实践中有操作难度。例如，在计算数字中介平台促成的国际贸易时，容易产生重复计算而导致结果不准确。

部分学者尝试运用单一指标来测度数字贸易发展水平，实际上无法反映广义范围的数字贸易。例如，有学者认为数字基础设施对于数字贸易发展具有重要影响，基于数字基础设施指数评估了数字贸易发展（Aguerre，2019）；有学者用部门服务数据加总得到数字服务贸易，并以其来代表数字贸易（Jiang & Jia，2022）；还有学者提出用数字密度和投资于无形资产的资金去量化数据流的经济价值，从而评估数字贸易发展水平（Hofheinz，2015）。在以上测度中，研究对象未包含数字订购和数字交付开展的贸易活动，因此只能衡量一部分数字贸易的发展。

综上所述，虽然国际权威机构和学者已经从不同角度对数字贸易进行了定义，但数字贸易的测算仍面临重大挑战。为了更准确地衡量数字贸易，关于数字贸易测度的研究较多运用构建综合指标体系的方法，优点是通过选择和修改测量指标，同时考虑数据可用性限制，反映数字贸易的本质。由于数字贸易的多面性，现有综合评价指标体系的构建正处于不断完善之中。相关研究发现，科研支出、商业环境和数字贸易潜力均是数字贸易评价指标体系的重要组成部分（Yang，2020；Zhang & Zheng，2020）。有学者开发了全球数字贸易评估指标体系（Ma et al.，2019）。该系统考虑了互联网水平、支付解决方案、物流绩效、电子商务发展、法律法规和贸易潜力。有研究从信息网络基础设施、信息技术水平、产业数字化水平和数字产业化水平等方面构建了数字贸易评价指标体系（Hu et al.，2022）。该体系强调了数字网络基础设施对数字贸易的作用，但并没有考虑物流运输的影响。

有学者认为，数字金融对于数字贸易具有重要的影响（Yuan，2022）。但现有关于数字贸易评价指标体系中均未体现数字金融的作用。数字金融通过将数字技术与传统金融相结合，在优化金融资源配置方面发挥着关键作用，从而有利于促进数字贸易的发展（Liu et al.，2022）。基于上述考虑，本章构建了由数字网络与物流基础设施、数字产业基础、数字贸易潜力和数字金融支持4个一级指标构成的数字贸易评价指标体系；同时，提出通过将物流相关活动中的员工数量和高速公路运营的卡车数量纳入其中，可以更准确地衡量物流基础设施。此外，充分考虑了数字金融对数字贸易的影响，旨在构建更加全面准确的数字贸易评价指标体系。

第四章

制造企业全球产业链分工位势的测算方法

随着我国构建对外开放新格局的不断推进，数字贸易与我国全球产业链优化升级的相关研究逐渐受到学术界关注并成为前沿问题。现有文献做出了有益探索，从研究视角来看，国内外学者对全球产业链问题的研究，延续了传统的全球价值链的分析。有学者指出，全球产业链体系和全球价值链体系两者的发展密不可分，现行的全球产业链分布和国际生产分工，很大程度上基于各国的全球价值链地位与参与程度（江小涓、孟丽君，2021；史沛然，2022）。由于全球价值链地位是衡量国际分工利益和国际竞争力的重要指标，因此在现有相关研究中多由全球价值链地位来衡量全球产业链位势（黄光灿等，2019；何军，2020；江小涓、孟丽君，2021；刘悦等，2023）。本章分析了五种价值链地位测算方法，并对比了其适用范围和特点。基于2000~2013年中国上市公司数据库和海关数据库的匹配数据，以全球价值链地位指数测算了中国制造业企业全球产业链分工位势现状。

整体而言，我国制造业企业的全球产业链位势经历了先下降后上升的发展；各地经济发展水平、产业比较优势的多样化，导致了各地区出口产品结构以及全球产业链位势呈现区域性的差异。西部地区全球产业链位势呈现明显上升趋势。中部、东部地区全球产业链位势水平比较平稳；从行业差异来看，不同行业在全球产业链中所处位势存在较大差异。

第一节　全球产业链位势的影响因素

一、传统的影响因素研究

目前，全球价值链分工地位的传统影响因素的研究主要从要素禀赋、制度环境、基础设施水平等方面展开。一是要素禀赋。劳动力、资金、自然资源均是形成企业技术优势和提升全球价值链分工地位的重要影响因素。豪斯曼等（Hausman et al.，2007）从宏观层面的研究发现，扩大国家规模和提升人力资本均能显著提高各经济体在全球价值链中的地位。刘子鹏等（2023）提出，地理区位优势与生产规模扩张有助于产出供应链和投入需求链拓展，且对产出供应链的促进作用更大，有利于促进全球价值链位置攀升。戴翔和刘梦（2018）认为，实现人才、技术与制度的相互匹配，发挥人才对于促进全球价值链攀升的作用，从而能产生和利用"人才红利"。康淑娟（2018）指出，除非熟练劳动力投入外的物资资本、研发资金等要素投入，均有助于中国制造业企业全球价值链地位的提升，中国国内价值链分工通过资源整合效应推动全球价值链地位升级。

二是制度环境。制度环境可以用国家或地区的对外贸易和投资开放水平来衡量，由于市场环境的自由开放程度会影响国际交流和沟通，透明开放的竞争环境更有利于出口导向型企业成长，并且企业被纳入全球产业链和采购系统的可能性就会更大，有利于企业在全球价值链分工中提升分工地位。侯俊军等（2023）研究表明，签署数字贸易协定能够显著促进中国企业全球价值链位置的攀升。并且，相比于签署有关贸易对象的数字化规则，签署贸易方式的数字化规则引致的攀升效应更大。马述忠等（2017）曾对加工贸易企业进行考察发现，企业生产率和融资约束是影响加工贸易企业全球价值链地位的重要因素。郭娟娟等（2022）基于服务业视角指出，服务业外资自由化带来技术能力的提高和生产成本降低，促进了制造业全球价值链地位的提升。

三是基础设施水平。基础设施水平是一国市场、产业和企业形成国际竞争力的重要来源，对一国是否能高效开展国际贸易发挥了重要的影响。从其影响渠道来看，基础设施建设可以通过降低生产成本、提高生产效率，以及增加边际投资回报，助力企业在价值链分工中获利，从而提高其全球价值链地位。包群等（2023）研究发现，交通基础设施质量提高可以显著提升我国制造业在全球价值链中的分工地位，促进了价值链中的前向参与和后向参与的程度，其中国际技术溢出与协同集聚发挥了重要的作用。李宏等（2023）基于对"宽带中国"战略的考察，研究表明，网络基础设施建设通过提高企业商业信用、提高客户集中度以及推动企业盈余管理这些渠道，显著提升了企业在全球价值链的嵌入度。

二、数字贸易与全球产业链位势

正如前文所述，虽然在已有国内外研究有关数字贸易与全球产业链位势展开直接的研究并不多见，但仍然可以从现有文献中梳理总结出数字贸易所产生的技术创新和成本节约两大类经济效应。从技术创新角度来看，企业提升全球价值链地位的关键在于技术水平和创新能力的增强，数字产品贸易及数字服务贸易的开展，有助于企业对蕴含其中的知识与技术吸收内化。数字产品作为一种高质量且独特的要素投入，在企业融入生产网络的过程中发挥了关键作用（陈彦斌等，2019），国际前沿科技产生的技术外溢有助于提升我国企业在全球产业链中的位势。刘佳琪和孙浦阳（2021）研究发现，数字产品作为进口产品中的高质量产品，可以有效促进企业技术创新能力的提升，并且数字产品在这一过程中发挥出与一般进口产品不同的特征。

此外，数字贸易可以实现贸易便利化、高效化、快捷化，不仅为国际贸易带来实时反馈，同时产生了创新激励效应（马述忠等，2019）。贸易数字化有利于企业充分使用数字智能化资源，在消费端拉动科技创新，实现产业升级转型，这种数字智能替代人工，提升了在传统劳动密集型产业链上的价值增值（陈昌盛等，2022）。依托国内大循环，突破关键核心技术和引领性原创性技术，实现数字技术自立自强和加快科技成果产业化；依托国内国际双循环，提升科技创新国际竞争力和国际科技合作水平，通过融入全球创新链，实现数字技术赋能全球价值链的整体效能，从而有助于推动嵌入全球价值链高端环节（孔静，2023）。

从成本节约的角度来看，开展数字贸易增加了企业中间投入品的可获得性，促进企业降低各类成本，并实现效率增进。刘斌等（2020）研究人工智能对全球价值链的影响发现，一国行业全球价值链参与程度与分工地位的提升，主要通过降低贸易成本、促进技术创新、优化资源配置实现的。数字贸易可以凭借其去中心化、无界化的特征吸引更大范围的企业参与国际分工，并降低全球价值链分工的成本。数字贸易还可以通过数字技术优化产品的生产流程，有效提高各类生产要素的生产率，并促进全球价值链分工中增加值的出口（Deichmann et al.，2016）。岳云嵩和李兵（2018）研究发现，电子商务平台显著提升企业进入出口市场的概率，可以通过降低出口成本、提高生产效率的方式促进出口，从而实现价值链的攀升。技术创新和成本降低究竟在数字贸易促进全球产业链位势提升中发挥怎样的作用，本书将在后面的章节从不同的层面展开系统讨论。

第二节　全球价值链地位的测算方法

本章参考江小涓和孟丽君（2021）、史沛然（2022）以及刘悦等（2023）的研究，对于全球产业链位势的测算以全球价值链地位来衡量。目前，全球产业链地位的相关研究颇为丰富，主要的衡量方法包括垂直专业化指数、出口产品价格指数、出口技术复杂度指数、上游度指数和全球价值链地位指数。

一、垂直专业化指数

基于在国际分工不断深化基础上，每个国家只负责商品生产的某一个或几个环节的专业化分工与贸易，胡梅尔斯等（Hummels et al.，2001）首次提出垂直专业化指数，具体计算采用行业出口中进口产品投入价值与行业总出口额的比值来表示，其计算公式为：

$$VS_i = \left(\frac{X_i}{Y_i} \right) \cdot M_i \qquad (4-1)$$

其中，VS_i 为行业出口中的进口产品投入价值，M_i 为行业生产中投入的进口中间品价值，Y_i 表示行业总产值，X_i 为行业出口额。进一步构建垂直专业化水平（VSS_i），得到：

$$VSS_i = \frac{VS_i}{X_i} \qquad (4-2)$$

陈等（Chen et al.，2012）基于中国数据，研究发现，加工贸易使用较多的海外中间品，而随着垂直专业化水平提高，参与国际分工的程度加深因此可将国际贸易分解为一般贸易和加工贸易，采用改进的垂直专业化指数对各行业的垂直专业程度进行测算，研究表明，一般贸易对价值链地位有显著的提升作用。王云飞等（2020）通过比较中欧的垂直专业化分工结构，得到了中国制造业全球价值链地位落后于欧盟但差距在缩小的结论，发现中国服务业参与价值链后主要通过技能偏向性技术进步来提高技能溢价。

二、出口产品价格指数

肖特（Schott，2004）首次提出出口产品价格指数，认为价格可以体现产品的技术水平，将同一产品的国内外价格纳入分析框架，某个国家在某一时间段内出口产品的平均价格变化，可以体现国际分工地位的差异。计算公式为：

$$rP_{ci} = \frac{P_{ci} - \overline{P}_{wi}}{\overline{P}_{wi}} \quad\quad (4-3)$$

其中，rP_{ci} 为 c 国出口产品与世界平均价格的差值，P_{wi} 为世界出口 i 产品的价格。

施炳展（2010）基于出口产品价格测算中国在国际分工中的地位，结果发现，中国的全球价值链地位在 2001 年加入 WTO 之后才有所提高，但仍处于全球价值链的低端。从产品和产品内价格两个层面来看，发现中国的中高技术产品的国际分工地位低于低技术产品。李晨和王丽媛（2018）从出口产品价格视角出发，研究中国水产品贸易在"一带一路"以及各区域内价值链上所处的地位，认为中国水产品位于中高端位置，且具有主导区域价值链的能力。

三、出口技术复杂度指数

出口技术复杂度指数通过分析一国某产业出口商品的技术结构，衡量在世界出口中的地位与竞争力，公式为：

$$PRODY_k = \sum_j \frac{\dfrac{X_k}{X_j}}{\sum_j \left(\dfrac{X_k}{X_j}\right)} \cdot Y_j \quad\quad (4-4)$$

其中，$PRODY_k$ 为产品出口技术复杂度，k 和 j 分别为产品和国家，X_k 为 j 国 k 产品的出口额，X_j 为 j 国所有产品的总出口，$\dfrac{X_k}{X_j}$ 为 j 国 k 产品的出口份额，Y_j 为 j 国人均国民生产总值（GDP）。

$$ESI_{ji} = \sum_k \frac{X_{jk}}{X_{ji}} PRODY_k \quad\quad (4-5)$$

其中，ESI_{ji} 为行业出口技术复杂度，$\dfrac{X_{jk}}{X_{ji}}$ 为 j 国 k 产品出口在该国 i 行业总出口中所占的比重。

$$EXPY_j = \sum_i \frac{X_i}{\sum_i X_i} ESI_{ji} \qquad (4-6)$$

其中，$EXPY_j$ 为 j 国出口技术复杂度，$\frac{X_i}{\sum_i X_i}$ 为 i 行业出口额占该国出口额的比重。

罗德里克（Rodrik，2006）研究指出，中国的经济发展水平虽然较低，但是出口技术水平却较高，并且中国出口的技术含量呈现大幅上升的态势，意味着价值链地位在不断攀升。李洲和马野青（2020）引入了增加值视角，弥补了利用传统出口测算出口技术复杂度时因忽略国外中间投入而放大技术含量的局限。曹慧平（2022）运用出口技术复杂度指标，发现契约执行效率可以通过增加中间品进口种类、提高中间品进口质量促进制造业全球价值链升级。杜运苏等（2023）利用中国微观企业数据测算出口技术复杂度，来反映企业所处全球价值链地位，研究发现，内外销耦合协调对价值链升级具有显著正向影响。

四、上游度指数

安卓斯等（Antràs et al.，2012）提出了上游度的测算方法，以衡量一国产品到达最终需求前所经历的生产阶段数，被用于测算行业距离或者产出供应链上所处地位。上游度指数越高，即所处全球产出供应链的位置越高，表明该行业在全球产出供应链上的位置距离消费端越远。具体公式为：

$$D_{im} = 1 + \sum_{jn} g_{imjn} \cdot D_{jn} \qquad (4-7)$$

其中，D_{im} 和 D_{jn} 分别为 m 国 i 产品和 n 国 j 产品的上游度指数，g_{imjn} 为 m 国 i 产品作为中间投入销售到 n 国 j 部门的价值在 i 产品产出价值中的占比。

楚尔等（Chor et al.，2014）利用 2007 年中国投入产出数据库和中国海关数据库，在行业上游度指数的基础上测算企业上游度指数，为后续研究开创了新思路。阿尔法罗等（Alfaro et al.，2019）基于多个国家企业层面的上游度指数，发现企业最终产品的需求弹性会影响该企业价值链各个环节供应商的决策行为。赵春明等（2020）基于微观视角，以出口上游度指数来衡量企业全球价值链嵌入地位，研究发现，我国的上游度指数低，即生产靠近下游，说明我国全球价值链地位整体呈现上升趋势。彭水军等（2022）基于全球产出供应链和投入需求链双重视角，采用上游度指数和下游度指数测算，研究发现，一般贸易和加工贸易嵌入产出供应链位置，分别受国内中间品供给网络扩张和跨国中间品供给网络效应影响。

五、全球价值链地位指数

库普曼（Koopman，2010）将出口增加值进行分解，提出总出口分解法（KPWW），以此构建全球价值链地位指数。具体地，全球价值链地位指数反映一国某行业出口到其他国家的中间品对数值与本国该产业出口中所含进口中间品对数值之差。计算公式为：

$$GVC_{Position_{ir}} = \ln\left(1 + \frac{IV_{ir}}{E_{ir}}\right) - \ln\left(1 + \frac{FV_{ir}}{E_{ir}}\right) \qquad (4-8)$$

其中，i 和 r 分别为产品和国家，$GVC_{Position_{ir}}$ 为 r 国 i 行业的全球价值链地位指数，IV_{ir}、FV_{ir} 和 E_{ir} 分别为 r 国 i 行业的间接增加值出口、出口中包含的国外增加值和总出口额。

周升起等（2014）根据这种测算方式，计算了我国 1995～2009 年行业层面的全球价值链指数，结果显示，我国的劳动密集型行业处于价值链的高端地位。王等（Wang et al.，2017）进一步扩展了库普曼（2010）提出的分解法，将一国总出口的贸易增加值分解方法从单边的国家层面拓展到双边的国家和部门层面，从而来进行总出口的分解。黄光灿等（2018）、李正等（2019）利用地位指数，研究发现，中国制造业的发展呈现出由低技术向高技术阶段的演进。王振国等（2019）指出，中国中技术、高技术和低技术制造业分别处于全球价值链上游、中游和下游位置。韩沈超（2023）测算了中国和主要贸易伙伴国家的服务业全球价值链地位指数，研究表明，服务贸易的开展显著提升了中国与伙伴国的服务业全球价值链地位。

上述五种测算方法都可以作为估计全球价值链地位的指标，存在各自的适用范围，且各具优点和局限。垂直专业化指数的精确度必须基于以下两大假设：（1）一国用于出口的产品与本国内销的产品对于中间品的需求偏好一致；（2）一国生产的所有出口产品均由中间产品最终加工而成。然而，前者与实际情况存在较大差距，后者未考虑到一个国家既是最终产品的进口国又是原材料的出口国的可能性。总的来说，强假设条件使得该指标的测量难以与实际相符，并且测度过程未能充分利用真正的全球价值链数据库。

出口产品价格指数虽然操作简便，但计算方法仅考虑产品价格，忽略了进口中间品价值以及其他因素对全球价值链地位的影响，无法真实反映现实情况。出口技术复杂度指数研究广泛运用于产品、行业甚至地区层面，其测算方法发展到目前主要形成两方面的分歧：一是测算中国出口产品技术复杂度时，是否将中国大量利用外资的实际情况纳入考虑范畴；二是需要考虑中国出口技术含量主要来自自身国内增加值还是国外技术引进。

上游度指数的方法主要基于两个假设：（1）将相邻生产阶段之间的距离视为等间距"1"；（2）国内自产自销和进出口情况下的行业间投入产出均视为一致。然而，在当前各种社会生产活动中，各产业在价值链上的距离差异很大，不同产业具有各自独有的特征，其创造的价值也存在差异，这导致不同产业附加值存在差异，因此，前提假设与实际存在的差距颇大，在微观层面的测度上，学者通常采用赋权重的方式计算，导致以此方式测度的全球价值链地位很难精确反映全球价值链的真实位置。

全球价值链地位指数具有界定简单、内涵清晰，以及指向明确等优点，是目前使用率较高的测度指标。该方法考虑了一国出口中，外国上游进口中间品增加值以及进口国用于下游成品组装而出口的上游中间品增加值，对于宏观、中观和微观层面的测度均比较适合，可以用于探究整体、细分行业的全球价值链位置，并开展国际比较，具有较强的说服力。下一节将具体介绍基于国际贸易增加值的分解法（WEE）的全球产业链位势指标。

全球产业链位势的测算方法

　　全球产业链位势测算的原理参考全球价值链地位的衡量（江小涓、孟丽君，2021；史沛然，2022）。运用国际贸易增加值的分解法，通过应用投入产出模型反映全球产业链的增加值流向。该方法能够充分考虑产品生产的全球化分割过程，反映一国产业出口的真实增加值。其原理是基于国际贸易产品的吸收途径和最终使用地，将国际贸易流分解为国外增加值、增加值出口、返回的国内增加值以及纯重复计算等组成部分，实现对国际贸易各环节增加值流向的分解，从而为测算全球产业链位势指数提供基础（见表4－1）。

表4－1 三国投入产出模型

产出 投入		中间使用			最终使用			总产出
		S 国	R 国	T 国	S 国	R 国	T 国	
中间 投入	S 国	Z_{ss}	Z_{sr}	Z_{st}	Y_{ss}	Y_{sr}	Y_{st}	C_s
	R 国	Z_{rs}	Z_{rr}	Z_{rt}	Y_{rs}	Y_{rr}	Y_{rt}	C_r
	T 国	Z_{ts}	Z_{tr}	Z_{tt}	Y_{ts}	Y_{tr}	Y_{tt}	C_t
增加值		VA_s	VA_r	VA_t	—	—	—	
总投入		$(F_s)'$	$(F_r)'$	$(F_t)'$	—	—	—	

　　下标 s、r 和 t 分别表示 S 国、R 国和 T 国，Z 代表中间产品投入矩阵，Y 代表最终产品使用矩阵，VA 为增加值行向量，C 代表总产出列向量，上标 "'" 表示矩阵转置，Z_{sr}、Y_{sr}、VA_s 以及 C_s 分别表示 S 国出口产品中被 R 国用作中间产品、最终使用的部分、S 国的增加值和产出。从一国投入产出的使用方向看，存在以下平衡式：

$$\begin{bmatrix} Z_{ss} + Z_{sr} + Z_{st} \\ Z_{rs} + Z_{rr} + Z_{rt} \\ Z_{ts} + Z_{tr} + Z_{tt} \end{bmatrix} + \begin{bmatrix} Y_{ss} + Y_{sr} + Y_{st} \\ Y_{rs} + Y_{rr} + Y_{rt} \\ Y_{ts} + Y_{tr} + Y_{tt} \end{bmatrix} = \begin{bmatrix} C_s \\ C_r \\ C_t \end{bmatrix} \tag{4-9}$$

基于投入产出模型，定义投入系数矩阵 $A \equiv Z\,(\widehat{C})^{-1}$，上标"^"表示对角化，则有：

$$
\begin{bmatrix} A_{ss} & A_{sr} & A_{st} \\ A_{rs} & A_{rr} & A_{rt} \\ A_{ts} & A_{tr} & A_{tt} \end{bmatrix} \begin{bmatrix} C_s \\ C_r \\ C_t \end{bmatrix} + \begin{bmatrix} Y_{ss}+Y_{sr}+Y_{st} \\ Y_{rs}+Y_{rr}+Y_{rt} \\ Y_{ts}+Y_{tr}+Y_{tt} \end{bmatrix} = \begin{bmatrix} C_s \\ C_r \\ C_t \end{bmatrix} \tag{4-10}
$$

利用投入系数矩阵对式（4-10）进行调整可得到经典的里昂惕夫公式：

$$
\begin{bmatrix} B_{ss} & B_{sr} & B_{st} \\ B_{rs} & B_{rr} & B_{rt} \\ B_{ts} & B_{tr} & B_{tt} \end{bmatrix} + \begin{bmatrix} Y_{ss}+Y_{sr}+Y_{st} \\ Y_{rs}+Y_{rr}+Y_{rt} \\ Y_{ts}+Y_{tr}+Y_{tt} \end{bmatrix} = \begin{bmatrix} C_s \\ C_r \\ C \end{bmatrix} \tag{4-11}
$$

其中，$B = (\widehat{I}-A)^{-1}$ 即为里昂惕夫逆矩阵，将 S 国向 R 国出口的中间品按照最终吸收地及吸收渠道进行分解：

$$
Z_{sr} = A_{sr}C_r = A_{sr}B_{rs}Y_{sr} + A_{sr}B_{rs}Y_{sr} + A_{sr}B_{rs}Y_{st} + A_{sr}B_{rr}Y_{rs} + A_{sr}B_{rr}Y_{rr} +
$$
$$
A_{sr}B_{rr}Y_{rt} + A_{sr}B_{rt}Y_{ts} + A_{sr}B_{rt}Y_{tr} + A_{sr}B_{rt}Y_{tt} \tag{4-12}
$$

同样，中间产品也可以按照不同来源增加值和最终使用地的不同进行分解。首先定义增加值系数 $V_s \equiv VA_s\,(C_s)^{-1}$，同理可得 V_r 和 V_t，增加值系数矩阵为：

$$
VB = \begin{bmatrix} V_s & V_r & V_t \end{bmatrix} \begin{bmatrix} B_{ss} & B_{sr} & B_{st} \\ B_{rs} & B_{rr} & B_{rt} \\ B_{ts} & B_{tr} & B_{tt} \end{bmatrix} \tag{4-13}
$$

$$
V_s B_{ss} + V_r B_{rs} + V_t B_{ts} = u \quad u = (1,1,\cdots,1) \tag{4-14}
$$

以 E_{sr} 表示 S 国出口 R 国的中间产品和最终出口，$E_{sr} = A_{sr}C_r + Y_{sr}$，同理可得 E_{st}，则 S 国的总出口可表示为：$E_s = E_{sr} + E_{st} = A_{sr}C_r + Y_{sr} + A_{st}C_r + Y_{st}$。因此，可以得到如下形式：

$$
\begin{bmatrix} A_{ss} & 0 & 0 \\ 0 & A_{rr} & 0 \\ 0 & 0 & A_{tt} \end{bmatrix} \begin{bmatrix} C_s \\ C_r \\ C_t \end{bmatrix} + \begin{bmatrix} Y_{ss}+E_s \\ Y_{rr}+E_r \\ Y_{tt}+E_t \end{bmatrix} = \begin{bmatrix} C_s \\ C_r \\ C_t \end{bmatrix} \tag{4-15}
$$

调整后可得单国模型的里昂惕夫经典公式和里昂惕夫逆矩阵，以 L_{ss} 表示 S 国国内里昂惕夫逆矩阵，$L_{ss} = (I - A_{ss})^{-1}$，同理可得 R 国和 T 国的里昂惕夫逆矩阵。因此，S 国向 R 国出口的中间产品：

$$Z_{ss} = A_{sr}C_r = A_{sr}L_{rr}Y_{sr} + A_{sr}L_{rr}E_r \qquad (4-16)$$

结合上述诸公式可得 S 国向 R 国总出口的分解，即将增加值系数代入国际中间产品的分解中，根据出口增加值和最终使用地分为 16 个增加值和重复计算部分，这是总贸易和算法的基本框架。

基于库普曼（Koopman，2010）提出的总出口分解法（KPWW）通过非竞争投入产出表分解产出的国内附加值率（DVAR）和国外附加值率（FVAR），从而可得到全球产业链位势指数（GIC）的具体公式：

$$GIC_{it} = \ln(1 + DVAR_{it}) - \ln(1 + FVAR_{it}) \qquad (4-17)$$

通过区分加工贸易和一般贸易，假设将加工贸易企业进口全部转移到出口产品中，即所有进口均用于中间投入，而一般贸易企业进口的中间投入以相同比例用于国内销售和出口，设定企业国外附加值率如下：

$$FVAR_{it} = \frac{V_{it}^F}{X_{it}} = \frac{M_{it}^P + M_{it}^O[X_{it}^O/(X_{it}^O + D_{it})]}{X_{it}} \qquad (4-18)$$

其中，$FVAR_{it}$ 表示企业 i 在 t 年的出口国外附加值率，V_{it}^F 为企业出口的国外附加值，X_{it} 表示企业总出口值，以 X、M、D 分别代表企业出口、进口和国内销售值，上标 P 和 O 分别代表加工贸易和一般贸易，M_{it}^P 表示企业加工贸易进口值，M_{it}^O 为企业一般贸易进口值，X_{it}^O 为企业一般贸易出口值，D_{it} 为企业国内销售值。由于出口产品国外附加值率和国内附加值率之和为 1，则有 $DVAR_{it} = 1 - FVAR_{it}$，进而可得全球产业链位势指数 GIC_{it}。该指数取值越大，表示该国（部门）处于全球产业链越接近上游的位置，反映了其国际分工地位更高。

第五章

互联网发展对全球产业链位势
提升的影响

 互联网发展对城市出口技术复杂度的影响研究*

面对国际、国内形势深刻变化，全球化进入调整阶段，2019 年 11 月《中共中央 国务院关于推进贸易高质量发展的指导意见》发布，提出我国要加快培育贸易竞争新优势，推进贸易高质量发展。

在国际贸易研究领域，出口技术复杂度可以反映国家或地区出口商品结构是否优化，是一个用于衡量贸易质量的指标（戴翔、金碚，2014）。国外曾有研究指出，我国的出口技术复杂度与多倍于人均 GDP 的发达经济体的出口技术复杂度相当，被称为"Rodrik 悖论"（Hausman et al.，2007）。国内学者针对"Rodrik 悖论"进行了测度方法的改进，指出我国出口技术复杂度尚未大幅度提升（丁小义、胡双丹，2013）。事实上，早期的研究多从国家层面进行，忽视了我国不同经济发展水平的地区，出口技术复杂度存在

---

　* 本节内容全文参见已发表论文：朱勤，于海静，李兵涛. 互联网发展与城市出口技术复杂度提升［J］. 浙江社会科学，2021（10）：4 – 11，62，155.

着较大不平衡。新近一些研究从城市的层面开展，揭示了中国沿海部分发达城市与部分相对落后的西部城市之间，出口技术复杂度存在着明显的地区差异（蒋为等，2019）。作为国际经贸活动中重要的地理单位，城市和城市群必将承担起我国构筑对外贸易竞争新优势的经济重任，研究城市层面出口技术复杂度的影响因素具有重要的意义。

数字经济背景下互联网的融合应用，为构筑贸易发展新优势带来崭新的机遇。随着我国跨境电商平台、5G网络、工业互联网、物联网等新型基础设施建设的推进，"互联网＋贸易"成为了传统外贸转型升级的重要抓手。海关统计数据显示，2020年，我国跨境电商进出口额达到1.69万亿元，同比增长31.1%。互联网发展与国际贸易关系的研究日益受到重视，已有研究表明：依托互联网平台的跨境电商有利于突破国家间地理距离的限制（马述忠等，2019）；互联网发展通过加强全球及区域合作，促进双边贸易边际增长（Visser，2019），有效扩大国际贸易规模（Swan et al.，2021）；从出口企业的角度来看，互联网优化注意力资源配置并降低贸易成本（施炳展、金祥义，2019；Mu & Chen，2020），促进出口企业创新（沈国兵、袁征宇，2020）。然而，互联网发展是否影响城市出口技术复杂度，其内在影响的机制如何？关于这一主题的研究有待展开，这成为本章的研究主题。

一、理论机制和研究假设

（一）互联网发展对城市出口技术复杂度的影响

城市出口技术复杂度可以测度城市层面外贸出口的产品结构的升级情况（周茂等，2019；孙楚仁等，2021），可作为用以衡量城市出口贸易质量的代表性指标。国内外现有研究尚未直接分析互联网发展与城市出口技术复杂度之间的关系，但仍可借鉴相近研究来形成理论假设。数字技术和信息通信技术（ICT）的广泛应用，已成为国际贸易中比较优势的新来源（Wangy & Li，2017）。城市互联网发展水平高，通常具体表现在该城市互联网基础设施的发达、互联网用户的普及、互联网融合应用能力强和发展环境好。良好的互联网发展有利于城市出口技术复杂度提高，主要在于以下三个方面。第一，尤其对于发展中国家的城市，互联网发展的"边际效益"更大。通过广泛的信息分享和知识传播，以及各种创新要素的汇聚融合，互联网催生了集聚式创新（Paunov & Rollov，2016）。第二，互联网发展带动城市产业结构优化，促进出口产品结构升级。已有经验研究表明，互联网发展使得制造品以及服务贸易的产品结构实现了优化（Bojnec & Ferto，2015；Choi，2010），因此有利于城市出口技术复杂度提升。第三，互联网发展助力于城市出口主体更好地获取国际市场信息，帮助出口企业更高效地进行价值创造，支撑城市出口企业在国际动态竞争中持续升级产品。因此，本节提出假设 5.1。

H5.1：互联网发展对城市出口技术复杂度具有显著的正向影响。

（二）互联网发展对城市出口技术复杂度的影响机制

考察互联网发展对城市出口技术复杂度的影响机制，可具体阐释如下。

1. 人力资本效应

出口技术复杂度的提高通常出现于传统部门向现代部门的转变中，其重要标志之一，就是人力资本的持续积累（卢福财、金环，2020）。要素禀赋理论观点也认为，贸易结构主要受人力资本等要素的丰裕程度影响，而专业化人力资本的空间集聚，将改变需求匹配效率而影响产业纵向分工、重塑产业分工的空间结构，进而优化产业结构与贸易结构（张家滋等，2021）。已有研究表明，人力资本累积有利于促进出口技术复杂度的提升（郑展鹏、王洋东，2017）。互联网发展提升了信息匹配效率，能够显著加速知识的获取、传递和共享，改善城市教育和培训水平，促使各层面的劳动者提升学习与生产效率，同时也能加速"干中学"效应与人力资本积累效应（Visser，2019）。而且，人力资本具有"技术载体"功能（周茂等，2019），即人力资本积累有利于广泛吸收国内外先进技术和管理经验，从而提升技术创新能力和产品质量水平。因此，本节提出假设 5.2。

H5.2：人力资本是互联网发展促进城市出口技术复杂度提升的中介变量，即存在"人力资本效应"。

2. 技术创新效应

企业创新水平的提高，对于提高产品的技术含量及附加值，改善贸易产品结构及提升出口竞争力至关重要（Kaufmann et al.，2003）。在数字经济迅速发展的背景下，互联网发展能够有效降低企业信息搜寻、运营和管理等成本（李兵、李柔，2017）；互联网融合应用有利于提升企业的知识储备和信息积累，促进出口企业创新（沈国兵、袁征宇，2020）。从产业创新的层面看，互联网发展有助于制造业生产率提升（黄群慧等，2019），并有利于新技能和新思想的碰撞和技术外溢，加快产业创新成果转化的步伐。对于城市发展数字经济而言，所需知识信息及研发资本等要素的密集度更高，互联网在促进资源的合理配置、打破要素流动壁垒方面有显著作用，将促进城市贸易结构的优化，提升城市出口技术复杂度。因此，木节提出假设 5.3。

H5.3：技术创新是互联网发展促进城市出口技术复杂度提升的中介变量，即存在"技术创新效应"。

二、模型、变量设定和数据来源

（一）模型构建

本章构建链式多重中介效应模型（CMEM）进行机制检验，具体分四步进行：第一，用因变量出口技术复杂度（ES）对基本自变量互联网发展（Inte）进行回归；第二，用中介变量人力资本（Humc）对基本自变量互联网发展（Inte）进行回归；第三，用中介变量技术创新（Inno）同时对人力资本（Humc）和基本自变量互联网发展（Inte）进行回归；第四，用因变量出口技术复杂度（ES）同时对两个中介变量和基本自变量进行回归。通过该模型的估计可以得到互联网发展（Inte）对出口技术复杂度（ES）的总效应 α_1、直接效应 θ_1，以及由中介作用来衡量的间接效应。以上步骤以联立的式（5-1）表示：

$$
\begin{cases}
ES_{it} + \alpha_0 + \alpha_1 Inte_{it} + \alpha_2 C_{it} + u_i + v_t + \varepsilon_{it} \\
Humc_{it} = \beta_0 + \beta_1 Inte_{it} + \beta_2 C_{it} + u_i + v_t + \varepsilon_{it} \\
Inno_{it} = \gamma_0 + \gamma_1 Inte_{it} + \gamma_2 Humc_{it} + \gamma_3 C_{it} + u_i + v_t + \varepsilon_{it} \\
ES_{it} = \theta_0 + \theta_1 Inte_{it} + \theta_2 Humc_{it} + \theta_3 Innoo_{it} + \theta_4 C_{it} + u_i + v_t + \varepsilon_{it}
\end{cases}
\tag{5-1}
$$

其中，各变量下标 i 表示城市，t 表示时间，C_{it} 表示控制变量，μ_i 表示个体固定效应，ν_t 表示固定效应，ε_{it} 表示随机扰动项。模型构建的影响机制包括三条路径，路径系数由式（5-1）中各变量系数计算而得：路径一，互联网发展通过人力资本累积而促进城市出口技术复杂度提升，其路径系数为 $\beta_1\theta_2$；路径二，互联网发展通过推动技术创新而促进城市出口技术复杂度提升，其路径系数为 $\gamma_1\theta_3$；路径三，互联网发展通过人力资本和技术创新的共同效应即链式多重中介效应，促进城市出口技术复杂度提升，其路径系数为 $\beta_1\gamma_2\theta_3$。

（二）变量选择

1. 被解释变量

关于被解释变量城市出口技术复杂度（ES）的衡量，源自被广泛引用豪斯曼等（2007）的测算方法，其思路是以产品在某国总出口份额与所有出口产品的国家在该产品总出口中的份额比值为权重，对表征所有出口产品国家技术指标求加权平均值。由于反映技术指标的劳动率数据难以直接获取，因而目前较多采用各国人均国内生产总值作为劳动生产率的替代指标，得到某年份产品层面的出口技术复杂度（$prodyh$），其测算方法如式（5-2）所示：

$$
prody_h = \sum_{q=1}^{n} \frac{(X_{q,h}/X_q)}{\sum_{q=1}^{n}(X_{q,h}/X_q)} \cdot Y_q
\tag{5-2}
$$

其中，$X_{q,h}$ 表示 q 国家 h 产品的出口额，X_q 表示 q 国产品的出口总额，

Y_q 表示 q 国人均国内生产总值。

参考周茂等（2019）和孙楚仁等（2021）对于城市出口技术复杂度的测算，在获取产品层面的数据后，将其以产品出口额为权重加总至城市层面，从而获取各个城市的出口技术复杂度数据，其测度方法如式（5 - 3）所示：

$$ES_f = \sum_{h=1}^{n} \frac{X_{f,h}}{X_f} \cdot prody_h \qquad (5-3)$$

其中，下标 f 表示城市，ES_f 表示城市层面的出口技术复杂度，$X_{f,h}$ 表示 f 城市中 h 产品的出口额，X_f 表示城市 f 的总出口额，$X_f = \sum_{h=1}^{n} X_{f,h}$。

2. 解释变量

本节的核心解释变量为城市互联网发展（$Inte$），由于目前官方未披露关于城市互联网发展的相关指数，借鉴刘姿均和陈文俊（2017）、李金城和周咪咪（2017）的做法，使用互联网用户数量作为城市互联网综合发展水平的替代指标。

3. 中介变量

以人力资本（$Humc$）和技术创新（$Inno$）作为中介变量。人力资本积累是实现贸易结构优化的关键所在，充裕的人力资本便于发挥其"技术载体"与"要素积累"职能。城市人力资本的测算，借鉴姚战琪（2020）的研究，采用平均每万人口中大学生人数来衡量。对于另一中介变量技术创新，参考刘威等（2018）的研究，选取城市每年专利授权数来衡量城市技术创新水平。

4. 控制变量

参考已有相关研究，选取三个城市层面的控制变量。一是金融业发展水平（$Fina$）。金融业发展水平高的城市企业面临更小的融资约束，有利于出口产品结构升级，该变量选取城市平均每万人口中金融从业人数来衡量。二是交通基础设施（Tc）。交通基础设施的便捷程度对于出口贸易的交易成本和效率有直接影响，因此有可能影响出口技术复杂度（卓乘风等，2018），该指标选取城市公路里程数衡量。三是外商直接投资（Fdi）。

已有研究表明，外商直接投资通过技术溢出等效应，将对出口技术复杂度产生影响（陈俊聪，2015），该变量选取各城市当年实际利用外资额进行衡量。

（三）数据来源

数据主要来源于 2007 ~ 2017 年中国海关进出口统计数据库、CNDRS中国研究数据服务平台、世界银行数据库、联合国 UN Comtrade 数据库、《中国城市统计年鉴》和各类城市数据公开信息。产品层面出口技术复杂度数据测算需要各国人均国内生产总值数据与各国之间的产品贸易数据，其中前者来自世界银行数据库，后者来自联合国 UN Comtrade 数据库。本节选取 2007 ~ 2017 年具有出口记录的 180 余个国家为研究对象，由于部分国家数据在样本区间缺乏记录，因此予以剔除。根据国家名称将两个数据库进行匹配，最终得到 135 个国家 4732 种产品的出口数据。此外，城市层面出口技术复杂度数据测算还需要匹配中国海关进出口统计数据库，样本城市的选取过程为：首先，对数据库中信息损失样本进行剔除与整理，将月份数据加总得到年份数据，并根据出口城市名称将数据筛选汇总；其次，对样本数据进行匹配并进行分类归总，最终选取 281 个城市作为研究对象。

三、实证结果与分析

（一）描述性统计分析

表 5 - 1 显示了主要变量的描述性统计结果，城市出口技术复杂度（ES）的均值为 41186.471，最小值为 12834.852，最大值为 75352.400，后文将进一步分析其空间分异性。互联网发展（$Inte$）的均值为 71.971，最小值为 0.024，最大值为 5174，说明我国各城市互联网发展呈现出较大的空间分异性。

表 5 – 1　　　　　　　　　　　主要变量的描述性统计

变量名称	变量含义	样本量	均值	标准差	最小值	最大值
ES	出口技术复杂度	3091	41186.471	13465.780	12834.852	75352.400
Inte	互联网发展水平	3091	71.971	140.851	0.024	5174
Inno	技术创新	3091	3396.906	8670.913	1	106499
Humc	人力资本	3091	170.134	226.582	0.654	1270.424
Fina	金融发展水平	3091	40.688	36.843	5.373	476.670
Tc	交通基础设施	3091	1683.646	2197.978	14	19015
Fdi	外商直接投资	3091	79270.020	193320.3	3	3082563

（二）城市出口技术复杂度的空间分异

根据各城市经纬度距离空间矩阵测算 2007 年和 2017 年的全局莫兰指数值，分别为 0.033 和 0.012，且均在 1% 水平上显著，表明城市出口技术复杂度存在显著的空间自相关性。使用 Arcgis 10.8，分别绘制 2007 年和 2017 年的城市出口技术复杂度（ES）的空间分布图①。结果表明，我国城市互联网发展总体水平逐年提高，出口贸易结构实现优化，但具有明显的空间分异特征。东部地区的城市拥有先天的地理优势，并且拥有许多经济特区和沿海城市，高新技术产业比较发达，出口产品技术复杂度始终处于全国领先。对比而言，中部地区相对较低，而西部地区最低。同时，我国城市出口技术复杂度呈现明显的空间集聚，出口技术复杂度较高的城市由北向南主要集中在辽中南、京津冀、山东半岛、长江三角洲和珠江三角洲等城市群，而宁夏沿黄、西宁—兰州、关中平原、黔中和滇中等城市群的出口技术复杂度则相对较低。

（三）基准回归结果

在进行基准回归前考察了模型适用性，结果显示，拒绝随机扰动项与解释变量不相关的假设，判断本次检验适用于固定效应（FE）模型，回归

①　空间分布图未在此处呈现，感兴趣的读者可向作者索取。

结果如表 5 - 2 所示。第（1）列为只包含核心解释变量互联网发展水平的固定效应回归，第（2）至（4）列为在第（1）列基础上，逐步添加控制变量即金融发展水平、交通基础设施和外商直接投资后的回归结果。结果显示，解释变量互联网发展的系数均为正数，且在 1% 的水平上显著，说明互联网发展显著促进了城市出口技术复杂度的提高，假设 5.1 初步得到验证。

表 5 - 2　　　　　　互联网发展对出口技术复杂度的基准回归结果

变量	（1）	（2）	（3）	（4）
	ES	ES	ES	ES
Inte	36. 540 ***	37. 110 ***	60. 760 ***	114. 600 ***
	(2. 454)	(2. 370)	(2. 988)	(3. 210)
res_Fina		302. 200 ***	314. 800 ***	346. 100 ***
		(21. 080)	(20. 550)	(18. 060)
res_Fdi			0. 0337 ***	0. 0734 ***
			(0. 003)	(0. 003)
res_Tc				10. 290 ***
				(0. 354)
常数项	38557 ***	38516 ***	36813 ***	32941 ***
	(292. 600)	(282. 500)	(307. 100)	(300. 600)
固定效应	是	是	是	是
观测值	3091	3091	3091	3091
R^2	0. 073	0. 136	0. 182	0. 371

注：括号内是系数的标准差，*** 表示在 1% 的水平上显著。

需要注意的是，为了解决多重共线性导致的方差膨胀问题和系数翻转问题，本节采用了加西亚等（García et al.，2020）的残差化方法（residualization），该方法的优点在于不仅可以有效处理多重共线性问题，还可以隔离出解释变量的个体效应。表 5 - 2 中的 res_Fina 为金融发展水平对互联网发展水平回归后的随机扰动项，res_Fdi 为外商直接投资对金融发展水平和互联网发展水平回归后的随机扰动项，res_Tc 为交通基础设施对外商直接投资、金融发展水平和互联网发展水平回归后的随机扰动项。残差化方法可以保障各个解释变量之间的相互隔离，即回归模型中各解释变量之间的相互独立。

（四）机制检验

机制检验结果如表 5 - 3 所示，第（1）列呈现了基准模型的估计结果。第（2）列为中介变量人力资本对基本自变量互联网发展进行回归，结果显示，互联网发展系数为 0.245，并在 1% 的水平上显著为正，说明互联网发展有助于营造创新氛围和环境，促进了城市人力资本的积累。第（3）列为中介变量技术创新同时对人力资本和基本自变量互联网发展进行回归，即链式多重中介效应的检验，互联网发展的系数为 9.055，人力资本的系数为 17.000，且均在 1% 的水平上显著，说明互联网发展和人力资本积累对技术创新产生了显著正向影响，表明存在链式多重中介效应。第（4）列将因变量出口技术复杂度同时对基本自变量互联网发展、中介变量人力资本以及技术创新进行回归，互联网发展的系数为 23.260，且在 1% 的水平上显著。

表 5 - 3　　　　　　互联网发展对出口技术复杂度的机制检验结果

变量	(1)	(2)	(3)	(4)
	ES	*Humc*	*Inno*	*ES*
Inte	114.600 ***	0.245 ***	9.055 ***	23.260 ***
	(3.210)	(0.014)	(0.636)	(2.006)
Humc			17.000 ***	82.390 ***
			(1.317)	(4.136)
Inno				0.841 ***
				(0.044)
res_Fina	346.100 ***	0.069	134.100 ***	317.700 ***
	(18.060)	(0.0763)	(5.230)	(17.370)
res_Fdi	0.073 ***	0.0001 ***	0.023 ***	0.005 *
	(0.003)	(0.000)	(0.0007)	(0.003)
res_Tc	10.290 ***	0.025 ***	2.823 ***	7.821 ***
	(0.354)	(0.002)	(0.119)	(0.402)
常数项	32941 ***	152.500 ***	- 146.300	22641 ***
	(300.600)	(1.270)	(231.100)	(713.800)
固定效应	是	是	是	是
观测值	3091	3091	3091	3091
R^2	0.371	0.123	0.469	0.415

注：括号内是系数的标准差，*、*** 分别表示在 10%、1% 的水平上显著。

上述结果反映互联网发展提升城市出口技术复杂度的两个可能渠道，即"人力资本效应"和"技术创新效应"。从表 5 - 3 的第（2）~（4）列回归结果中各相关系数显著不为 0 来看，可初步判断中介效应显著。链式多重中介效应的检验结果显示，互联网发展对城市出口技术复杂度的中介效应路径共有三条，各路径的影响系数为该路径上所有系数之乘积。结合表 5 - 3 的回归结果表明，互联网发展对城市出口技术复杂度影响的总效应 $\alpha_1 = 114.600$，直接效应 $\theta_1 = 23.260$，间接效应中的"人力资本效应" $\beta_1\theta_2 = 20.186$，"技术创新效应" $\gamma_1\theta_3 = 7.615$，"人力资本—技术创新共同效应" $\beta_1\gamma_2\theta_3 = 3.503$。比较来看，"人力资本效应"的作用在三个渠道中是最大的，而"人力资本—技术创新共同效应"的作用相对较小。

进一步，需要对中介效应系数的显著性进行检验。以"人力资本效应"为例，Sobel 检验统计量 $z = \widehat{\beta_1}\,\widehat{\theta_2}/s_{\beta_1\theta_2} = 13.361$，其中，$s_{\beta_1\theta_2}$ 是 $\widehat{\beta_1}\,\widehat{\theta_2}$ 的标准差，由于 z 值远大于 5% 显著水平对应的 1.96 临界值，故可以拒绝原假设为 $\beta_1\theta_2 = 0$，表明"人力资本效应"显著。同理，结合表中的数据，"技术创新效应"和"人力资本—技术创新共同效应"对应的 z 值分别为 9.184 和 11.390，其对应的 P 值均小于 0.01，即三条中介效应路径均在 1% 的水平上显著。

（五）异质性分析

本章按城市所在位置的不同将其划分为东部、中部、西部地区，研究不同区位带来的差异性影响。表 5 - 4 的实证结果显示，城市互联网发展对出口技术复杂度的促进系数均为正，表明在三个地区均存在促进作用。而东部地区的城市互联网发展的促进系数为 137.000，且在 1% 的水平上显著，这一系数超过中部地区的 134.600 与西部地区的 113.700，这表明东部地区城市互联网发展的促进作用更为明显，原因可能在于，东部地区的城市互联网在"网络效应"和"梅特卡夫法则"的双重作用下（韩先锋等，2019），更有效地发挥了互联网作为信息传播与知识溢出的作用，从而促进了城市出口技术复杂度的提升。以上结果显示，由于城市经济建设和互联网发展呈现的区域不均衡，互联网发展对城市出口技术复杂度的影响存在区域的差异。

表 5 – 4   基于区域异质性的回归结果

变量	(1)	(2)	(3)
	东部地区	中部地区	西部地区
Inte	137.000 ***	134.600 ***	113.700 ***
	(6.343)	(4.905)	(6.738)
res_Fina	7.538 ***	11.980 ***	10.980 ***
	(0.608)	(0.490)	(0.825)
res_Fdi	0.045 ***	0.104 ***	0.039 ***
	(0.004)	(0.004)	(0.007)
res_Tc	335.500 ***	322.400 ***	452.600 ***
	(25.940)	(26.140)	(57.030)
常数项	31838 ***	26764 ***	36241 ***
	(526.600)	(627.200)	(584)
固定效应	是	是	是
观测值	1111	1100	880
R^2	0.411	0.467	0.348

注：括号内是系数的标准差，*** 表示在 1% 的水平上显著。

（六）稳健性检验

1. 工具变量法

经过豪斯曼检验，结果显示拒绝原假设，即"解释变量均为外生变量"，因此可能存在由于遗漏变量等问题而造成的内生性问题。本章选用工具变量（IV）法进行内生性处理，参考黄群慧等（2019）的研究，将解释变量互联网发展的工具变量确定为 2000 年城市每百人固定电话数。该工具变量的选取理由在于：第一，率先发展固定电话的城市在互联网发展上也可能领先于其他城市，该指标满足相关性；第二，历史上各城市每百人固定电话数并不会对目前该城市的出口技术复杂度产生影响，因此，该指标同时满足了外生性的要求。进而，以 2000 年每百人固定电话数量作为互联网发展的工具变量是否合理，结果显示，两阶段最小二乘法（2SLS）回归中第一阶段回归的 F 统计量等于 23.05，远高于经验规则的 10，通过了弱工具变量检验，说明工具变量选择合理。表 5-5 第（1）列是采用工具变量法的回归结果，互联网发展的系数依旧显著为正。

表 5-5 稳健性检验

变量	（1） 工具变量 IV	（2） 滞后三期 2SLS	（3） 替换 *Inte*
Inte	182.500 *** （6.212）	111.100 *** （40.670）	981.400 *** （155.200）
res_Fina	373.100 *** （19.560）	5.967 （63.270）	138.600 *** （35.450）
res_Fdi	0.116 *** （0.004）	−0.001 （0.002）	−0.002 （0.002）
res_Tc	14.620 *** （0.504）	1.780 ** （0.797）	3.163 *** （0.538）
常数项	28050 *** （492.800）	45604 *** （4609）	57567 *** （165.400）
固定效应	是	是	是
观测值	3091	562	562
R^2	0.270	0.015	0.248

注：括号内是系数的标准差，**、*** 分别表示在 5%、1% 的水平上显著。

2. 解释变量滞后三期

将解释变量城市互联网发展滞后三期，弱工具变量检验结果显示，F 统计量为 29.7，同样通过了检验，说明以其作为替代变量是合适的。2SLS 回归结果如表 5-5 第（2）列所示，表明在控制内生性问题后，互联网发展促进了城市出口产品技术复杂度的提高，仍然在 1% 的水平上显著，说明回归结果较为可靠。

3. 替换解释变量指标

替换核心解释变量互联网发展测度指标重新进行估计，这里采用腾讯研究院公布的城市互联网发展指数作为互联网发展水平的替代指标，以验证本节结果的稳健性。结果汇报在表 5 - 5 的第（3）列，替换后互联网发展系数依然在 1% 的水平上显著为正，支持了互联网发展促进了城市出口产品技术复杂度提升的结论。

四、主要结论与讨论

本节利用 2007 ~ 2017 年中国 281 个城市的面板数据，测度城市出口技术复杂度统计指数，并提供了互联网发展的视角，丰富了城市出口技术复杂度影响因素的研究。另外，通过机制分析揭示互联网发展影响城市出口技术复杂度的具体路径，检验人力资本及技术创新从中发挥的作用，推进了对新型网络基础设施建设经济效应的理解，为城市优化出口贸易结构、实现外贸高质量发展带来启发。主要研究结论如下。

第一，我国城市出口技术复杂度呈现出明显的空间分异性，东部地区的城市出口产品技术复杂度始终处于全国领先。同时，城市出口技术复杂度呈现明显的空间集聚，出口技术复杂度较高的城市，由北向南主要分布在辽中南、京津冀、山东半岛、长江三角洲和珠江三角洲等城市群中。相对而言，宁夏沿黄、西宁—兰州、关中平原、黔中和滇中等城市群的出口技术复杂度则较低。第二，互联网发展优化了城市出口产品结构，对于城市出口技术复杂度具有显著的促进作用。机制检验表明，其影响路径主要有三条：一是通过人力资本的积累促进了城市出口技术复杂度提升；二是通过激发技术创新而引致城市出口技术复杂度提升；三是在人力资本和技术创新的链式中介效应作用下，共同促进城市出口技术复杂度提升。对比这三条路径可以发现，"人力资本效应"的影响最为明显。第三，互联网发展对城市出口技术复杂度的影响存在区域差异。相对于中部和西部地区而言，东部地区城市互联网在"网络效应"和"梅特卡夫法则"的双重作用下，更有效发挥了作为信息传播与知识溢出的作用，从而最有效地促进了城市出口技术复杂度的提升。

本节研究为城市层面推动互联网发展、优化城市出口结构以及实现贸易高质量发展提供了有益的启发。

其一，"十四五"时期大力推进新型互联网基础设施及智慧城市建设，加强城市大数据中心、云计算、5G 网络等基础设施建设，通过互联网与各产业深度融合，优化城市出口结构，提升城市出口贸易发展质量。其二，重视城市互联网发展所产生的"人力资本效应"和"技术创新效应"，及其对于出口技术复杂度提升的积极作用。一方面，充分发挥互联网加速人力资本积累的作用，通过互联网的资源整合，提高城市对于高水平及高技能劳动者的吸引力，以多样化举措吸引和培育更多的技术型人才；另一方面，通过科研创新投入及政策优惠，进一步激发高技术产品出口企业的研发动力，并在当前国际经济环境不确定性加大的背景下，给予风险规避的支持，继续加强贸易数字化、智能化及智慧化发展。其三，鉴于目前我国城市出口技术复杂度呈现的空间分异性，以及互联网发展对城市出口技术复杂度影响呈现的异质性，有必要在中部和西部地区的城市加快互联网建设和互联网创新融合，消除"数字鸿沟"，这对于扎实推进共同富裕，具有十分重要的意义。

第二节 城市互联网发展对出口企业市场势力的影响研究[*]

"十四五"时期我国将统筹布局新型基础设施，大力推进 5G 网络、工业互联网、物联网、大数据中心等新型基础设施建设，互联网发展迎来了崭新的机遇和空间，将有力推动各个产业加快数字化转型，为我国构建"以国内大循环为主体、国内国际双循环相互促进"的新发展格局提供坚实的支撑。在国际贸易领域，互联网发展已然成为新形势下外贸高质量发展的重要助力，我国以数字平台贸易和数字服务贸易构成的数字贸易新业态、新模式不断涌现，依托互联网平台的跨境电子商务、信息技术和数字

* 本节内容全文参见已发表论文：朱勤. 城市互联网发展对出口企业市场势力的影响研究[J]. 商业经济与管理，2021（7）：87 – 96.

内容服务出口发展迅速。

近年来，互联网与国际贸易关系的研究方兴未艾，可划分为宏观国家层面、微观企业层面以及跨境电商平台应用三个层次。其一，从宏观的跨国层面考察各国互联网普及与整体贸易规模及结构关系，多采取出口国网址数（Freundc & Weinhold，2002）、互联网用户数（Bojnec & Ferto，2015）、互联网普及率（Choi，2019）、国家网络基础设施（Mallick，2014）和各国百度搜索指数（施炳展等，2019）等宏观数据。其二，微观层面衡量企业互联网应用水平对企业创新、贸易成本及出口量的影响，其中，企业互联网应用水平往往通过双向链接网址（hellmanzik & Schmitz，2015）、企业邮箱或网站（李兵等，2017），以及爬取企业社交网络数据（沈国兵等，2020）来表示。其三，研究跨境电商平台应用与国际贸易的关系，如鞠雪楠等（2020）应用"敦煌网"平台数据所进行的研究。

现有研究仍存在以下两个方面的问题。一方面，尚未有研究从城市层面衡量互联网发展，并将之应用于国际贸易问题的分析。事实上，我国各个城市互联网发展存在较大地区差异，以5G网络建设为例，5G中频段基站将率先建立在重点一二线城市，未来逐步向其他城市铺开，目前北京、上海、广州、深圳、成都已成为全国大数据中心节点城市、工业互联网标识解析国家节点，另有如杭州、无锡、贵阳等城市在智慧城市建设中表现卓越，城市空间已成为互联网发展的核心载体。另一方面，现有研究较多地探讨了互联网对出口贸易"数量"即贸易规模的影响，相比之下，对出口贸易"质量"的影响研究要少得多。出口企业的市场势力（market power）通常以价格加成（price markup）加以衡量，反映了企业在国际市场中的出口地位和控制力（De Loeckerj & Warzynskif，2012），以及在贸易自由化中获取的利益（Arkolakis et al.，2018），因此是一个反映贸易"质量"的代表性指标。现有分析出口企业市场势力影响因素的多项研究，已有产品质量（Antoniades A，2015）、资源配置效率（蒲阿丽等，2020）、产品创新（诸竹君等，2017）、人口集聚（黄先海等，2019）等方面的分析，但缺乏从互联网发展角度的影响研究。

一、理论机制和研究假设

（一）互联网发展对出口企业市场势力的影响

出口企业市场势力反映了企业在国际分工格局中利益分配状况，虽然现有研究尚未对互联网与出口企业市场势力之间的关系进行直接分析，但仍可基于相关研究及逻辑分析形成两者关系的初步假设。目前，信息通信技术（information communications technology，ICT）在国际贸易中的广泛应用，也已成为各国比较优势的新来源（Wangy & Li J，2017）；互联网使信息分享、传播和整合的速度大大加快，也使企业的生产经营活动产生了深刻变革，实现了企业生产率的增进（Grimes A et al.，2012）。然而，市场势力与生产率内涵并不一样。市场势力通常表示为价格加成率，体现了企业的市场优势地位，故有必要从出口企业与其利益相关者互动关系的层面来进行考察：第一，在出口企业与其消费者的关系层面，互联网有助于企业迅捷地获取国际市场信息，提供更好的满足需求的产品和服务并锁定市场需求；第二，在出口企业与上下游分工合作者的关系层面，互联网可帮助出口企业与其合作者更高效地进行价值创造，并在价值分配中形成有利地位；第三，在出口企业与其竞争者的关系层面，互联网有利于出口企业在动态竞争中构筑竞争壁垒，形成不可替代的竞争优势。概言之，互联网使出口企业在国际竞争中更好地整合各种资源，形成相对于各利益相关者的优势地位，从而有利于国际市场势力的提升。因此，本节提出假设 5.4。

H5.4：互联网发展对出口企业市场势力具有促进作用。

（二）互联网发展对出口企业市场势力的作用机制

进一步考察互联网发展对出口企业市场势力影响的作用机制，具体理论机制阐释如下。

1. 创新效应

创新是出口企业在国际市场上取得产品价格控制力，形成优势市场地位的重要途径（黄先海等，2018），互联网发展对于出口企业创新效率和能力的作用具体表现为以下三个方面。首先，增进了出口企业对知识和经验的学习效率。互联网发展促进了大数据、云计算等技术发展，使企业基于数据等新生产要素进行知识获取和创新成为可能。其次，优化了组织经营各环节的创新流程。互联网与企业层面具体的经营活动相融合，优化了各环节流程并孕育了创新的商业模式。最后，有利于开放式创新生态的构建。互联网发展促进了创新主体之间的沟通效率，提高了创新主体之间开展研发合作的广度和深度，成为开放式创新生态必不可少的基础载体。从现实依据来看，国内外现有许多研究支持了互联网对企业创新活动及创新能力具有显著积极影响（Paunov & Rollov，2016），充分论证了互联网促进企业创新投入和创新效率的作用（王金杰等，2018）。总结而言，互联网发展加强了出口企业对国内外创新资源进行整合的能力，而创新正是促进出口企业市场势力提升的重要渠道。因此，本节提出假设5.5。

H5.5：互联网发展通过促进创新提升了出口企业市场势力，即存在"创新效应"。

2. 成本效应

出口企业开展国际贸易的成本削减将转化为企业提升价格制定于边际成本之上的能力，即更高的成本加成（祝树金等，2019）。互联网对出口企业降低贸易成本的主要表现在以下三个方面。其一，互联网发展降低了要素和资源的获取成本。通过提供出口企业信息搜寻和沟通的各类有效渠道，并通过互联网平台赋能，节约了出口企业获取各类要素和资源的成本。其二，互联网发展降低了国际贸易活动的组织成本。互联网融合应用重构了出口企业价值创造流程，使出口企业更有效地联结外部互补性资源，以协同效应的发挥降低贸易活动的组织成本。其三，互联网发展降低了国际市场推广的成本。通过互联网提供的供需匹配，出口企业将更精准定位并服务于目标市场，规避贸易壁垒并节约国际市场营销等成本。从现实依据来看，已有结合特定行业的研究（Dana & Orlov，2014）、针对特定地理区域的考察（Yadav，2014），以及结合特定互联网电商平台的经验（鞠雪楠等，2020）研究均从不同角度支持了互联网降低出口贸易成本的作用。总结而言，出口企业借助区域互联网发展可以有效降低各类贸易成本，而成本领先有助于使企业在价格竞争中保持较高的加成率，对于市场势力的提升至关重要。因此，本节提出假设5.6。

H5.6：互联网发展通过降低贸易成本提升了出口企业市场势力，即存在"成本效应"。

二、模型、变量设定和数据来源

（一）模型构建

考虑到可能存在的样本选择性偏差，首先使用赫克曼（Heckman）两步法进行检验，结果显示，逆米尔斯（IMR）系数并不显著，因此有理由认为不存在样本选择性偏误。为了检验假设5.4，研究互联网发展对出口企业市场势力的影响，本节构建基准模型如下：

$$marku\,p_{it} = \alpha_1 + \alpha_2 inte_{it} + \alpha_3 C_{it} + u_i + v_t + \varepsilon_{it} \qquad (5-4)$$

其中，$markup_{it}$表示以加成率来衡量的出口企业市场势力，$inte_{it}$表示企业i所在城市的互联网发展，C_{it}表示控制变量的合集，具体包括企业规模（ln-size）、企业年龄（age）、资本密集度（lnklr）以及城市规模（gdp）。u_i和v_t分别表示个体和时间固定效应。

为了研究城市互联网发展对出口企业市场势力的影响机制，引入企业创新（inno）和贸易成本（cost）两个中介变量构建链式多重中介效应模型，以检验假设5.5和假设5.6。该机制检验如式（5-5）至式（5-7）所示。

$$inno_{it} = \beta_1 + \beta_2 inte_{it} + \beta_3 C_{it} + u_i + v_t + \varepsilon_{it} \qquad (5-5)$$

$$cost_{it} = \gamma_1 + \gamma_2 inte_{it} + \gamma_3\,inno_{it} + \gamma_4 C_{it} + u_i + v_t + \varepsilon_{it} \qquad (5-6)$$

$$markup_{it} = \theta_1 + \theta_2 inte_{it} + \theta_3\,inno_{it} + \theta_4 cost_{it} + \theta_5 C_{it} + u_i + v_t + \varepsilon_{it} \qquad (5-7)$$

（二）变量选择

1. 被解释变量

借鉴以加成率（markup）测算企业市场势力的经典方法（De Loecker &

Warzynski，2012），以拉格朗日方程为基础，衡量某一可变要素产出弹性以及该要素投入占总产出份额之间的关系：

$$Q_{it} = Q_{it}(X_{it}^1, \cdots, X_{it}^v, K_{it}, \omega_{it}) \tag{5-8}$$

其中，Q_{it} 表示企业 i 在 t 时期的产出水平，X_{it}^1，$\cdots$，X_{it}^v 表示企业的可变要素投入，K_{it} 表示企业的资本投入，ω_{it} 表示企业的生产率。假设生产函数 $Q_{it}(\cdot)$ 连续且二阶可导，依据成本最小化原则构建拉格朗日函数：

$$L_{it}(X_{it}^1, \cdots, X_{it}^v, K_{it}, \delta_{it}) = \sum_{v=1}^{V} P_{it}^{Xv} X_{it}^v + \delta_{it} K_{it} + \delta_{it}[Q_{it} - Q_{it}(\cdot)] \tag{5-9}$$

其中，P_{it}^{Xv} 为可变要素 X_{it}^v 的购买价格，δ_{it} 为资本的使用成本。

被解释变量企业加成率可被表示为 $u_{it} = \dfrac{P_{it}}{\delta_{it}}$，由式（5-10）得到可变要素 X_{it}^v 的产出弹性，进而计算可得企业加成率：

$$Q_{it}^{Xv} = \mu_{it} \frac{P_{it}^{Xv} X_{it}^v}{P_{it} Q_{it}} \tag{5-10}$$

$$\mu_{it} = Q_{it}^{Xv}(\delta_{it}^{Xv})^{-1} \tag{5-11}$$

其中，δ_{it}^{Xv} 表示可变要素支出 $P_{it}^{Xv} X_{it}^v$ 占企业总产出 $P_{it} Q_{it}$ 的比值，可变要素产出弹性 Q_{it}^{Xv} 通过半参数估计（LP）法（Levinsohn & Petrin，2003）计算得到。可变要素支出从微观企业数据库获取，资本投入以企业固定资产净值表示；劳动要素投入以职工人数表示；总产出以营业收入对数值表示；劳动投入占总产出的份额用支付给职工的现金与销售商品与提供劳务收到的现金之比表示；中间品投入使用倒算法，即用制造费用、管理费用、销售费用合计减去工资和福利费，再加上直接材料和利息支出计算得出，最后可得出口企业加成率。

2. 解释变量

本节关键解释变量为互联网发展，根据选取的出口企业样本来匹配样本企业所在城市，借鉴韩先锋等（2019）对互联网发展的测度，本节运用全局主成分分析（GPCA）来构建城市互联网发展的测度体系。如表 5-6

所示，该体系包含城市互联网基础设施、网民规模和互联网应用能力3个一级指标。其中，互联网基础设施为互联网宽带接入用户数；网民规模包含2个二级指标，分别为移动电话用户数和电信业务收入；互联网应用能力以计算机服务和软件业从业人员表示。为检验观测数据是否适合主成分分析法，对全部数据进行了巴列特（Bartlett）球形检验；对于因子个数的选取，采用前 k 个主成分的累计方差贡献率达到80%的方法进行确定，测算得到城市互联网发展水平指数，以之作为互联网发展的代理变量。

表 5－6　　　　　　　　　　城市互联网发展测度体系

一级指标	二级指标	指标解释
互联网基础设施	互联网宽带接入用户数（万户）	反映互联网宽带设施的建设情况
网民规模	移动电话用户数（万户） 电信业务收入（万元）	反映移动端网民规模状况
互联网应用能力	计算机服务和软件业从业人员（人）	反映地区互联网应用能力

3. 中介变量

本节以企业创新和贸易成本作为中介变量。其中，以企业全要素生产率来衡量企业创新，企业的创新投入最终会转化为企业的创新产出，尤其明显地表现为生产效率的提升，因此，全要素生产率可以较好地衡量企业创新程度（安同良等，2020）。对于贸易成本的衡量，根据会计准则测算企业贸易总成本，并取其对数值作为贸易成本的测度指标。

4. 控制变量

控制变量测度主要参考了诸竹君等（2017）的做法，企业规模使用总资产的对数值衡量；企业年龄用企业当年年份与成立年份的差值度量；资本密集度以固定资产与从业人员数的比值取对数来表示；同时，引入城市层面的控制变量城市规模，用各城市当年剔除通货膨胀因素后的实际地区生产总值（单位：千亿元）为代理变量。

（三）数据来源

本节中测度城市互联网发展的相关数据，来源于中国各城市统计局、统计信息网、《中国城市统计年鉴》和各类公开信息；使用的中国 A 股制造业出口企业数据来源于全球上市公司（BVD – OSIRIS）数据库。出口企业样本筛选步骤如下：第一，初步选取了 A 股上市制造业企业 2466 家，选取原则是使估算尽可能反映全貌；第二，根据企业是否报告出口，进而筛选出口企业 1013 家；第三，考虑到信息技术企业本身就与互联网密不可分，不易观察互联网发展对其市场势力产生影响的动态过程，因此删除了这些特殊企业样本；第四，删除数据缺失的样本。最终得 2013～2018 年 161 个城市 959 家制造业 A 股出口企业的数据，共 5754 个观测值。

三、实证结果与分析

（一）描述性统计分析

表 5 – 7 显示了主要变量的描述性统计结果，包括主要变量名称及含义、均值、标准差、最小值和最大值。其中，出口企业加成率均值为 1.167，数值相对较小，说明目前我国 A 股制造业出口企业的市场势力在总体上仍处于较低的水平。互联网发展水平的最小值为 1.159，最大值为 20.569，均值为 3.802，说明虽然总体发展水平较高，但城市互联网发展呈现出明显的地区不平衡。

表 5 – 7　　　　　　　　　　主要变量的描述性统计

变量名称	变量含义	均值	标准差	最小值	最大值
markup	企业加成率	1.167	0.281	0.284	15.910
inte	互联网发展水平	3.802	4.849	1.159	20.569
lnsize	企业规模	13.204	1.1799	8.863	18.516
age	企业年龄	17.423	5.020	1.000	38.000
lnklr	资本密集度	1.503	0.206	0.533	2.290
inno	企业创新	1.319	0.317	– 5.277	4.211
cost	贸易成本	0.669	0.219	– 6.8815	4.468
gdp	城市规模	10.512	86.141	49.071	32.680

（二）基准回归结果

表5-8汇报了基准模型的回归结果，本节采用了不同的回归估计方法：第（1）列为普通面板混合回归，第（2）列为固定效应回归，第（3）列在第（2）列的基础上，进一步控制了年份和城市固定效应进行回归。第（1）列到第（3）列结果显示，解释变量互联网发展水平的系数均显著为正，说明城市互联网发展水平越高，则出口企业市场势力越高，假设5.1得到验证。控制变量的回归结果基本符合预期，企业资本密集度的系数显著为正，说明企业资本密集度越高，其市场势力也越高；企业规模的系数显著为正，说明企业规模越大，其市场势力越高；控制变量企业年龄和城市规模的系数并不显著。

表5-8　　　　　　　互联网发展对出口企业加成率的影响

变量	（1）	（2）	（3）	（4）	（5）	（6）
	Pool	FE	FE	IV	DiffGMM	SysGMM
$inte$	5.039 ***	5.039 ***	5.433 ***	11.02 ***	10.24 *	10.72 ***
	(0.754)	(0.690)	(0.782)	(1.092)	(6.036)	(3.455)
$lnsize$	2.026 ***	2.026 ***	2.124 ***	2.070 ***	10.60 ***	11.43 ***
	(0.579)	(0.607)	(0.580)	(0.583)	(1.776)	(1.776)
$lnklr$	81.53 ***	81.53 ***	82.06 ***	82.96 ***	111.0 ***	127.6 ***
	(3.265)	(9.011)	(3.275)	(3.292)	(6.467)	(6.515)
age	0.189	0.189	0.266 **	0.255 *	−1.286	−0.806
	(0.127)	(0.140)	(0.133)	(0.134)	(1.268)	(0.511)
gdp	−0.00161	−0.00161	−0.00161	0.000916	−0.000415	−0.00112
	(0.00232)	(0.00237)	(0.00232)	(0.00235)	(0.00276)	(0.00278)
常数项	−147.6 ***	−147.6 ***	−153.1 ***	−185.0 ***	−312.0 ***	−364.2 ***
	(8.302)	(14.08)	(8.772)	(9.813)	(36.28)	(23.30)
L. $markup$					0.0372 **	0.172 ***
					(0.0172)	(0.0134)
个体固定	否	是	是	是	是	是
时间固定	否	否	是	是	否	否
观测值	5720	5720	5720	5720	3791	4754
调整后 R^2	0.136	0.136	0.132	0.1245		
Sargan 检验					0.000	0.3433

注：括号内是系数的标准差，*、**、***分别表示在10%、5%、1%的水平上显著。

经过豪斯曼检验，结果拒绝原假设：所有解释变量均为外生变量。由于本节研究中被解释变量为微观层面企业加成率数据，解释变量是宏观层面各城市互联网发展数据，前者对后者的影响有限，因此，除了已控制的非观测固定效应，可能存在遗漏变量是引致内生性问题的主因。本节选用工具变量法和动态面板回归（GMM）法进行内生性处理。表 5－8 第（4）列是采用工具变量法的回归。借鉴黄群慧等（2019）的做法，用各城市 2000 年每百人固定电话数量作为互联网发展的工具变量。一方面，该指标具备相关性的要求，历史上固定电话发展领先的城市极有可能也在互联网发展上领先；另一方面，该指标同时具备外生性要求，因随着技术变革，各城市历史上的固定电话数量并不会对目前出口企业市场势力产生影响。2SLS 回归中第一阶段回归的 F 统计量等于 215.49，远大于经验规则的 10，说明通过弱工具变量检验，以 2000 年每百人固定电话数量作为工具变量是合适的。表 5－8 的第（4）列中解释变量互联网发展的系数依旧显著为正。进而，本节利用动态面板 GMM 法进行更有效的估计，表 5－8 的第（5）列、第（6）列分别汇报了差分 GMM 法和系统 GMM 法的估计结果，两次回归结果显示，城市互联网发展的系数依旧显著为正。

（三）机制检验

机制检验结果如表 5－9 所示，第（1）列呈现了基准模型的估计结果，第（2）列为城市互联网发展对企业创新影响的检验结果，结果显示，互联网发展系数显著为正，说明城市互联网发展有助于企业与外界的知识交流、激发了企业创新活力，使出口企业更好地整合技术和人才等创新资源，从而整体上促进了企业创新。第（3）列为链式多重中介效应的检验，即互联网发展和企业创新是否对贸易成本有显著影响，互联网发展的系数在 1% 的水平上显著为负，说明互联网发展可以有效降低出口企业的贸易成本，包括贸易中发生的资源成本、贸易组织成本和市场开拓成本等。同时，企业创新对贸易成本的影响显著为负，表明存在链式多重中介效应。表 5－9 第（4）列将变量企业创新和贸易成本同时纳入模型中，企业创新的系数显著为正，说明其有效促进了出口企业加成率的提升。贸易成本对出口企业加成率的影响系数在 1% 的水平上显著为负，说明贸易成本下降可以在更大程度上提升出口企业的市场势力。

表 5 - 9　　　　　　　　　　　机制检验结果

变量	(1)	(2)	(3)	(4)
	markup	*inno*	*cost*	*markup*
inte	5.433 *** (0.782)	0.0603 *** (0.00914)	− 0.0109 *** (0.00294)	3.403 *** (0.731)
cost				− 14.61 *** (3.289)
inno			− 0.183 *** (0.00424)	33.72 *** (1.214)
ln*size*	2.124 *** (0.580)	0.0443 *** (0.00678)	0.0391 *** (0.00218)	0.179 (0.557)
ln*klr*	82.06 *** (3.275)	− 0.117 *** (0.0383)	− 0.154 *** (0.0123)	87.95 *** (3.091)
age	0.266 ** (0.133)	− 0.0107 *** (0.00155)	0.00103 ** (0.000500)	0.582 *** (0.124)
gdp	− 1.610 (2.321)	0.0269 (0.0271)	0.0053 (0.00868)	− 2.530 (2.160)
常数项	− 153.1 *** (8.772)	− 0.561 *** (0.102)	0.305 *** (0.0329)	− 140.2 *** (8.244)
个体固定	是	是	是	是
时间固定	是	是	是	是
观测值	5720	5720	5720	5720
调整后 R^2	0.132	0.021	0.275	0.249

注：括号内是系数的标准差，** 、*** 分别表示在 5% 、1% 的水平上显著。

与第（1）列基准模型估计结果相比，在引入两个中介变量后，互联网发展的系数和显著性水平（t 值）均有所下降，初步说明互联网发展提升出口企业市场势力的两个可能渠道，即"创新效应"和"成本效应"。

进而，检验 $H_0: \beta_2 = 0$，$H_0: \beta_3 = 0$，$H_0: \theta = 0$ 和 $H_0: \mu = 0$，如果原假设受到拒绝，表明中介效应显著，否则不显著。从表 5-9 的第（2）到第（6）列回归结果可判断原假设均不成立，说明了中介效应显著。

鉴于中介变量企业创新与贸易总成本相关性检验显著，且理论上企业的全要素生产率对其贸易总成本具有单向因果关系，这支持了链式多重中介效应模型的合理性，即城市互联网发展对出口企业市场势力的中介效应路径共有三条。各路径的影响系数为该路径上所有系数之乘积，路径一为互联网发展通过促进企业创新而提升出口企业市场势力，该路径的影响系数大小为 2.023；路径二为互联网发展通过降低企业贸易成本而提升出口企业市场势力，该路径的影响系数大小为 0.161；路径三为链式多重中介效应路径，即互联网发展通过促进企业创新以及降低贸易成本，在两者共同作用下提升了出口企业市场势力，该路径的影响系数大小为 0.160。

进一步对中介变量路径上的回归系数乘积项是否显著进行检验。以路径一为例，Sobel 检验统计量 $z = \widehat{\beta_2} \, \widehat{\gamma_3} / s_{\beta_2\gamma_3}$，其中，$s_{\beta_2\gamma_3}$ 是 $\widehat{\beta_2} \, \widehat{\gamma_3}$ 的标准差，原假设为 $\beta_2\theta_3 = 0$，如果拒绝原假设，表明中介效应显著，否则不显著（Sobel，1987）。结合表 5-9 的数据，对三条路径乘积项 $\beta_2\theta_3$、$\gamma_2\theta_4$ 和 $\beta_2\gamma_3\theta_4$ 对应的 z 统计量进行计算，分别得到 6.389、2.862 和 5.734，对应的 P 值均小于 0.01，即三条中介效应路径均在 1% 的水平上显著。从而证实了"创新效应"、"成本效应"和两者的共同效应是城市互联网发展影响出口企业市场势力的三条中介效应路径，支持了前文假设 5.5 和假设 5.6。结果还表明，"创新效应"在三条中介效应路径中发挥的作用是最大的。

（四）异质性分析

本研究进而从企业的要素密集型、所有制和所在地区三个方面进行了异质性检验。

第一，按照资本密集型企业和劳动密集型企业分类进行检验。区分方法借鉴黄先海等（2018）的方法，在样本企业中将要素密集度位于前 50%的企业归为资本密集型企业，后 50%的则归为劳动密集型企业。表 5-10

的第（1）列和第（2）列分别汇报了资本密集型企业的工具变量法和系统GMM法的回归结果。结果显示，互联网发展的系数均显著为正。第（3）和第（4）列显示了劳动密集型企业的工具变量法和系统GMM法的回归结果。结果显示，互联网发展的系数同样显著，但相对较小。以上结果说明，资本密集型企业在资金和技术方面都具有优势，对互联网技术的应用和融合较好，因而能获取互联网"发展红利"，可以借助互联网降费增效并提升市场势力。对比之下，目前互联网发展对劳动密集型出口企业市场势力的影响相对较小，后者在工业化和信息化两个方面的发展更待加强。

表 5 – 10　　　　　　　　　基于企业要素密集型异质性的回归结果

变量	（1）资本密集型 IV	（2）资本密集型 SysGMM	（3）劳动密集型 IV	（4）劳动密集型 SysGMM
$inte$	10. 13 *** (1. 826)	14. 26 ** (6. 202)	5. 063 *** (0. 610)	8. 453 *** (1. 801)
控制变量	是	是	是	是
个体固定	是	是	是	是
时间固定	是	是	是	是
观测值	2857	2863	2033	1759
调整后 R^2	0. 222	—	0. 017	—

注：括号内是系数的标准差，** 、*** 分别表示在5%、1%的水平上显著。

第二，按照国有企业和非国有企业分类进行检验。表5 – 11 的第（1）列、第（2）列和第（3）列、第（4）列分别显示了国有企业和民营企业的工具变量法和系统GMM法的回归结果，表明两种所有制性质的出口企业互联网发展的系数均在1%的水平上显著为正，但互联网发展对国有出口企业的促进效应更大，原因可能是相对于非国有企业而言，国有企业早期对互联网应用更为系统，互联网发展对国有企业运营效率的提升明显，因此更大程度地促进了其市场势力的提升。

表 5 – 11　　　　　　　　　　基于企业所有制异质性的回归结果

变量	(1)	(2)	(3)	(4)
	国有企业 IV	国有企业 SysGMM	民营企业 IV	民营企业 SysGMM
inte	20.49 *** (2.495)	25.29 *** (7.808)	9.309 *** (1.137)	8.664 * (4.432)
控制变量	是	是	是	是
个体固定	是	是	是	是
时间固定	是	是	是	是
观测值	1686	1404	4034	3576
调整后 R^2	0.242	—	0.163	—

注：括号内是系数的标准差，* 、*** 分别表示在 10% 、1% 的水平上显著。

第三，按照东部地区、中部地区和西部地区的出口企业分类进行检验。表 5 – 12 呈现了区域异质性的回归结果，分别进行了工具变量法和系统 GMM 法两种估计。其中第（1）列和第（2）列东部地区的企业检验结果显示，互联网发展的系数均显著为正；第（3）列和第（4）列中部地区企业的检验结果中，互联网发展的系数相对较小，且均不显著；第（5）列和第（6）列西部地区企业的检验结果显示，互联网发展的系数为负值，且均不显著。分析以上结果，由于经济发展和互联网建设呈现的地区不均衡，以及出口企业应用互联网程度和能力的差异，互联网发展对不同地区出口企业市场势力的提升作用，在东部地区最为明显，而在中部、西部地区并不明显，呈现明显的区域异质性。

表 5 – 12　　　　　　　　　基于区域异质性的回归结果

变量	(1)	(2)	(3)	(4)	(5)	(6)
	东部地区 IV	东部地区 SysGMM	中部地区 IV	中部地区 SysGMM	西部地区 IV	西部地区 SysGMM
inte	15.68 *** (1.752)	11.37 ** (5.628)	1.952 (1.637)	5.184 (6.165)	– 4.362 (3.258)	– 7.793 (4.932)
个体固定	是	是	是	是	是	是
时间固定	是	是	是	是	是	是
观测值	4070	2704	979	648	655	555
调整后 R^2	0.119	—	0.207	—	0.173	—

注：括号内是系数的标准差，** 、*** 分别表示在 5% 、1% 的水平上显著。

（五）稳健性检验

1. 替换加成率指标

加成率的测度主要有生产函数法和会计法两种方法。前文采用的方法是生产函数法，为了进行稳健性检验，此处运用会计法对企业成本加成率进行重新核算，会计法的计算公式如式（5 − 12）所示：

$$\left(\frac{p-c}{p}\right)_{it} = 1 - \frac{1}{markup_{it}} = \left(\frac{va-pr}{va+ncm}\right)_{it} \tag{5-12}$$

其中，$markup_{it}$ 表示出口企业加成率，p 表示产品价格，c 表示企业的边际成本，va 表示工业增加值，pr 表示本年工资额，ncm 表示净中间投入要素成本。表 5 − 13 的第（1）列和第（2）列显示了重新计算出口企业加成率指标后进行再估计的结果，第（2）列报告了在第（1）列基础上加入了企业和年份固定效应的结果。可见，虽然变量互联网发展的估计系数值有所下降，但仍显著为正，说明本节的核心结论是稳健的，即互联网发展显著促进了出口企业市场势力的提升。

表 5 − 13　　　　　　　　稳健性检验（替代变量结果）

变量	（1）	（2）	（3）	（4）
	替换 markup	替换 markup	替换 inte	替换 inte
inte	7.922 *** (0.650)	7.757 *** (0.638)	0.508 *** (0.134)	0.488 *** (0.140)
控制变量	是	是	是	是
个体固定	否	是	否	是
时间固定	否	是	否	是
观测值	5720	5720	2864	2864
年数	6	6	3	3
调整后 R^2	0.234	0.236	0.159	0.155

注：括号内是系数的标准差，*** 表示在1%的水平上显著。

2. 替换互联网发展指标

前文衡量各城市互联网发展水平，采用作者经主成分分析法构造的互联网综合发展指数。在稳健性检验中，选取腾讯研究院每年推出的"互联网＋"指数作为互联网发展的替换指标。表5-13的第（3）列和第（4）列显示了替换互联网发展指标后再估计的结果，第（4）列在第（3）列的基础上加入了企业和年份固定效应。结果显示，互联网发展仍显著地促进了出口企业市场势力的提升，表明核心结论依然稳健。

3. 分位数回归

前文回归分析采用的"均值回归"，其结果容易受到极端值的影响，而分位数回归能减弱极端值对结果的影响。表5-14进行了分位数回归，第（1）列到第（5）列分别汇报了出口企业加成率在10%、25%、50%、75%和90%分位数上的回归结果。结果表明，互联网发展对出口企业加成率的影响在10%、25%、50%分位数上并不显著，而在75%和90%高分位数上有显著的正向影响，这和区域异质性结果较为一致。

表5-14　　　　　　　　稳健性检验（分位数回归结果）

变量	（1） 10%	（2） 25%	（3） 50%	（4） 75%	（5） 90%
inte	6.106 （15.54）	7.574 （12.33）	9.568 （8.185）	12.82 *** （4.286）	15.27 ** （7.447）
控制变量	是	是	是	是	是
个体固定	否	否	否	否	否
时间固定	是	是	是	是	是
观测值	5723	5723	5723	5723	5723
调整后 R^2	0.030	0.021	0.013	0.0124	0.251

注：括号内是系数的标准差，** 、*** 分别表示在5%、1%的水平上显著。

四、主要结论与讨论

基于我国各城市互联网发展水平的空间差异，本节运用全局主成分分析法构建了城市层面互联网发展水平的测度体系，并将其在国际贸易领域进行了创新应用；同时，建立了城市互联网发展影响出口企业市场势力的分析框架，揭示了影响机制中的"创新效应"、"成本效应"及两者的共同作用，从而丰富和深化了出口企业市场势力影响因素的研究。主要研究结论如下。

第一，城市互联网发展对我国出口企业的市场势力具有显著促进作用，这一结论在进行稳健性检验后仍然成立。这表明城市互联网发展能够使出口企业在国际动态竞争中更好地整合资源，形成相对于各利益相关者的市场优势地位和影响力，从而转化为出口企业将价格制定于边际成本之上的能力即市场势力的提升。

第二，互联网发展对出口企业市场势力影响的路径有三个，分别是"创新效应"、"成本效应"及两者共同效应。互联网发展驱动了产品创新、模式创新及生态创新，"创新效应"在三条路径中发挥了最重要的影响；同时，互联网发展降低了出口企业的资源获取成本、贸易组织成本及市场开拓成本，"成本效应"及"创新—成本效应"也发挥了显著作用。

第三，互联网发展对出口企业市场势力的影响呈现异质性。互联网发展对资本和劳动密集型出口企业的市场势力提升均显著，但对资本密集型企业的影响更大；相对于非国有出口企业，互联网发展对国有出口企业市场势力的提升作用更大；互联网发展对我国东部地区出口企业市场势力提升显著，对中部、西部地区出口企业市场势力的提升尚不显著。

本节结论为我国加快5G网络等新型基础设施建设、实施"互联网＋"行动计划提供了理论支持，同时为出口企业实现对外贸易高质量发展带来启发。在我国构建"双循环"新发展格局以及推进外贸高质量发展的新形势下，提升城市互联网发展水平以及在国际贸易中充分融合互联网创新，有助于出口企业市场势力的提升。这对于增进我国企业的国际分工比较利益，更好地发挥国内国际循环相互促进的作用，具有重要的实践意义。本节得到的具体政策启示有以下三个方面。

第一，加强新型网络基础设施建设，以创新驱动传统贸易转型升级。在迈入以数字化生产力为特征的新阶段，我国各城市正积极推进5G网络、物联网、工业互联网等新一代网络基础设施建设，应通过系统有序规划和顶层设计，确保新型互联网基础设施建设有效对接市场终端需求，基于新技术和新模式融合的创新驱动来实现国际贸易高质量发展。

第二，打造产业互联网平台，实现跨境贸易产业链数字化重塑。针对我国跨境贸易行业产业链条长、行业跨度大及地域覆盖广等特点，运用大数据、云计算、人工智能、区块链等信息技术，加快推进产业互联网平台建设，实现产业链在研发、生产、营销等各环节的数字化重塑，以互联网融合应用来强化产业链运营效率及抗风险能力。

第三，深入赋能出口企业数字化转型，提升国际市场势力。有效搭建由政府引导，平台企业、行业龙头企业、行业协会和服务机构协同参与的，精准赋能中小微企业数字化转型的帮扶体系。地方政府应针对出口企业数字化转型面临的突出问题，构建各方资源有效互补的市场机制，为出口企业提供专门的数字化技术及解决方案，从而有效提升出口企业加成率及国际市场地位。

第六章

数字化转型促进区域贸易竞争力提升的空间效应*

党的二十大报告指出，"推动货物贸易优化升级，创新服务贸易发展机制，发展数字贸易，加快建设贸易强国"。在当前国际地缘政治冲突加强，全球产业链供应链重构的背景下，提升区域贸易竞争力体现了我国建设贸易强国的应有之义（裴长洪、刘洪槐，2017）。而我国各地区不仅在区位优势、主导产业和政策环境等方面存在差异，在对外贸易领域也具有显著的空间异质性（何雅兴、马丹，2022）。与此同时，随着数字经济快速发展，一方面，数字化转型可成为优化资源配置、提升区域经济效率的新动能，为提升区域贸易竞争力、改变国际竞争格局带来深远影响；另一方面，数字化转型具有较强的"渗透性"，通过与本地区产业和贸易深度融合，能够向近邻地区产生辐射和引领作用（罗军、邱海桐，2022）。因此，数字化转型如何通过数字赋能对区域贸易竞争力提升形成空间溢出，成为了一个重要的理论命题。

现有研究已从不同角度支持了区域数字化转型与国际贸易之间具有密

* 本节内容全文参见已发表论文：朱勤，刘玥，杨晶晶. 数字化转型促进区域贸易竞争力提升的空间效应［J］. 经济地理，2023，43（12）：126－134.

切的关联：在微观层面，库努德森等（Knudsen et al.，2021）研究发现，企业数据网络优势越强，越有可能获得持续的贸易竞争力；在宏观层面，夏杰长和李銮淏（2023）得出了数字化转型对于我国形成宽领域、多方位和深层次对外贸易格局具有促进作用的结论。然而，从空间溢出的视角对此问题展开的研究尚属鲜见。此外，传统关于区域贸易竞争力的测度主要依据进出口贸易额，通过使用国际市场占有率指数、贸易竞争力指数和显示性比较优势指数来衡量（Rossato et al.，2018；Long，2021）。但贸易额并不能全面反映竞争力水平全貌，而结合贸易额和价格双重因素的贸易强国指数（姚枝仲，2019），更适合衡量我国贸易竞争力的实际情况，但目前也未有研究应用该测度体系反映我国各省份贸易竞争力的时空演变。

另外，关于数字化转型对国际贸易影响机制的考察，大多从交易成本、创新效率及协同效应等方面展开（孟夏、董文婷，2022；姚战琪，2022），较少考量经济政策环境的影响。当今世界正经历百年未有之大变局，很大程度上增加了我国经济政策不确定性的风险（张峰等，2019）。正如居伦和朗（Gulen & Lon，2016）指出的随着外部环境变化带来不可避免的冲击，促使政府动态地出台各类应对政策，而经济主体无法预测政府是否、何时以及如何改变现行经济政策。特别是在全球产业链重构、贸易增速放缓等多重冲击下，我国政府实施了包括产业政策、贸易政策及货币政策在内的各项应对举措，由此带来经济政策不确定性的影响也成为学界关注的热点。

综上所述，现有研究并未对以下问题作出全面的回答：数字化转型对区域贸易竞争力具有怎样的影响作用？是否存在空间溢出？经济政策的不确定性在其中发挥了怎样的作用？相应政策可以作出哪些完善？厘清这些问题，有助于为我国各区域依托数字化转型提升贸易竞争力、推进贸易强国建设带来有益的启发。因此，本章在测算数字化转型水平和区域贸易竞争力的基础上，分析了两者的时空演变特征，进而利用空间杜宾模型（SDM），研究了数字化转型对区域贸易竞争力的空间溢出效应，并分析了经济政策不确定性在其中发挥的作用。

第一节　理论机制和研究假设

一、数字化转型对贸易竞争力的直接影响

数字化转型是我国提升国际贸易效率的重要途径（范鑫，2020），可能从以下三个方面对区域贸易竞争力产生积极影响。第一，数字化转型为区域贸易竞争力夯实要素基础。数字化有利于促进出口企业技术创新，优化企业生产流程，完善出口企业组织绩效，并且提升出口产品和服务的质量，从而确保区域贸易竞争力的提升（陈凤兰等，2022）。第二，数字化转型为区域贸易竞争力拓展了广阔的空间。互联网、大数据中心等数字基础设施的应用能有效克服贸易中的信息壁垒（孙浦阳等，2017），降低包括信息搜寻、运输等在内的贸易成本，扩大了市场范围，有利于增强各区域对于国际市场的参与度，提升其国际贸易的获益空间。第三，数字化转型为区域贸易竞争力提供了根本保障。加快产业现代化和数字化转型，实现数字技术与产业、贸易的深度融合，通过在各区域内打造高水平、国际化的数字产业集群，以及培育数字贸易新模式，将有效促进区域贸易竞争力的提升。因此，本节提出假设 6.1。

H6.1：数字化转型对区域贸易竞争力提升具有正向促进作用。

数字技术应用和创新突破了时空局限，使各区域经济的相互联系和作用更加紧密，数字经济发达地区向周边近邻地区的辐射效应明显（Sun & You，2023）。数字化转型对区域贸易竞争力的空间溢出主要体现在：第一，当数字化发展水平较高的地区有效节约了贸易成本、提升贸易效率并获得更多利益时，其近邻地区会在竞争效应的推动下加快数字化转型，通过多样化的技术创新，提高产品和服务质量，展开国际竞争，这一过程将促进贸易竞争力的提升；第二，本地区数字化转型推动区域贸易竞争力提升的成功实践经验表明，通过引领和示范作用的发挥，有助于促进后发地

区学习效仿先发地区的做法，形成知识和技术的渗透和扩散（Heo & Lee，2019）；第三，数字化转型有利于相邻地区共享数据和信息资源，突破传统要素供给的局限，有利于优化资源配置，使不同区域的空间邻近性转变为网络连接性，最终促使近邻地区实现贸易竞争力的提升（邓慧慧等，2022）。因此，本节提出假设6.2。

H6.2：数字化转型对区域贸易竞争力存在正向空间外溢效应。

二、经济政策不确定性的调节作用

在地缘政治风险增加、贸易保护主义抬头等多种因素作用下，国际市场中的贸易主体往往无法及时、准确判断政府动态的决策变化，这种经济政策不确定性将长期存在（祝树金等，2023）。经济政策不确定性的影响，理论上既存在正向的激励效应，也可能产生负向的抑制效应，尤其在对外贸易领域，其发挥的作用不容忽视（张莹、朱小明，2018）。鉴于我国区域发展具有较高的不平衡性，不同区域对经济政策不确定性的反应程度存在较大差异，经济政策不确定性的考察已成为重要的研究视角（张慧等，2018）。从已有研究来看，经济政策不确定性因素，在数字化转型对区域贸易竞争力的空间溢出影响中起到的作用可以是多方面的。第一，经济政策不确定性可能会激发企业加强研发谋求升级，对创新产生正向的激励效应（顾夏铭等，2018），即倒逼经济主体加快数字化转型和创新（阳镇等，2023），以提升出口产品和服务质量，摆脱低端贸易模式，强化对近邻地区的示范和竞争作用，最终对区域贸易竞争力产生积极的溢出效应。第二，根据实物期权理论的观点，经济政策不确定性使得微观个体的决策变得更加谨慎，可能会增加各类显性和隐性的障碍，从而对进出口贸易活动产生负面作用（Carballo et al.，2022）。例如，在多种不确定因素影响下，市场交易主体对经济前景的预期会受到干扰，对未来经济环境高风险的预期将抑制企业研发创新的动力，并减缓数字化转型的进程，从而弱化了数字技术外溢效应，使近邻地区的贸易竞争力受到消极影响。综上所述，经济政策不确定性可以被视为"双刃剑"，在数字化转型对区域贸易竞争力的空间溢出中起到的作用可能是增强，也可能是削弱。因此，本章提出假设6.3和假设6.4。

H6.3：经济政策不确定性对数字化转型影响区域贸易竞争力的空间溢出效应起正向调节作用。

H6.4：经济政策不确定性对数字化转型影响区域贸易竞争力的空间溢出效应起负向调节作用。

第二节　模型、变量设定和数据来源

一、空间计量模型

空间杜宾模型（SDM）既能反映地区间被解释变量的空间相互依赖，也能揭示被解释变量受到其他地区解释变量的空间影响。为了估计数字化转型对区域贸易竞争力的空间影响，本节构建了以下模型：

$$TC_{it} = \alpha_0 + \rho \sum_{j=1}^{n} W_{ij} TC_{it} + \alpha_1 DT_{it} + \theta \sum_{j=1}^{n} W_{ij} DT_{it} + \delta C_{it} +$$

$$\gamma \sum_{j=1}^{n} W_{ij} C_{it} + \mu_i + \varphi_t + \varepsilon_{it} \tag{6-1}$$

$$\varepsilon_{it} = \lambda \sum_{j=1}^{n} W_{ij} \varepsilon_{it} + v_{it} \tag{6-2}$$

其中，i、j 表示地区；t 表示年份；N 表示地区数；TC_{it} 表示 i 地区第 t 年的区域贸易竞争力，待估系数 ρ 衡量的是区域贸易竞争力的空间溢出效应；DT_{it} 表示 i 地区第 t 年的数字化转型水平，待估系数 α_1 衡量的是数字化转型对区域贸易竞争力的影响效应，待估系数 θ 表示数字化转型的空间溢出效应；C_{it} 表示一系列的控制变量；W_{ij} 表示基于最短公路里程构建的地理距离空间权重矩阵；μ_i、φ_t 和 ε_{it} 分别表示个体固定效应、时间固定效应和随机扰动项。

二、调节效应模型

借鉴马丹等（2021）的做法，在基准模型中加入经济政策不确定性（Epu_{it}）作为调节变量，同时引入调节变量与数字化转型的空间交互项，构建机制检验模型如下：

$$TC_{it} = \alpha_1 DT_{it} + \theta \times W_{ij} \times DT_{it} + \beta_1 \times Epu_{it} + \delta \times C_{it} + \mu_i + \varphi_t + \varepsilon_{it} \quad (6-3)$$

$$TC_{it} = \alpha_1 DT_{it} + \theta \times W_{ij} \times DT_{it} + \beta_1 \times Epu_{it} + \theta_1 \times W_{ij} \times Epu_{it} \times DT_{it} + \delta \times C_{it} + \mu_i + \varphi_t + \varepsilon_{it} \quad (6-4)$$

其中，Epu_{it}表示i地区第t年的经济政策不确定性，其余变量与基准回归模型相同。式（6-3）考察了经济政策不确定性对区域贸易竞争力的影响，式（6-4）反映了经济政策不确定性对数字化转型空间溢出的调节效应。根据假设6.3和假设6.4，经济政策不确定性的提升将增强或者削弱数字化转型的空间溢出作用，如果θ_1的符号为正，则假设6.3成立；如果θ_1的符号为负，则假设6.4成立。

三、指标设计与数据来源

1. 被解释变量：区域贸易竞争力

选取贸易强国指数对区域贸易竞争力进行测度（姚枝仲，2019），该指标不仅反映了贸易份额，还能体现相对价格水平，其具体表达式如下：

$$TCE_{ik} = \frac{e_{ik}}{e_{wk}} \frac{p_{ik}^e}{p_{wk}^e} \quad (6-5)$$

$$TCI_{ik} = \frac{m_{ik}}{m_{wk}} \frac{p_{wk}^m}{P_{ik}^m} \quad (6-6)$$

$$TC_i = \frac{e_w}{e_w + m_w} TCE_i + \frac{m_w}{e_w + m_w} TCI_i \quad (6-7)$$

其中，i 表示地区；w 表示世界；k 表示产品；TC_i、TCE_i、TCI_i 分别表示 i 地区的区域贸易竞争力水平、出口贸易竞争力水平、进口贸易竞争力水平；e_{ik}、e_{wk} 分别表示 i 地区、世界 k 产品的出口额；p_{ik}^e、p_{wk}^e 分别表示 i 地区、世界 k 产品的出口价格；m_{ik}、m_{wk} 分别表示 i 地区、世界 k 产品的出口额；p_{wk}^m、p_{ik}^m 分别表示 i 地区、世界 k 产品的进口价格；e_w、m_w 分别表示世界总出口额、进口额。综合出口、进口两个方面竞争力水平的测度结果，以世界贸易出口和进口占总贸易额的比重为权数，对 TCE_i 和 TCI_i 进行加权汇总，最终可得出 i 地区整体贸易竞争力水平 TC_i。

2. 核心解释变量：数字化转型

本章根据国家统计局发布的《数字经济及其核心产业统计分类》的核心理念，同时借鉴现有区域数字化转型的相关量化研究（徐维祥等，2022；陈富贵等，2022），结合数据的可获得性、连续性及有效性，构建了数字化转型指标体系（见表 6 - 1）。该体系包括 4 个一级指标。一是数字基础设施。基础设施是区域数字化转型的基本保障（许宪春、张美慧，2020），该指标由移动电话交换机容量、光缆线路长度、互联网宽带接入端口、每百人拥有域名数、每百人拥有网页数 5 个二级指标构成。二是数字产业发展。数字产业发展是区域数字化转型最为直接的体现（张帅等，2022），由人均快递量、快递业务收入占地区生产总值比重、电信业务总量占地区生产总值比重和软件业务收入占地区生产总值比重 4 个二级指标组成。三是数字普惠金融。数字金融为区域数字化转型提供了重要支撑（张勋等，2021），该指标由数字普惠金融覆盖广度指数、数字普惠金融使用深度指数以及数字普惠金融数字化程度指数 3 个二级指标进行表征。四是数字创新能力。数字创新能力是区域数字化转型的内在动能，选取发明专利申请数、技术合同成交额、规模以上工业企业 R&D 项目数、规模以上工业企业 R&D 经费支出占地区生产总值比重、规模以上工业企业 R&D 人员折合全时当量 5 个二级指标进行刻画。

表 6 – 1　　　　　　　　　　　数字化转型测度体系

准则层	指标层	权重值	指标含义
数字基础设施	移动电话交换机容量（万户）	0.0262	反映移动通信水平
	光缆线路长度（公里）	0.0366	反映光纤连接设施建设水平
	互联网宽带接入端口（万个）	0.0356	反映网络接入设备投资水平
	每百人拥有域名数（万个）	0.0769	反映信息资源配置水平
	每百人拥有网页数（万个）	0.1220	反映信息资源配置水平
数字产业发展	人均快递量（件/人）	0.1003	反映电商零售业规模
	快递业务收入占地区生产总值比重（%）	0.0664	反映电商零售业规模
	电信业务总量占地区生产总值比重（%）	0.0622	反映电信业规模
	软件业务收入占地区生产总值比重（%）	0.0723	反映软件业规模
数字普惠金融	数字普惠金融覆盖广度指数	0.0176	反映数字普惠金融覆盖广度
	数字普惠金融使用深度指数	0.0162	反映数字普惠金融使用深度
	数字普惠金融数字化程度指数	0.0132	反映数字普惠金融数字化程度
数字创新能力	发明专利申请数（个）	0.0708	反映研发产出潜力
	技术合同成交额（万元）	0.1067	反映研发产出潜力
	规模以上工业企业 R&D 项目数（项）	0.0803	反映研发产出潜力
	规模以上工业企业 R&D 经费支出占地区生产总值比重（%）	0.0803	反映研发资金投入强度
	规模以上工业企业 R&D 人员折合全时当量（人）	0.0729	反映研发人员投入强度

3. 控制变量

借鉴已有相关研究，本章控制变量分别选取如下：一是金融发展水平（Fd），用年末金融机构存贷款余额占地区生产总值比重衡量；二是政府干预程度（Gi），用政府财政支出占地区生产总值的比值表示；三是外商直接投资水平（Fdi），用当年实际投资使用华商外资总额的对数值衡量；四是对外开放程度（$Open$），用进出口贸易总额与该年地区生产总值的比重表示；五是产业结构（Is），用第三产业产值占地区生产总值的比重表示；

六是城市化水平（*Urban*），用城乡收入差距来衡量。

4. 调节变量：经济政策不确定性

为了考察经济政策不确定性（*Epu*）在数字化转型对区域贸易竞争力的影响中发挥的调节作用，本章利用 Baker 不确定性指数来衡量区域经济政策的不确定性（陈启斐、张群，2021），将月度数据通过算术平均转化为年度数据，并取自然对数进行处理。

5. 数据来源

鉴于中国西藏、港澳台地区相关数据存在明显缺失，本章构建的样本为 2011～2021 年除上述地区以外的我国 30 个省、自治区、直辖市的面板数据。基准模型所需数据来源于历年的国家统计局、中华人民共和国工业和信息化部、《中国统计年鉴》、国研网统计数据库、中国经济金融研究国泰安（CSMAR）数据库，以及联合国商品贸易统计（UN Comtrade）数据库。构建数字化转型测度体系中"数字普惠金融"所需数据，来自北京大学数字金融研究中心发布的"数字普惠金融指数"。经济政策不确定性数据取自斯坦福大学和芝加哥大学联合发布的"经济政策不确定性指数"。表 6-2 反映了各变量的描述性统计。

表 6-2　　　　　　　　　　　　描述性统计

变量	平均值	标准差	最小值	最大值	样本量
TC	0.526	0.636	0.003	3.508	330
DT	0.138	0.112	0.012	0.675	330
Fd	3.395	1.088	1.678	7.578	330
Gi	0.249	0.103	0.107	0.643	330
Fdi	5.437	1.756	−1.575	7.722	330
Open	47.660	9.730	29.7	83.900	330
Is	0.042	0.044	0.001	0.227	330
Urban	2.568	0.378	1.842	3.672	330
Epu	1.032	0.687	0.045	2.053	330

第三节　实证结果与分析

一、数字化转型水平与区域贸易竞争力的变化

根据 2011 年、2016 年和 2021 年我国 30 个省份数字化转型水平的测度结果，利用 ArcGIS 软件进行可视化展现①，进而分析数字化转型的时空演变状况。从时间演变来看，考察期内全国数字化转型水平整体明显上升。2011 年，数字化转型水平高于 0.15 的地区只有北京和广东；2016 年，北京、江苏、浙江、广东的数字化转型水平均高于 0.225；2021 年，北京、山东、上海、江苏、浙江、广东数字化转型水平都达到了 0.3 以上，并且中部、西部地区各省份的数字化转型水平也有不同程度的提升。从空间分布来看，我国各地区数字化转型水平具有明显的空间分异特征，东部沿海地区的数字化转型进程更为快速。在空间溢出的作用下，邻近的非沿海省份数字化转型水平较高，这表明数字化转型存在明显的区域集聚现象。与全国其他区域相比，西北部、东北部、西南部地区的数字化转型水平仍存在明显的差距。

根据 2011 年、2016 年和 2021 年我国各省份贸易竞争力的测度结果，利用 ArcGIS 软件进行可视化展现，进而分析贸易竞争力水平的时空演变状况。2011～2021 年，全国层面区域贸易竞争力的整体水平不断提高。与 2011 年相比，2021 年区域贸易竞争力水平大于 1 的省份数量明显增多。就空间维度而言，区域贸易竞争力水平存在空间异质性和非均衡性。区域贸易竞争力水平大于 1 的省份呈带状分布于东部沿海地区，说明我国对外贸易发展的重心仍在东部地区；中部、西部地区的贸易竞争力水平，2011 年集中于 0～0.5，2016～2021 年集中于 0～1，呈现稳步增强的发展态势，陕西、湖南、云南等地的贸易竞争力提升显著，但竞争优势仍然弱于同时期的东部地区。

---

① 空间分布图未在此处呈现，感兴趣的读者可向作者索取。

二、空间自相关检验

1. 全局莫兰指数分析

通过全局莫兰指数检验，结果显示，2011～2021年我国各省份数字化转型与区域贸易竞争力均呈现显著的空间自相关（见表6-3）。一方面，各区域数字化转型的莫兰指数至少在5%的水平上显著为正，近邻地区的数字化转型发展紧密相关。另一方面，区域贸易竞争力的莫兰指数除了在2012～2014年、2016～2017年不显著外，其他年份均至少在10%的水平上显著为正。其中，数字化转型的全局莫兰指数整体变化不大，各省份数字化转型的空间依赖性变化稳定。区域贸易竞争力的全局莫兰指数整体波动增加，说明贸易竞争力的空间依赖性呈现增强的趋势。

表6-3　　　　数字化转型与区域贸易竞争力的莫兰指数检验结果

年份	数字化转型（DT）	贸易竞争力（TC）	年份	数字化转型（DT）	贸易竞争力（TC）
2011	0.052**	0.022*	2017	0.059**	0.007
2012	0.055**	0.014	2018	0.052**	0.041**
2013	0.053**	0.007	2019	0.042**	0.052**
2014	0.056**	0.022	2020	0.041**	0.047**
2015	0.053**	0.030*	2021	0.052**	0.044**
2016	0.064***	0.009			

注：*、**、***分别表示在10%、5%、1%的水平上显著。

2. 局部莫兰指数分析

为考察某一特定区域的空间相关程度，本章分别选取2011年和2021年数字化转型及区域贸易竞争力的局部莫兰指数绘制散点图①。在2011年和2021年，我国各省份的数字化转型及区域贸易竞争力，大多处于第一、第三象限，呈现出正相关的空间聚集特征。数字化转型水平高的省份，其

---

① 散点图未在此处呈现，感兴趣的读者可向作者索取。

近邻省份的水平也较高；数字化转型水平低的省份，其近邻省份的水平也较低。区域贸易竞争力亦是如此，均表现出"高—高"集聚和"低—低"集聚效应。

三、空间计量模型的选择

通过空间计量相关检验，可进一步确定空间计量模型的具体形式。结果发现，拉格朗日乘子—滞后（LM – lag）检验不显著，稳健的拉格朗日乘子—滞后检验统计量为 3.962，且在 5% 的水平上显著，而拉格朗日乘子—误差（LM – error）检验、稳健的拉格朗日乘子—误差、沃尔德（Wald）检验、似然比检验（LR）均在 1% 的水平上显著。因此，从拉格朗日乘子（LM）检验结果来看，选择结构方程模型（SEM）更妥当。然而，沃尔德检验、似然比检验均拒绝空间杜宾模型退化为空间自回归模型（SAR）和结构方程模型（SEM）的原假设，在各项检验结果指向模型不一致的情况下，参考于伟等（2021）的做法，考虑选择更为一般的空间杜宾模型。同时，豪斯曼检验的统计值为负，说明在这种情形下选择固定效应模型更优。

四、空间计量估计结果与分析

1. 总样本回归

表 6 – 4 显示了空间杜宾模型在个体固定、时间固定以及双固定效应下的回归估计结果。可以发现，数字化转型的估计系数在 1% 的水平上显著为正，说明数字化转型促进了本区域贸易竞争力的提升。数字化转型的空间交互项系数同样在 1% 的水平上显著为正，表明数字化转型对其他区域的贸易竞争力产生了显著正向的空间溢出，本节假设 6.1 和假设 6.2 得到了验证。数字化转型有助于贸易成本降低和效率增进，以推动本地贸易竞争力的发展；同时，数字化转型促进了区域之间各类要素和资源的优化配

置，从而带来正向协同效应，促进邻近区域的贸易竞争力提升。

表 6 - 4　　　　　　　　　　　空间杜宾模型估计结果

变量	（1）	（2）	（3）
	个体固定	时间固定	双固定
DT	1.736 ***	4.696 ***	1.430 ***
	(4.000)	(13.260)	(3.082)
Fd	0.082	0.000	-0.002
	(1.054)	(0.000)	(-0.022)
Gi	-2.323 ***	-0.292	-2.285 ***
	(-3.084)	(-0.547)	(-3.132)
Fdi	0.014	0.005	-0.007
	(0.470)	(0.155)	(-0.218)
Open	-0.012 **	0.000	-0.016 **
	(-2.173)	(0.046)	(-2.423)
Is	-0.212	0.225	-0.102
	(-0.662)	(0.457)	(-0.327)
Urban	0.169	-0.039	0.395
	(0.604)	(-0.401)	(1.194)
$W \times DT$	7.253 ***	5.167 ***	8.911 ***
	(5.094)	(2.736)	(4.648)
$W \times Fd$	-0.192	0.215	-0.018
	(-1.026)	(0.822)	(-0.050)
$W \times Gi$	8.462 ***	2.336	7.164 **
	(3.562)	(0.895)	(2.047)
$W \times Fdi$	-0.275 *	0.170	-0.583 ***
	(-1.916)	(1.366)	(-2.937)
$W \times Open$	-0.021	-0.056 *	-0.011
	(-1.447)	(-1.769)	(-0.362)
$W \times Is$	-3.177 *	-2.540	-1.664
	(-1.672)	(-0.782)	(-0.782)
$W \times Urban$	1.748 **	-0.067	5.062 ***
	(2.520)	(-0.181)	(4.519)
空间 ρ	-0.809 ***	-0.705 **	-1.035 ***
	(-3.673)	(-2.493)	(-4.403)
方差	0.056 ***	0.144 ***	0.052 ***
	(12.630)	(12.580)	(12.520)
R^2	0.311	0.750	0.123
对数可能性	2.630	-152.098	13.480
个体固定	是	否	是
时间固定	否	是	是
观测值	330	330	330

注：括号内是 Z 值，*、**、*** 分别表示在10%、5%、1%的水平上显著；$W \times$ 代表空间矩阵。

2. 分样本回归

我国不同省份的数字化转型水平差异明显，因此需要检验数字化转型对贸易竞争力影响的区域异质性。本章分别以南北地理区位和经济发展水平为依据，对比不同分组中数字化转型对区域贸易竞争力的影响效果。首先，对总样本按照所处南北地理区位进行分组，回归结果如表 6 – 5 第（1）列和第（2）列所示。第（1）列显示，南部地区的数字化转型对本区域贸易竞争力的影响不显著，说明在南部地区数字化作为发展新动能，尚未能替代传统的资源禀赋、产业配套等优势，而上升成为主导性的贸易竞争力驱动因素。然而，南部地区的数字化转型对近邻地区产生了在1%的水平上显著的正向影响，也说明了南部地区的数字化资源存在显著的空间溢出。第（2）列显示，北部地区的数字化转型对本区域贸易竞争力的影响显著为正，表明这些地区通过数字化转型，有效促进了本区域贸易竞争力的提升；同时，北部地区的数字化转型对邻近区域的空间溢出效应为负，原因可能在于北部区域数字化发展所需的优势资源主要聚拢在本地区，一定程度上对周边地区产生了"虹吸效应"。

表 6 – 5　　　　　　　　　　分样本空间杜宾模型估计结果

变量	（1）	（2）	（3）	（4）
	南部	北部	高地区生产总值	低地区生产总值
DT	− 0. 842 (− 1. 190)	2. 746 *** (3. 920)	0. 914 (0. 890)	3. 473 *** (2. 560)
$W^* DT$	9. 286 *** (3. 590)	− 5. 268 * (− 1. 910)	23. 891 *** (3. 370)	5. 577 ** (2. 150)
空间 ρ	− 0. 768 *** (− 3. 010)	− 0. 684 *** (− 3. 250)	− 1. 130 *** (− 4. 280)	− 0. 308 (− 1. 510)
方差	0. 057 *** (9. 390)	0. 017 *** (8. 630)	0. 065 *** (8. 510)	0. 010 *** (9. 020)
R^2	0. 158	0. 328	0. 290	0. 117
对数可能性	− 0. 682	82. 221	− 14. 970	147. 084
控制变量	是	是	是	是
个体固定	是	是	是	是
时间固定	是	是	是	是
观测值	187	143	165	165

注：括号内是 Z 值，*、**、*** 分别表示在10%、5%、1%的水平上显著。

其次，对总样本按照地区生产总值中位数水平进行高地区生产总值和低地区生产总值的分组，回归结果如表6-5第（3）列和第（4）列所示。第（3）列显示，高地区生产总值的地区数字化转型对本区域贸易竞争力提升不显著，却对周边地区的贸易竞争力具有正向的空间溢出，且在1%的水平上显著，说明高地区生产总值的地区数字化转型对近邻地区形成了较明显的辐射和带动作用，有利于缩短地区之间贸易竞争力水平的差距；第（4）列显示，低地区生产总值的地区数字化转型对本地和周边地区分别在1%和5%的水平上产生了促进作用，说明了低地区生产总值的地区数字化转型能直接作用于当地经济和贸易，实现跨越式发展，也能对周边地区形成正向的空间溢出。

3. 稳健性检验

为了对回归结果的稳健性进行考察，本章首先考虑空间权重矩阵的选择对结果的影响，构建了经济地理嵌套空间权重矩阵，检验数字化转型对区域贸易竞争力产生的空间溢出效应，结果如表6-6第（1）列所示，在更换空间权重矩阵后，核心解释变量与被解释变量的系数关系与前文基准回归的结果高度一致，初步说明了估计结果的稳健性。在不考虑空间权重的前提下，选择使用面板数据的双向固定效应模型进行稳健性检验，具体采取了以下三种方法。

表6-6　　　　　　　　　　　稳健性检验结果

变量	（1）更换空间权重矩阵	（2）工具变量（2SLS-1阶段）	（3）工具变量（2SLS-2阶段）	（4）替换被解释变量（MS）	（5）替换核心解释变量（Df）
DT	5.446 *** (16.24)		1.449 * (1.700)	0.074 *** (4.260)	
W*DT	16.570 *** (7.449)				
Gs		0.074 *** (7.000)			
Df					0.015 *** (3.610)
空间ρ	-0.525 *** (-2.684)				

续表

变量	(1) 更换空间权重矩阵	(2) 工具变量 (2SLS－1阶段)	(3) 工具变量 (2SLS－2阶段)	(4) 替换被解释变量（MS）	(5) 替换核心解释变量（Df）
方差	0.044 *** (14.950)				
R²	0.207	0.609	0.512	0.896	0.856
对数可能性	15.009				
Kleibergen－Paaprk LM 统计量		35.189 [0.000]			
Kleibergen－Paaprk Wald F 统计量		49.009 {16.380}			
控制变量	是	是	是	是	是
个体固定	是	是	是	是	是
时间固定	是	是	是	是	是
观测值	330	330	330	330	330

注：括号内是 Z 值；［ ］内是统计值的 P 值；{ }内是 Stock－Yogo 检验 10% 的水平上的临界值；*、***分别表示在 10%、1% 的水平上显著。

　　第一，工具变量法。为避免可能存在的内生性问题，引入互联网政策（Gs）作为工具变量。政策支持是我国数字化转型的前提和保障，2016 年 4 月，全国网络安全和信息化工作会议召开，该会议形成的相关政策对我国加快数字化转型产生了重要影响，考虑到这一政策变化具有较好的外生性，选取互联网政策作为工具变量，赋值会议召开的 2016 年及之后年份取值为 1，其他年份取值为 0。2SLS 的估计结果如第（2）列、第（3）列所示。第一阶段回归中，互联网政策对数字化转型存在显著正向影响，在第二阶段回归中，数字化转型对区域贸易竞争力的促进作用仍显著为正。进而对工具变量进行检验，通过不可识别检验；同时也排除了弱工具变量问题，说明选取的工具变量是合理且有效的。第二，替换被解释变量。利用国际市场占有率指数（MS）重新衡量区域贸易竞争力，该指数用各地区的出口额占世界总出口额的比重进行估计，数据来源于国研网统计数据库以及联合国商品贸易数据库（UN COMTRADE），结果如第（4）列所示。第三，替换核心解释变量。此处选用数字普惠金融指数（Df）作为数字化转型的代理变量，结果如第（5）列所示。在上述三种稳健性检验方法下，结果均支持基准回归得出的计量结果是稳健可靠的。

4. 经济政策不确定性的影响

采用调节效应模型考察经济政策不确定性在我国区域数字化转型对贸易竞争力影响中的作用，检验结果如表6-7所示。第（1）列显示，将调节变量经济政策不确定性引入基准模型后，数字化转型和数字化转型的空间交互项的系数依旧显著为正，同时经济政策不确定性的上升对区域贸易竞争力并无显著的直接影响。加入经济政策不确定性指数与数字化转型的空间交互项之后，第（2）列显示该交互项的系数显著为负，表明经济政策不确定性对于数字化转型的空间溢出效应存在显著的负向调节效应，说明经济政策不确定性的提高，抑制了数字化转型对于贸易竞争力提升的溢出效应，假设6.4得到了验证。

表6-7　　　　　经济政策不确定性下数字化转型的溢出效应检验

变量	TC	
	（1）	（2）
$W \times DT$	2.425*	3.555**
	（1.681）	（2.308）
DT	2.354***	2.388***
	（5.537）	（5.162）
Epu	-0.514	-0.791
	（-1.130）	（-1.709）
$W \times Epu \times DT$		-50.680**
		（-2.460）
空间 ρ	-0.531**	-0.474**
	（-2.518）	（-2.234）
R^2	0.684	0.665
控制变量	是	是
个体固定	是	是
时间固定	是	是
观测值	330	330

注：括号内是Z值，*、**、***分别表示在10%、5%、1%的水平上显著。

第四节　主要结论与讨论

本章选取我国30个省份2011~2021年的面板数据，通过构建指标体系测算了区域数字化转型能力；同时，运用贸易强国指数，全面评估区域贸易竞争力水平，并揭示了两者的时空演变规律。进而利用空间杜宾模型，深入研究了数字化转型对区域贸易竞争力的影响和作用机制。相对于已有研究，本章的研究特色体现在三个方面。第一，创新性地运用贸易强国指数（TPI）测度体系，开展了我国区域贸易竞争力的时空演变分析。该指标体系从贸易份额和相对价格双重角度，更全面地衡量了区域贸易竞争力。第二，在数字化转型与国际贸易关系问题的研究中充分考虑了空间异质性，揭示出地理集聚特征、南部及高地区生产总值的数字化资源空间溢出等重要现象。第三，引入经济政策不确定性作为调节变量，反映了数字化水平发挥效应的必要政策条件。主要研究结论如下。

其一，我国区域的数字化转型水平和贸易竞争力水平均存在显著的空间自相关，并呈现出"高—高"集聚和"低—低"集聚的特点。同时，各省份数字化转型的空间依赖性变化稳定，贸易竞争力的空间依赖性呈现增强的趋势。其二，区域数字化转型凭借较高的成长性和发展性，有效促进了本地区贸易竞争力的提升，同时，数字化转型基于知识、经验、技术的扩散和传递，产生了正向空间溢出效应，带动近邻地区贸易竞争力的提升。其三，异质性检验表明，不同区域数字化转型对贸易竞争力形成的空间溢出效果并不相同，对于我国南部及高地区生产总值的地区，数字化转型对其近邻地区的贸易竞争力的引领作用更明显。其四，作为重要的外部环境因素，经济政策不确定性的创新激励效应不足，总体上抑制了数字化转型对于区域贸易竞争力的空间溢出。

基于上述研究结果，本节提出三个对策建议。第一，为加快推进贸易强国建设并切实提升区域贸易竞争力，需要进一步推进数字化转型。具体而言，促进数据要素在国际贸易领域更大范围内高效和安全地流动，发挥数字化转型在贸易成本节约、贸易效率增进等方面的作用；加强互联网平台建设，发挥其有效匹配国际市场供需、提高贸易产品质量的作用，以提升数字化转型对区域贸易竞争力的赋能。第二，形成"重点地区凸显优势、后发地区缩小差距"的差异化发展策略，更好地发挥数字化转型快、贸易竞争力强的地区对近邻地区的空间溢出。应充分利用先发地区对后发地区的示范和带动作用，加大对后发区域的扶持力度，从而缩小地区间的数字鸿沟，有效弥补各地区贸易竞争力发展的不平衡，推动我国贸易竞争力水平整体提升。第三，地方政府应高度重视经济政策环境对于贸易发展的冲击和影响，在不确定性加强的形势下，更须注重经济政策的一致性和连贯性；加强地方政府与实体企业之间的政策沟通，降低经济政策不确定性的负面效应，为企业提供稳定的政策预期和经营环境。与此同时，企业应建立成熟完善的风险应对机制，培育其在政策不确定性影响下的应变能力和创新能力，确保数字化转型对贸易竞争力的积极影响得到稳定发挥。

第七章

数字贸易发展提升全球
产业链位势的机制*

　　随着第四次工业革命兴起，人工智能、区块链、云计算等技术进步为发展中国家实现全球价值链中的升级提供了新契机（黄亮雄等，2023），我国能否抓住数字贸易发展机遇，通过数字贸易带来的创新能力提升、成本降低和效率增进等优势，有效推动全球产业链位势提升，成为具有时代意义的理论与现实命题。本章从区域层面，测度了2013～2017年我国257个地级市数字贸易发展水平，以出口技术复杂度衡量全球产业链位势，研究了数字贸易对于全球产业链位势提升的影响及作用机制。结果表明，城市数字贸易发展显著促进了全球产业链位势提升，门槛效应检验显示，该影响呈现边际递减的非线性特征。经过跨境电商试点政策多期双重差分法（DID）检验及巴蒂克（Bartik）工具变量等检验，研究结果依然稳健。机制研究表明，城市数字贸易发展促进全球产业链位势提升的两条路径分别是技术创新和成本节约。相对于成本节约效应，技术创新效应需要得到更充分的发挥。异质性检验表明，城市地理区位、所属城市群、城市层级的

---

　　* 本章内容全文参见已发表论文：朱勤，周祥祥. 数字贸易发展如何影响全球价值链地位提升？来自中国城市层面的经验证据［J］. 世界经济研究，2024（4）：105－115.

差异都会影响研究结果；对我国西部地区、稳定型城市群及四五线城市而言，数字贸易发展对于全球产业链位势提升影响明显，说明了数字贸易发展具有重要的普惠效应。

第一节　理论模型与研究假设

本章研究了我国城市层面数字贸易发展对全球产业链地位提升的影响，并深入分析两者之间的影响路径和边界条件。相对于已有文献，研究特色体现在以下三个方面。第一，现有文献对于整体意义上区域数字贸易发展的研究相对较少，本章通过将研究视角聚焦于城市层面，完善了已有的区域数字贸易发展的评估体系，测度和分析了我国 257 个地级市数字贸易发展水平。第二，揭示了区域数字贸易发展对全球产业链位势提升的影响存在非线性关系，构建了技术创新效应与成本节约效应影响机制，研究发现，技术创新效应在前期发挥的作用并没有成本节约效应大，但随着消费互联网向工业互联网建设的拓展，技术创新效应具有很大的提升潜力。第三，以层次丰富的异质性检验，揭示了我国城市数字贸易发展具有普惠性的特征，即明显促进了相对落后地区全球产业链位势提升。上述研究结论有利于为相关部门推动区域数字贸易建设，助力全球产业链攀升提供理论支持和决策参考。

根据已有研究通常的做法，全球产业链位势的衡量可以全球价值链地位来代表（江小涓、孟丽君，2021；史沛然，2022；刘悦等，2023）。现有关于全球价值链地位的衡量指标，主要包括出口技术复杂度指数、垂直专业化指数、出口产品价格指数、国内增加值率及上游度指数（苏庆义，2021）。考察区域层面的全球价值链位置由于不适用投入产出数据，所以通常采用出口技术复杂度（technological sophistication）指标来衡量（信超辉、毛艳华，2022），该指标衡量一国或地区出口产品技术含量与生产效率（Hausman et al.，2007）。本章的理论研究分两个部分：一是在双重企业异质贸易模型（Hallak & Sivadasan，2013；苏丹妮等，2018）的基础上，理论分析影响出口技术复杂度提升即全球产业链位势提升的关键因素；二是依据理论模型分析的关键结论，展开区域数字贸易提升全球产业链分工地位的研究假设。

一、出口技术复杂度的决定机制

该模型分别从消费需求、企业生产以及市场均衡三个层面展开。

第一，消费需求层面。在垄断竞争的出口市场结构中，消费者效用（U）的函数形式为：

$$U = \left[\int_{j \in \Omega} (\lambda_j q_j)^{\frac{\sigma-1}{\sigma}} \mathrm{d}j \right]^{\frac{\sigma}{\sigma-1}} \quad (\sigma > 1) \qquad (7-1)$$

其中，假设每一个企业仅生产一种产品种类，j 表示产品种类，也表示各个企业；Ω 表示产品种类的一个合集；λ_j 表示产品 j 的出口技术复杂度；q_j 表示产品 j 的数量；σ 表示各种类产品间的替代弹性。给定预算约束的前提下，要使消费者效用达到最大化，产品 j 的市场需求量 q_j 需满足式（7-2）所示的条件：

$$q_j = \tau^{1-\sigma} p_j^{-\sigma} \lambda_j^{\sigma-1} \frac{E_j}{P^\sigma} \qquad (7-2)$$

$$P = \int_{j \in \Omega} p_j^{-\sigma} \lambda_j^{\sigma-1} \mathrm{d}j \qquad (7-3)$$

其中，p_j 表示产品 j 的价格，其衡量中包含了冰山成本 τ，又称冰山运输成本，反映了与贸易两地距离成正比的运输成本；P 表示由所有产品种类 j 的价格合成的价格指数；E 表示国外市场中外生给定的支出水平。其他变量含义与式（7-1）相同。

第二，企业生产层面。根据双重企业异质贸易模型，出口企业异质性体现在过程生产率（process productivity）和产品生产率（product productivity）两个方面。过程生产率高的企业，意味着其可变成本的投入效率更高，即达到给定产出规模所需投入的可变成本更低；产品生产率高的企业，可有效开展新技术和新产品开发，相比其他企业具有着更高的创新能力。λ 表示产品的出口技术复杂度，可变成本（MC）和固定成本（F）的表达式分别如式（7−4）和式（7−5）所示：

$$MC = \frac{k}{\varphi}\lambda^{\beta} \quad (0 \leqslant \beta < 1) \tag{7−4}$$

$$F = F_0 + \frac{f}{\xi}\lambda^{\alpha} \quad (\alpha > 0) \tag{7−5}$$

其中，φ 表示可变成本投入效率，体现了企业由于生产组织、成本管理等方面不同而造成的过程生产率差异；β 表示边际成本技术弹性；k 表示常数；λ 表示产品的出口技术复杂度；ξ 表示创新能力，衡量了企业产品生产率的差异；α 表示固定成本的技术弹性；F_0 表示不可回收的固定成本；f 表示常数。

第三，市场均衡层面。综合消费需求和企业生产两个层面，进行市场均衡条件的分析。出口企业在国外市场获取的利润函数为：

$$\pi = \tau^{1-\sigma}p_j^{-\sigma}\lambda_j^{\sigma-1}\frac{E_j}{P^{\sigma}}\left(p_j - \frac{k}{\varphi}\lambda^{\beta}\right) - F_0 - \frac{f}{\xi}\lambda^{\alpha} - f_x \tag{7−6}$$

其中，f_x 表示进入国际市场所需的固定贸易成本，如信息成本、营销广告成本等。经利润最大化的求解过程，可得出口技术复杂度（λ）的决定式：

$$\gamma\left(\frac{\varphi}{k}\right)^{\sigma-1}\left[(1-\beta)EP^{\sigma-1}\tau^{\sigma-1} + (1-\beta+\varepsilon)E^*P^{*\sigma-1}\right] = \frac{f\alpha\lambda^{\alpha}}{\xi\tau^{1-\sigma}} \tag{7−7}$$

其中，$\gamma = \left(\dfrac{\sigma}{\sigma-1}\right)^{-\sigma}$，$\varepsilon$ 表示贸易成本的技术弹性，由此可得出口技术复杂度的表达式：

$$\lambda = \frac{\xi\tau^{1-\sigma}}{f\alpha}\gamma\left(\frac{\varphi}{k}\right)^{\sigma-1}\left[(1-\beta)EP^{\sigma-1}\tau^{\sigma-1} + (1-\beta+\varepsilon)E^*P^{*\sigma-1}\right]^{\frac{1}{\alpha}}$$

$$\tag{7−8}$$

式（7−8）说明，出口技术复杂度主要取决于两方面因素，即影响产品生产率差异的创新水平（ξ）和影响过程生产率差异的可变成本投入效率（φ），将这两个变量分别对式（7−8）进行一阶求导可得：

$$\frac{\partial \lambda}{\partial \varphi} = \frac{1}{\alpha} \left\{ \frac{\xi \tau^{1-\sigma}}{f\alpha} \gamma \left[(1-\beta) E P^{\sigma-1} \tau^{\sigma-1} + (1-\beta+\varepsilon) E^* P^{*\sigma-1} \right] \left(\frac{\varphi}{k}\right)^{\sigma-1} \right\}^{\frac{1-\alpha}{\alpha}} \times$$

$$\frac{\xi \tau^{1-\sigma}}{f\alpha} \gamma \left[(1-\beta) E P^{\sigma-1} \tau^{\sigma-1} + (1-\beta+\varepsilon) E^* P^{*\sigma-1} \right] \frac{(\sigma-1)}{k} > 0 \quad (7-9)$$

$$\frac{\partial \lambda}{\partial \xi} = \frac{1}{\alpha} \left\{ \frac{\xi^{1-\sigma}}{f\alpha} \gamma \left[(1-\beta) E P^{\sigma-1} \tau^{\sigma-1} + (1-\beta+\varepsilon) E^* P^{*\sigma-1} \right] \left(\frac{\varphi}{k}\right)^{\sigma-1} \right\}^{\frac{1-\alpha}{\alpha}} \times$$

$$\frac{\tau^{1-\sigma}}{f\alpha} \gamma \left[(1-\beta) E P^{\sigma-1} \tau^{\sigma-1} + (1-\beta+\varepsilon) E^* P^{*\sigma-1} \right] \left(\frac{\varphi}{k}\right)^{\sigma-1} > 0$$

$$(7-10)$$

式（7-9）和式（7-10）说明，创新水平和可变成本投入效率正是提升出口技术复杂度 λ 的两个关键因素，从而为进行数字贸易对出口技术复杂度的影响机制假设提供了理论依据。

二、理论分析及研究假设

根据前文理论模型，影响出口技术复杂度的关键变量分别为"创新水平"和"可变成本投入效率"。在此基础上，进一步展开数字贸易提升出口技术复杂度的理论分析和研究假设。在数字经济深入发展的背景下，大数据、人工智能、互联网等数字技术得到广泛应用，推动了传统产业数字化和智能化转型，为企业提供了广阔的创新空间和技术手段（党琳等，2021）。同时，企业复杂产品的开发和生产大幅增加，优化了生产工艺和流程，使产品技术复杂度得到了有效提升（戴魁早，2018）。随着数字技术与经贸活动的深度融合，数字化转型的经济效益已拓展至国际贸易领域，催生了数字贸易新形态（Jie & Yao，2017）。数字贸易依托数字技术和数字平台展开，具有数字技术和平台经济双重特征，成为变革传统贸易的新型贸易模式（Ma et al.，2018）。因此，数字贸易对于出口技术复杂度的提升，不同于数字技术通过生产过程所产生的直接作用，数字贸易通过影响国际贸易效率、优化产业链生产组织的流程、促进跨国知识溢出，以及节约各类贸易成本，对于出口产品技术复杂度的提升带来了独特的影响。

首先，数字贸易在提升国际贸易效率、优化产业链生产和组织流程及催生贸易新业态等方面，发挥日益重要的作用，对出口技术复杂度将产生直接影响，具体而言，第一，从宏观层面来看，数字贸易推进了贸易自由化，加速了知识溢出，并促进了资源利用效率的提升（Wen et al.，2023），整体上提升了出口技术创新能力；技术优势导致贸易分工不同，数字贸易的发展调整了劳动力市场的技能结构，高技能劳动力集聚将催生更多的创新活动（张兵兵等，2023），有利于出口产品技术水平提升。第二，从区域层面来看，跨境电子商务提高了生产性服务业的专业化集聚，推动了地区产业的优化升级（刘玉荣等，2023）；同时，数字贸易减少了各区域间知识与技术共享的壁垒，促进了贸易发展与区域创新之间相互协调发展，使城市创新水平和贸易增长形成良性循环并整体上得到提升。第三，从微观层面来看，依托云计算、大数据分析、物联网、区块链等新技术应用，数字贸易促进了全球供应链的重组，对出口企业数字化转型及出口绩效产生积极的影响（Yang et al.，2023）；基于数字互联网平台开展的数字贸易，优化了企业资源配置，降低了市场准入门槛并提高了市场整合程度，重塑了企业的国际竞争环境，有利于出口技术复杂度提升（李小平等，2023）。因此，本章提出假设 7.1。

H7.1：数字贸易发展提升了出口技术复杂度，促进了全球产业链位势提升。

其次，数字贸易日益成为跨国知识溢出的重要载体，通过促进技术创新而有利于全球产业链位势提升。主要理由在于三个方面。第一，借助数字化平台的网络外部性，扩大了企业出口市场规模，增加了企业利润；互联网转型影响了企业创新选择行为，促进出口企业提升创新能力（沈国兵、袁征宇，2020）。第二，数字贸易的开展拓展了企业获取高技术产品的渠道，促进了企业跨区域、跨产业的开放式创新，有利于提高企业数字技术创新（黄先海、王瀚迪，2022）；伴随数字产品进口产生的知识和技术外溢，增强了企业创新能力，有利于提升企业出口附加值（郝能等，2023）。借助于互联网等技术平台，数字贸易发展加速了知识获取、传递和共享，有利于劳动力提升学习和生产效率，随着人力资本的不断积累，极大提升了创新能力。第三，数字贸易发展能够加速国际市场信息反馈和交流，提高企业信息共享的水平，并推动企业国际创新合作，提升企业创新数量和质量（方慧、霍启欣，2023）。技术创新有利于促进出口技术复杂度提升，因此，本章提出假设7.2。

H7.2：数字贸易发展通过技术创新中介效应，促进了全球产业链位势提升。

最后，数字贸易发展通过有效节约各类贸易及生产成本，有利于全球产业链位势提升。第一，基于数字技术和互联网平台开展的数字贸易，相对于传统贸易而言，构建了更高质量的数据流动和信息沟通渠道，有利于减少交易中逆向选择风险，提高成本投入效率（Goldfarb & Tucker，2019）。而且，数字贸易促进了各类要素的数字化融合及资源优化配置，使新的经济活动成为可能（Acs et al.，2021）。第二，依托数字平台开展的数字订购贸易即跨境电子商务，能够对消费者偏好和市场需求做出精准分析，从而有效实现供需双方更精准的匹配，降低市场风险，不仅能明显降低研发成本、各类贸易成本，也能有效降低生产成本尤其是生产固定成本（鞠雪楠等，2020）。第三，从交易过程来看，数字贸易变革了交易模式，简化了交易环节，并且优化了交易流程，能有效促进各类成本下降（张洪胜、潘钢健，2021）。由于提高成本投入效率、实现成本节约有利于提升出口技术复杂度，因此，本章提出假设7.3。

H7.3：数字贸易发展通过成本节约中介效应，促进了全球产业链位势提升。

第二节　模型、变量设定和数据来源

一、模型构建

1. 基准回归模型

本章使用固定效应模型分析数字贸易发展对出口技术复杂度的影响作

用。模型如下：

$$ES_{it} = \delta_0 + \delta_1 DT_{it} + \delta_2 C_{it} + u_i + v_t + \varepsilon_{it} \qquad (7-11)$$

其中，i 表示城市，t 表示时间，ES 表示各城市的出口技术复杂度，DT 表示各城市的数字贸易发展水平，C 表示一系列控制变量合集，u_i 表示城市固定效应，v_t 表示时间固定效应，ε_{it} 表示随机扰动项，δ_1 表示数字贸易发展对出口技术复杂度的总影响效应。

2. 机制检验模型

构建中介效应模型进行机制分析，以检验数字贸易发展影响出口技术复杂度的过程中技术创新和成本节约这两条路径所发挥的中介效应，模型设定如下：

$$Inno_{i,t} = \alpha_0 + \alpha_1 DT_{it} + \alpha_2 C_{it} + u_i + v_t + \varepsilon_{it} \qquad (7-12)$$

$$ES_{it} = \beta_0 + \beta_1 DT_{it} + \beta_2 Inno_{it} + C_{it} + u_i + v_t + \varepsilon_{it} \qquad (7-13)$$

$$Cost_{it} = \gamma_0 + \gamma_1 DT_{it} + \gamma_2 C_{it} + u_i + v_t + \varepsilon_{it} \qquad (7-14)$$

$$ES_{it} = \theta_0 + \theta_1 DT_{it} + \theta_2 Cost_{it} + \theta_3 C_{it} + u_i + v_t + \varepsilon_{it} \qquad (7-15)$$

其中，$Inno$ 和 $Cost$ 为两个中介变量，分别表示城市的技术创新和成本，其余变量含义同上。若 δ_1、α_1、β_1 及 β_2 均显著，则说明存在技术创新部分中介效应，该效应大小为 $\alpha_1\beta_2$；若 δ_1、γ_1、θ_1 及 θ_2 均显著，则说明存在成本节约部分中介效应，该效应大小为 $\gamma_1\theta_2$。

二、变量选择

1. 被解释变量

被解释变量为城市出口技术复杂度指数。城市出口技术复杂度（ES）的计算，采用豪斯曼等（2007）的方法。以产品在某国总出口份额与所有出口产品的国家在该产品总出口中的份额比值为权重，对所有出口产品国家技术指标求加权平均值。由于反映技术指标的劳动率数据难以直接获取，通常使用各国人均国内生产总值作为劳动生产率的替代指标。某年份产品层面的出口复杂度（$prody_h$）的测算步骤如式（7-16）所示：

$$prody_h = \sum_{q=1}^{n} \frac{(X_{q,h}/X_q)}{\sum_{q=1}^{n}(X_{q,h}/X_q)} Y_q \qquad (7-16)$$

其中，$X_{q,h}$ 表示 q 国 h 产品的出口额，X_q 表示 q 国产品的出口总额，Y_q 表示 q 国人均国内生产总值。进一步测算城市出口技术复杂度。获取产品层面的相关数据后，并以产品出口额为权重加总至城市层面，得到各个城市出口技术复杂度数据（周茂等，2019），计算方法如式（7-17）所示：

$$ES_f = \sum_{h=1}^{n} \frac{X_{f,h}}{X_f} prody_h \qquad (7-17)$$

其中，f 表示城市，ES_f 表示城市层面的出口技术复杂度，$X_{f,h}$ 表示 f 城市产品 h 的出口额，X_f 表示城市 f 的总出口额，$X_f = \sum_h^n X_{f,h}$。

2. 解释变量

区域数字贸易发展水平的测度正处于不断完善之中。参考了马等（Ma et al.，2019）基于电子贸易指标体系（WITS）构建的区域数字贸易发展水平测度体系，以及朱和周（Zhu & Zhou，2023）对我国省域层面数字贸易发展的评价指标体系。在两个方面对已有指标体系进行了完善：一是鉴于数字金融的发展对于数字贸易效率的提升意义很大（Bunje et al.，2022），因此在评价中引入了数字金融因素；二是加强和完善了对区域数字贸易产业基础的衡量。在上述研究基础上，构建我国城市层面数字贸易发展评价指标体系，包括 4 个一级指标。

（1）数字贸易网络与物流基础设施。该指标包含数字网络和物流运输 2 个二级指标。数字网络完善是数字贸易和电子商务平台发展的重要前提，而高效畅通的物流环境对于基于数字订购的跨境电子商务发展尤为重要。（2）数字产业基础。该指标由产业数字化和数字产业化 2 个二级指标构成。其中包含的电子商务、信息传输、软件和信息技术服务业、电信业等相关指标均与数字贸易发展紧密相关。（3）贸易市场潜力。该指标由居民消费潜力和对外贸易开放水平 2 个二级指标构成。前者体现了数字贸易尤其是进口贸易开展的本土市场购买力；后者由各城市实际利用外资水平来代表，衡量了该区域融入国际生产网络的程度。（4）数字金融支持。数字金融为数字贸易发展提供了重要的金融运行环境，该指标由中国数字金融普惠指数进行衡量（见表 7 - 1）。

表 7 - 1　　　　　　　　数字贸易发展水平评价指标体系

一级指标	二级指标	三级指标	权重	属性
数字网络与物流基础设施	数字网络	互联网宽带接入端口（万个）	0.0305	正
		移动电话年末用户数（万户）	0.0333	正
		互联网宽带接入用户（万户）	0.0346	正
	物流运输	交通运输/仓储和邮政业就业人员（人）	0.0741	正
		公里里程数（公里）	0.0208	正
数字产业基础	产业数字化	电子商务销售额（亿元）	0.0926	正
		有电子商务活动企业数（个）	0.0506	正
		快递业务收入（万元）	0.1103	正
		邮政业务总量（亿元）	0.0867	正
	数字产业化	信息传输、软件和信息技术服务业城镇单位就业人数（万人）	0.1141	正
		软件业务收入（万元）	0.1618	正
		电信业务（亿元）	0.0489	正
贸易市场潜力	居民消费潜力	居民人均消费支出（元）	0.0117	正
		社会消费品零售总额（万元）	0.0396	正
	对外贸易开放水平	当年实际使用外资金额（万美元）	0.0796	正
金融支持	数字金融	数字金融普惠指数	0.0108	正

3. 中介变量

中介变量之一技术创新（Inno）选取城市每年专利授权数进行衡量；另一中介变量成本（Cost）用费用资产比来表示（范合君等，2022），费用资产比 = （工业企业财务费用 + 工业企业管理费用 + 工业企业销售费用）/规模以上工业企业资产。

4. 控制变量

借鉴有关出口技术复杂度影响因素的相近研究，选取以下 3 个控制变量：一是城市金融发展水平（$Fina$），以城市平均每万人口中金融从业人数衡量；二是城市交通基础设施（Tc），采用城市公路里程数衡量；三是城市外商直接投资（Fdi），以各城市当年实际利用外资额衡量。

三、数据来源及描述性统计

出口技术复杂度的测算需要各国产品贸易数据与人均 GDP 数据，前者来源于联合国贸发会 Comtrade 数据库，后者来源于世界银行数据库。鉴于数据可获得性和连续性，选取 UN Comtrade 数据库 2013 ~ 2017 年具有出口记录的 183 个国家为样本；进而依据国家名称，将两个数据库进行匹配，得到 135 个国家 4700 余种 HS 六位码产品的出口数据。城市层面出口技术复杂度数据测算还需使用中国海关进出口统计数据库。对信息损失样本进行剔除，将样本月份数据加总得到年份数据，并根据出口城市名称将数据筛选汇总；将城市出口产品数据进行匹配并分类归总，计算获得我国 257 个城市 2013 ~ 2017 年的出口产品技术复杂度数据。

测算各地级市数字贸易水平所需数据及控制变量数据来自《中国城市统计年鉴》、中国经济社会大数据研究平台及各类城市公开信息。需要说明的是，在部分省份及部分年份，互联网宽带接入端口、电子商务销售额、有电子商务活动企业数、快递业务收入及软件业务收入 5 个指标存在部分缺失，采取了拟合回归法进行缺失值填补。为了消除异方差的影响及方便计算，对出口技术复杂度、数字贸易发展水平及控制变量均取对数处理。

主要变量的描述性统计结果如表 7 - 2 所示。城市出口技术复杂度的最小值为 34048.6，最大值为 75352.4，标准差为 6686.55，具有空间分异性。城市数字贸易的最小值为 0.0024，最大值为 1.4516，标准差为 0.1205，这说明其数值具有较强的离散性。

表 7 - 2　　　　　　　　　　变量的描述性统计

变量	样本数	均值	标准差	最小值	最大值
ES	1285	53335.45	6686.55	34048.6	75352.4
DT	1285	0.0490	0.1205	0.0024	1.4516
Inno	1285	6837.4772	15836.8911	6	222412
Cost	1285	0.0083	0.0112	0.0011	0.0991
Fina	1285	2.4133	1.0738	0.6704	8.7774
Tc	1285	13553.98	10156.73	923	147881
Fdi	1285	683756.5	1570702	20.2554	20591130

基于测度结果，对数字贸易发展的空间分异性进行了分析，使用 Arc-gis 10.8 绘制 2013 年和 2017 年的城市数字贸易空间分布图①，对比分析结果表明，我国城市数字贸易发展整体水平提升明显，并且具有显著的空间分异和空间集聚特点，数字贸易发展水平较高的城市由北向南主要集中在哈长、京津冀、山东半岛、成渝、长三角和珠三角等城市群，而宁夏沿黄、兰西、滇中、北部湾等城市群的数字贸易发展水平相对较低。

第二节　实证结果与分析

一、基准回归结果

表 7 - 3 汇报了数字贸易发展对城市出口技术复杂度影响的实证结果。第（1）列为只包含数字贸易发展水平的基础回归，可以看出，数字贸易回归系数在 1% 的水平上显著为正；在第（2）列到第（4）列中逐步添加控制变量金融发展水平、交通基础设施和外商直接投资后，数字贸易回归系数依然在 1% 的水平上显著为正。以上结果表明，数字贸易发展显著促进了城市出口技术复杂度的提高。以第（4）列回归结果为例，"数字贸易

① 空间分布图未在此处呈现，感兴趣的读者可向作者索取。

发展"的回归系数为 0.5342，表明数字贸易发展水平每增加 1%，出口技术复杂度能够提高 0.5342%，假设 7.1 得以验证。

表 7 - 3　　　　　　　数字贸易发展对出口技术复杂度的基准回归结果

变量	(1)	(2)	(3)	(4)
	ES	ES	ES	ES
lnDT	0.7379 ***	0.5355 ***	0.5138 ***	0.5342 ***
	(18.33)	(12.78)	(12.01)	(11.89)
lnFina		0.7626 ***	0.7407 ***	0.6958 ***
		(10.63)	(10.42)	(9.32)
lnTc			0.2213 ***	0.2153 ***
			(2.74)	(2.79)
lnFdi				- 0.0271 ***
				(-4.32)
常数项	12.8193 ***	11.4355 ***	9.3056 ***	9.8027 ***
	(83.37)	(55.54)	(11.24)	(11.98)
城市—时间固定	是	是	是	是
观测值	1285	1285	1285	1285
R^2	0.5015	0.7056	0.7100	0.7170

注：括号内是系数的 t 值，*** 表示在 1% 的水平上显著。

二、机制检验

表 7 - 4 呈现了机制检验的结果，第（1）列为基准模型的估计结果，数字贸易对出口技术复杂度的总促进效应为 0.5342。第（2）列和第（3）列为技术创新中介效应的检验。技术创新对数字贸易发展的回归结果如第（2）列所示，数字贸易发展的系数为 0.7033，在 1% 的水平上显著为正，说明数字贸易的发展有助于促进城市技术创新能力的提升。将数字贸易和技术创新同时放入模型中，第（3）列结果显示，数字贸易发展的系数为 0.5100，在 1% 的水平上显著为正；技术创新的系数为 0.0343，同样在 1% 的水平上显著为正，表明两者均显著正向促进出口技术复杂度提升。综上

可知，技术创新在数字贸易与出口与技术复杂度之间发挥部分中介作用，作用效应大小为 0.0241 （$\alpha_1\beta_2$），假设 7.2 得以验证。

表 7 - 4　　　　数字贸易发展对出口技术复杂度的机制检验结果

变量	(1)	(2)	(3)	(4)	(5)
	ES	Inno	ES	Lag1 Cost	ES
lnDT	0.5342 ***	0.7033 ***	0.5100 **	- 0.0608 *	0.5037 ***
	(11.89)	(9.75)	(10.83)	(- 2.03)	(10.68)
Inno			0.0343 ***		
			(2.36)		
Lag1 Cost					- 0.4694 ***
					(- 6.23)
常数项	9.8027 ***	11.1557 ***	9.4200 ***	- 5.0583 ***	7.6174 ***
	(11.98)	(5.13)	(11.13)	(- 16.41)	(9.19)
控制变量	是	是	是	是	是
城市固定	是	是	是	是	是
时间固定	是	是	是	是	是
观测值	1285	1285	1285	1028	1028
R^2	0.7170	0.1574	0.7204	0.3090	0.6791

注：括号内是系数的 t 值，* 、** 、*** 分别表示在 10% 、5% 、1% 的水平上显著；Lag1 代表"滞后一期"。

第 (4) 列和第 (5) 列为成本节约中介效应检验。数字贸易的发展通常会增加城市和企业的当期成本，其成本节约效应会存在滞后，经验证数字贸易引致的成本节约在滞后一期时开始显现。第 (4) 列结果显示，数字贸易发展的系数为 - 0.0608，在 10% 的水平上显著为负，说明数字贸易显著降低了一期以后的生产成本。第 (5) 列将出口技术复杂度同时对数字贸易发展和成本节约进行回归，可得系数均在 1% 的水平上显著，说明数字贸易发展和成本节约均正向促进了出口技术复杂度的提升。综上可知，成本节约在数字贸易与出口与技术复杂度之间发挥部分中介作用，作用效应大小为 0.0285 （$\gamma_1\theta_2$）。假设 7.3 得以验证。综合比较来看，数字贸易通过技术创新和成本节约存在影响城市出口技术复杂度提升的两条中介路径，成本节约中介效应大于技术创新中介效应，即相对于通过提升创新水平，说明数字贸易发展主要通过节约成本来提升出口技术复杂度。

三、门槛效应检验

进一步考察数字贸易对出口技术复杂度的非线性作用，在式（7－11）的基础上构建门槛回归模型如下：

$$\ln ES_{it} = \lambda_0 + \lambda_1 DT_{it} \cdot I(\ \cdot\ )(DT_{it} \leqslant \rho) + \lambda_2 DT_{it} \cdot I(\ \cdot\ )(DT_{it} > \rho) +$$
$$\lambda_3 X_{it} + u_t + v_i + \varepsilon_{it} \tag{7－18}$$

式（7－18）仅关注单门槛效应，考虑到实际情况，可能会存在多重门槛，式（7－18）可以类推。其中，ρ 表示待估计的门槛值，$I(\ \cdot\ )$ 表示指示函数，DT_{it} 表示数字贸易发展水平，这里作为门槛变量。

以 $\ln DT$ 作为门槛变量，通过自举法抽 300 次以判断门槛效应是否存在。表 7－5 显示，$\ln DT$ 作为门槛变量，通过了单一门槛和双重门槛检验，表明存在双门槛效应，此时两个门槛值分别为：$\rho_1 = -4.2564$，$\rho_2 = -3.9093$，分别对应 DT 数值 0.0142、0.0201。三门槛检验的 P 值为 0.7733，未通过显著性检验，表明仅存在双门槛。

表 7－5　　　　　　　　　　　门槛效应检验

门槛变量	门槛数量	门槛值	F 值	P 值
$\ln DT$	1	－4.2564	28.60	0.0167
	2	－3.9093	29.43	0.0100
	3	－4.4720	10.93	0.7733

表 7－6 汇报了数字贸易作为门槛变量时的面板门槛回归结果。当数字贸易发展水平低于第一个门槛值 0.0142 时，数字贸易提升出口技术复杂度的系数为 0.4930；当数字贸易水平位于第一门槛值 0.0142 与第二门槛值 0.0201 之间时，数字贸易提升出口技术复杂度的系数为 0.4745，相较于第一阶段促进作用有所下降；当数字贸易发展水平跨过第二门槛值时，数字贸易提升出口技术复杂度的系数为 0.4568，提升作用相较于第二阶段进一步下降。上述结果表明，我国城市数字贸易发展对出口技术复杂度的作用

存在边际效应递减的非线性特征，说明了在数字贸易发展不发达地区，随着数字贸易发展水平的提升，对全球产业链位势提升的作用更强，所以在这些地区应在发展初期持续加大推进力度，有助于充分发挥数字贸易带来的积极效应。

表7-6   门槛回归结果

变量	ES
$\ln DT$（$DT < 0.0142$）	0.4930 *** (11.21)
$\ln DT$（$0.0142 < DT < 0.0201$）	0.4745 *** (10.53)
$\ln DT$（$DT > 0.0201$）	0.4568 *** (9.93)
控制变量	是
常数项	9.8332 *** (12.71)
观测值	1285
F	262.57
R^2	7290

注：括号内是系数的 t 值，*** 表示在1%的水平上显著。

四、稳健性检验

为了保证回归结果的稳健性，分别采用四种方法进行检验（见表7-7）。第一，将解释变量滞后一期。根据表7-1第（1）列所示，将数字贸易滞后一期后，检验结果依然与基准回归一致。第二，采取政策冲击试验方法，构建多时点 DID 模型以检验数字贸易发展对全球产业链的影响效应。将设立跨境电子商务综合试验区这一事件视为外生政策冲击，将被设立为跨境电商试验区的样本设为实验组，其余样本为控制组，表7-7第（2）列的结果显示，跨境电商试验区的设立显著促进了城市出口技术复杂度的提升。第三，排除异常值。为了减轻异常值的干扰，采用对面板数据5%

双侧缩尾处理的方法进行稳健性检验。表7-7第（3）列结果显示，数字贸易发展对出口技术复杂度的提升存在显著促进作用，基准回归结果依然稳健。第四，剔除重点城市。考虑重点城市在经济发展、基础设施及社会环境等多个方面与普通城市不同，删除4个直辖市、5个计划单列市、15个副省级城市和26个省会城市。表7-4第（4）列的回归结果显示，数字贸易的估计结果与基准回归结果保持一致。

表7-7 　　　　　　　　　　　　　稳健性检验

变量	（1）	（2）	（3）	（4）
	核心解释变量滞后一期	跨境电商综述区政策	5%双侧缩尾	剔除重点城市
lnDT	0.5077 ***	0.1691 ***	0.5343 ***	0.5581 ***
	(10.51)	(5.28)	(13.14)	(12.08)
常数项	9.5130 ***	-3.8103 ***	7.9901 ***	8.6377 ***
	(14.01)	(3.15)	(6.53)	(6.82)
控制变量	是	是	是	是
城市固定	是	是	是	是
时间固定	是	是	是	是
观测值	1028	1285	1285	1145
R^2	0.6518	0.5307	0.7139	0.7266

注：括号内是系数的 t 值，*** 表示在1%的水平上显著。

五、内生性检验

基准模型的回归会不可避免地存在内生性问题。首先，遗漏变量会使回归结果存在偏误，如政府政策可能同时对城市数字贸易和出口技术复杂度产生影响。此外，被解释变量城市出口技术复杂度和解释变量数字贸易之间可能存在反向因果关系，出口技术复杂度越高的城市存在越多的技术密集型产业，数字基础设施和创新环境较为完备，也会影响数字贸易发展。基于以上分析，选用以下方法处理可能存在的内生性问题。

1. 控制城市和时间固定效应交互项

在对城市固定效应和时间固定效应控制的基础上，进一步控制城市和时间的交互项，这在一定程度上可以解决遗漏变量所导致的内生性问题。表 7 - 8 第（1）列的回归系数表明基准回归结果具有稳健性。

表 7 - 8　　　　　　　　　　内生性检验

变量	(1)	(2)	(3)
	控制城市×时间固定效应	IV1	IV2
ln*DT*	0.1874 ***	0.2376 ***	0.2112 ***
	(4.21)	(7.61)	(4.94)
常数项	- 104.6536 ***	11.7867 ***	11.5826 ***
	（- 11.78）	(32.19)	(22.90)
控制变量	是	是	是
城市固定	是	是	是
时间固定	是	是	是
城市—时间固定	是	否	否
观测值	1285	1285	1028
R^2	0.8046	0.4233	0.4101

注：括号内是系数的 t 值，*** 表示在 1% 的水平上显著。

2. 工具变量法

一是选取城市移动电话普及率作为数字贸易发展的工具变量，理由如下：移动电话普及率较高的城市，其数字经济发展基础设施往往较为完善，该指标与数字贸易存在较强的相关性；同时，历史上各城市移动电话普及率并不会对目前该城市的出口技术复杂度产生影响，因此该指标具备较强的外生性。检验结果显示，工具变量通过不可识别检验，并且显著拒绝了工具变量存在弱识别问题的原假设，说明工具变量选择合理。表 7 - 8 第（2）列汇报了工具变量法的回归结果。

二是采用巴蒂克（Bartik）工具变量来解决可能的内生性问题。借鉴易行健和周利（2018）的方法，通过将滞后一阶的数字贸易指数与 2013 ~ 2017 年数字贸易指数在时间上的一阶差分共同构造巴蒂克工具变量。该巴蒂克工具变量与自变量数字贸易发展指数高度相关，但在控制了城市和时间固定效应之后，与城市出口技术复杂度指数的残差项不相关，因此可有效解决基准回归可能存在的内生性问题。

巴蒂克工具变量检验结果显示，通过弱工具变量检验及不可识别检验。巴蒂克两阶段工具变量回归结果如表 7－8 第（3）列所示，数字贸易发展依然显著促进了城市出口技术复杂度。

六、异质性检验

1. 基于城市地理区位的异质性分析

由于数字贸易发展具有区域异质性的特点，进一步根据城市所在地理位置的不同，将样本城市划分为东部、中部及西部三组。分组回归的结果如表 7－9 所示，数字贸易发展显著促进了东部、中部、西部三大地区出口技术复杂度的提升，促进效应由强到弱分别为西部地区、中部地区、东部地区，这与门槛效应中的边际效应递减规律相符。原因可能在于，相对于东部地区，我国西部地区经济发展水平普遍不高，空间地理位置也并不优越，在相对较低的起点发展数字贸易，为西部地区提升出口技术复杂度注入强大的动力，依托数字技术和平台有效突破了传统贸易方式的局限，对西部地区全球产业链位势提升产生了明显的促进作用。

表 7－9　　　基于区域异质性的回归结果城市地理区位和所属城市群异质性检验结果

变量	（1）	（2）	（3）	（4）	（5）	（6）	（7）
	东部地区	中部地区	西部地区	成熟型	稳定型	发育型	非城市群
$\ln DT$	0.4027 ***	0.6587 ***	0.6829 ***	0.5872 ***	0.6175 ***	0.1560	0.5517 ***
	(8.10)	(4.21)	(9.23)	(7.96)	(6.16)	(1.52)	(7.52)
常数项	3.2673 ***	10.5377 ***	13.2170 ***	9.9873 ***	9.2788 ***	6.3736 ***	11.1734 ***
	(1.19)	(7.11)	(9.52)	(10.40)	(6.19)	(1.92)	(7.26)
控制变量	是	是	是	是	是	是	是
城市固定	是	是	是	是	是	是	是
时间固定	是	是	是	是	是	是	是
观测值	395	385	335	430	195	180	480
R^2	0.7149	0.7925	0.7372	0.7713	0.6843	0.6483	0.7802

注：括号内是系数的 t 值，*** 表示在 1% 的水平上显著。

2. 基于所属城市群的异质性分析

城市群强化了城市之间市场整合和经济互动，现实中我国各城市群资源禀赋各不相同，经济发展水平差异较为悬殊。根据谢地等（2022）的研究，将研究对象 257 个城市归类到成熟型、稳定型、发育型三类城市群，以及非城市群的其他城市进行分组回归，探讨所属城市群的区域异质性。①表 7-9结果显示，数字贸易发展显著促进了成熟型和稳定型城市群的全球产业链位势提升，其中对稳定型城市群的促进作用更大，而对发育型城市群的促进作用则不显著。原因可能在于，对于处于中等发展水平的稳定型城市群而言，数字贸易网络的形成有效促进了城市群内资源的优化配置，加速了城市间创新要素融合，更好地发挥了城市空间联动的作用；而发育型城市群在贸易网络的形成和联动中尚不稳定，从而影响了数字贸易正向效应的发挥。同时，数字贸易发展对非城市群城市全球产业链位势提升发挥了显著的正向作用，作用效应与成熟型和稳定型城市群类似，但远大于发育型城市群。原因可能在于，依托互联网平台强大的载体功能和赋能作用，并不处于主要城市群的城市，也能从数字贸易中充分获益，使其获取提升创新能力及降本增效等优势，从而促进了全球产业链的位势提升。

3. 基于城市层级的异质性分析

不同规模的城市可能在商业模式、人口集聚及消费方式方面存在差异，本章依据《2023 年城市商业魅力排行榜》将样本城市划分为一线及新一线、二三线及四五线城市三组进行回归，探究数字贸易对全球产业链影响的城市层级异质性，结果如表 7-10 所示。数字贸易显著促进了不同层级城市全球产业链的位势提升，但对四五线城市的促进作用最大。原因可能是我国四五线城市经济发展水平与城市层级更高的城市相比差距很大，尤其在贸易便利度、贸易环境等方面仍然存在诸多发展弱势，而基于数字

---

① 《中华人民共和国国民经济和社会发展第十四个五年规划和 2035 年远景目标纲要》界定了 19 个城市群。本章对于城市群的划分借鉴了谢地等（2022）的研究，成熟型城市群包括京津冀、长三角、珠三角、成渝、长江中游；稳定型城市群包括山东半岛、粤闽浙沿海、中原、关中平原、北部湾城市群；发育型城市群包括哈长、辽中南、山西中部、黔中、滇中、呼包鄂榆、兰州—西宁、宁夏沿黄、天山北坡城市群。

订购和数字交付的数字贸易的开展，使四五线城市有效提高了贸易效率并创新了贸易发展路径。

表 7 – 10　　　　　　　　城市层级异质性检验结果

变量	(1)	(2)	(3)
	一线及新一线城市	二三线城市	四五线城市
lnDT	0.3591 ***	0.4120 ***	0.6413 ***
	(5.78)	(6.91)	(9.78)
常数项	3.2673 ***	10.5377 ***	13.2170 ***
	(1.19)	(7.11)	(9.52)
控制变量	是	是	是
城市固定	是	是	是
时间固定	是	是	是
观测值	395	385	335
R^2	0.7149	0.7925	0.7372

注：括号内是系数的 t 值，*** 表示在1%的水平上显著。

第四节　主要结论与讨论

　　数字贸易促进了全球产业链各节点解构并产生新的链接，对于我国实现全球产业链位势提升发挥了重要的推动作用。从区域经济城市层面的视角，本章以2013～2017年我国257个城市的面板数据，研究了数字贸易发展对以出口技术复杂度提升为代表的全球产业链位势提升的影响机制，得到的主要结论包括以下四个方面。第一，在空间发展维度上，不同区域城市的数字贸易发展水平呈现出明显的空间分异性，东部地区的数字贸易发展水平在全国处于领先地位；从所属城市群的层面来看，我国城市数字贸易发展具有明显的空间集聚特征。第二，我国城市数字贸易发展显著提升了出口技术复杂度指数，即有利于全球产业链位势提升。其影响路径主要有技术创新效应和成本节约效应，其中成本节约效应发挥的作用相对更大。可以预期，随着我国数字贸易发展从跨境电子商务优势向数字服务贸易综合优势拓展，技术创新路径的作用将有很大上升空间。第三，门槛回归检验结果显示，我国城市数字贸易发展对全球产业链位势提升的影响呈现边际效应递减的非线性特征。也就是对于发展起点较低的地区，数字贸易对于出口技术复杂度提升的作用更大，由强到弱分别为西部地区、中部地区和东部地区。第四，根据所属城市群发展阶段的差异，数字贸易对稳定型城市群提升全球产业链位势的作用最大，并且对非城市群的其他城市也显示出积极的正向作用。数字贸易显著促进了我国四五线城市的全球产业链位势提升。

　　本章的研究反映出我国数字贸易发展具有明显的普惠性，即对于发展起点较低的城市而言，提升全球产业链分工地位的作用明显。我国应充分把握数字贸易发展契机，有效推进全球产业链分工地位提升。第一，切实促进我国数字贸易高质量发展，从空间区位的角度重视区域数字贸易发展的相互协同，并积极发挥中心城市的引领作用；同时，促进数据要素在更大范围内高效和安全地流动，构建数字贸易产业生态圈。第二，在发挥跨境电子商务节约贸易成本传统优势的同时，大力加强数字技术创新，发展数字服务贸易，有效提升数字贸易创新效应发挥的空间，从而推动我国全球产业链位势的整体提升。第三，积极深化市场开放和国际合作，在双边或多边贸易谈判中引入数字贸易议题相关探讨，大力推进数字贸易规则体系的完善；推动更符合我国和广大发展中国家普遍利益的数字贸易规则的建立。

第八章

跨境电商平台、企业数字化与价值提升路径

 跨境电商平台赋能、价值共创与企业绩效*

从企业层面研究数字贸易对全球产业链位势提升的机制，本节研究将首先以出口跨境电商的平台赋能作为考察对象。跨境电商平台已成为我国新型外贸格局中的基础设施，助力于企业开拓国际市场；同时，跨境电商平台相继实施了赋能电商企业的计划，如阿里巴巴提出了"赋能电子商务"（empowering e‑commerce）倡议，亚马逊启动全球开店"制造＋"项目。在平台经济崛起的背景下，跨境电商平台凭借所处生态系统中的枢纽地位、独特的信息数字技术及强大的资源整合能力，向平台上经营的企业进行"赋能"，引起了学界的关注。

从赋能理论和价值共创理论整合的视角出发，本节基于对690份出口跨境电商开展的问卷调查，研究了跨境电商平台赋能对于企业绩效的影

＊ 本节内容全文参见已发表论文：朱勤，孙元，周立勇. 平台赋能、价值共创与企业绩效的关系研究［J］. 科学学研究，2019，37（11）：2026－2033，2043.

响。其重要切入点在于，平台与其上经营的企业在相互紧密协调中共同完成价值创造，即价值共创（value co‑creation），可实现单个企业依靠自身无法实现的绩效。通过把握这种互动联系，本节将分析跨境电商平台赋能、价值共创和企业绩效的内在联系机理作为研究主线，揭示价值共创在其中发挥的中介效应，以期打开平台赋能与企业绩效之间作用过程的"黑箱"。

一、理论分析与研究假设

（一）平台赋能与价值共创

根据资源基础理论和企业能力理论，结合数字化赋能的特点，本研究对于"平台赋能"（platform empowerment）的界定是：平台凭借在所处生态系统中的枢纽地位、独特的信息数字技术及强大的资源整合能力，通过交易匹配及提供一系列价值链上的增值服务，优化平台上经营企业的运营模式，有助于企业获取基于过程重组、应对环境变动的高阶能力，促进企业在平台生态系统中实现能力的增进。

以上界定蕴含了对于平台赋能的两个深刻理解。第一，以生态系统中的枢纽地位及独特资源为基础。由于平台型企业在其所属的双边市场中承担着核心功能，根据关系网络理论，平台在网络中所处的中心地位，无疑使其具有最多的共享知识和信息，以及对其他利益相关者的影响力；平台拥有着"操作性资源"，而平台上经营的企业拥有更多的是"对象性资源"（万兴、杨晶，2017），双边关系中资源依赖少的一方将会对资源依赖多的一方施加更多影响。第二，在利益共同体中赋予其他成员以能力为导向。企业的组织能力有低阶与高阶能力之分，低阶能力是支持组织日常事务的惯例、资源与流程的"谋生能力"，而高阶能力是可以支持低阶过程重组，并适应环境变动的"动态能力"。跨境电商平台通过交易匹配，以及提供一系列价值链上的增值服务，优化了平台上经营企业的运营模式，支持了企业获取高阶能力。

　　平台赋能的结果表现为有利于推动平台上经营的企业获取高阶能力，但这一结果是如何发生的？平台与经营企业之间结成利益共同体，通过资源整合、服务交换及共享制度来共同创造价值，这是不可缺失的一个环节，对于平台和经营企业的发展极其重要。将服务生态系统中各参与者价值共创的分析（Vargo & Lusch, 2016），拓展至分析平台与经营企业的价值共创过程，可以发现双方的角色分工各有不同。其一，平台是制度的制定者与执行者，负责提供情境价值，平台上众多经营企业负责提供商品和服务的使用价值，后者使用价值的实现，离不开前者情境价值的创造。其二，平台通过治理协调来处理"控制与自治""标准化与多样化"等关系，确保价值共创过程中的分工与集成，经营企业作为参与者嵌入平台并提供互补资源（Ramaswamy & Ozcan, 2016）。

　　在卡拉洛和卡拉罗（Claro & Claro, 2010）的一项经典研究中，价值共创被划分为"共同制订计划""共同解决问题""灵活做出调整"三个维度，平台赋能与价值共创的联系可以分别从这三个维度来考察。第一，在数字经济背景下，跨境电商平台掌握的数据资源成为重要的战略性资产，平台可以通过大数据服务技术，将包含市场变化和产品需求信息的数据资源及时传递给企业，有利于企业与平台一起根据动态的市场环境变化设定目标、制订计划，故平台赋能有利于共同制订计划。第二，价值共创体现在所有参与方的共同行动中，而共同行动的建立要基于赋予参与者能力并能影响互动结果（Fisher & Smith, 2011），通过平台赋能过程价值共创的各参与方实现了建立在契约关系上的深度融合，进而给予企业更强的动力来配合平台共同解决问题，故平台赋能有利于共同解决问题。第三，在平台赋能的情境下，资源整合的便利提升依托于开放的平台竞争策略、共享的信息以及集约化的服务功能，有利于平台与企业针对复杂多变的市场环境进行相应调整，故平台赋能有利于灵活做出调整。因此，本节提出假设 8.1、假设 8.1a、假设 8.1b、假设 8.1c。

　　H8.1：平台赋能对价值共创有显著的正向影响。

　　H8.1a：平台赋能对共同制订计划有显著的正向影响。

　　H8.1b：平台赋能对共同解决问题有显著的正向影响。

H8.1c：平台赋能对灵活做出调整有显著的正向影响。

（二）平台赋能与企业绩效

从动态能力理论视角来看（Teece et al.，1997），平台赋能将使企业获得新资源、拥有新知识，并以创新的流程适应市场、顾客和技术等方面不断的变化，因此有利于企业绩效提升。以跨境电商平台生态系统为例，平台赋能的渠道可归纳为交易匹配、运营模式优化以及创新驱动这三条路径：首先，帮助企业高效匹配全球商机，与海量终端消费者紧密连接；其次，通过提供支付、营销、物流、仓储、金融等集约化增值服务，使得企业的运营模式得到优化了，企业在网络营销、顾客管理等方面的品质得到提升，进而为企业带来源源不断的竞争优势；最后，以开放的策略、共享的资源驱动企业创新，使企业根据自身需要组合使用平台提供的共享资源，推动产品和服务升级（Thomas et al.，2014）。综上所述，平台赋能有利于电商企业把握市场机遇、节约交易成本以及提升创新效率，最终将对在平台上经营企业的绩效产生有利的影响。因此，本节提出假设8.2。

H8.2：平台赋能对企业绩效有显著的正向影响。

（三）价值共创与企业绩效

价值共创促进了参与主体的相互信任与承诺进而提升整体满意度（Holweg & F. K. Pil，2008），企业绩效因整体协同效应的发挥而得到提升，价值共创的三个维度对于企业绩效的作用分别表现如下：第一，以大数据及信息技术资源的整合为基础，共同制订计划将使企业战略决策不断调整优化；第二，平台与经营企业通过资源互补来共同解决问题，促进争议问题得到满意的解决，同时也削弱了单方面的机会主义倾向、分散了潜在风险（刘汉民、张晓庆，2017）；第三，应对外部环境的变化有针对性以及灵活性地做出调整，有助于经营企业抓住市场机遇并提升动态能力。以上这些都将有利于企业绩效的增进。因此，本节提出假设8.3、假设8.3a、假设8.3b、假设8.3c。

H8.3：价值共创对企业绩效有显著的正向影响。

H8.3a：共同制订计划对企业绩效有显著的正向影响。

H8.3b：共同解决问题对企业绩效有显著的正向影响。

H8.3c：灵活做出调整对企业绩效有显著的正向影响。

（四）价值共创的中介作用

平台与平台上经营的企业通过价值共创（共同制订计划、共同解决问题以及灵活做出调整）更好地挖掘市场潜在机会、满足市场需求，进而平台赋能得以向企业绩效进行积极的转化。以跨境电商平台生态系统为例，不仅需要电商平台提供数据共享、结算、物流、仓储和金融等集约化的服务赋能于电商企业，还需要平台和企业双方利用价值共创来实现以精准化、透明化和在线化为特征的现代外贸服务，最终达到促进企业利用平台赋能来实现绩效提升的目的。因此，本节提出假设 8.4、假设 8.4a、假设 8.4b、假设 8.4c。

H8.4：价值共创在平台赋能和企业绩效间起中介作用。

H8.4a：共同制订计划在平台赋能和企业绩效间起中介作用。

H8.4b：共同解决问题在平台赋能和企业绩效间起中介作用。

H8.4c：灵活做出调整在平台赋能和企业绩效间起中介作用。

综上所述，将通过问卷调查实证验证模型是否成立。

二、研究设计与方法

（一）样本与数据收集

采用的抽样方法是便利抽样与滚雪球抽样相结合，调研取得了"中国电子商务研究中心"的支持，依托联系各地区跨境电商行业协会和跨境电商培训中心，本节研究使用了"跨境电子商务智库""跨境电商大讲堂"等企业库，最后利用互联网调研平台"问卷星"进行电子问卷的发放以及问卷的数据回收。首先，在研究开始之前使用了 150 份调查问卷进行预调研，通过咨询业内有关专家意见及建议，并结合专家建议修改完善形成最终问卷。本节研究正式调研持续时间约为 1 个月，共发放了 6101 份问卷，回收 3148 份问卷，通过人工将作答时间少于 1 分钟、答案存在明显前后矛盾、填答具有显著规律性的无效问卷进行了剔除，最终剩余有效问卷数量为 690 份，有效问卷率为 21.92%。

据 IP 地址统计，受访者来自国内各个省份，其中来自山东及广东的受访者数量占比最多，两者数量之和达到 20% 以上，其次占比较多的为浙江、山西、河北以及北京。受访者中有 10.7% 为企业高层管理者，26.4% 为中层管理者，31.7% 为基础管理者，其他为普通员工；受访者所在企业只在一个跨境电商平台上从事出口业务的占比为 64.97%，同时在两个跨境电商平台上从事出口业务的占比为 23.11%，同时在三个及三个以上跨境电商平台上从事出口业务的占比为 11.92%；开展跨境电子商务时间在 1~3 年的占比为 42%，3~5 年的占比为 27.7%，5 年以上的占比为 14.3%；企业员工规模 500 人以下的占比为 83.9%，其中 100 人以下的占比为 52.5%。

（二）变量测量

采用量表的题项基本借鉴已有相关研究成果，适当结合跨境电商资深专家的意见进行完善修正，使之更符合现实情境。使用李克特 7 点量表测量主要研究变量，其中，对于"平台赋能"和"价值共创"这两个变量的测量，以 1 表示"完全不同意"，7 表示"完全同意"；对于"企业绩效"这个变量的测量，1 表示"显著降低"，2 表示"降低"，3 表示"稍微降低"，4 表示"和以前一样"，5 表示"稍微增加"，6 表示"增加"，7 表示"显著增加"。

（1）平台赋能。在杨坚争等（2014）构建的跨境电子商务评价指标体系中，跨境电商的能力从五个方面来进行测度，包括网络营销、国际电子支付、电子通关、国际电子商务物流及电子商务法律。参考这一能力评价体系，对平台赋能的测量依托于跨境电商平台是否有助于企业在这些方面实现能力的增进。修改后的量表包含 14 个题项，示例题项如"平台使我们更了解国外客户情况""平台为我们提供了国际支付的支撑条件"等。

（2）价值共创。价值共创的测量参照卡拉洛和卡拉洛（Claro & Claro，2010）的量表进行，该量表包含了"共同制订计划""共同解决问题""灵活做出调整"3 个维度，共有 11 个题项，示例题项如"我们会和平台一起计划下一季的商品数量""我们会和平台分享产品的长期计划"等。

（3）企业绩效。以李等（Li et al.，2006）设计的衡量企业绩效的量表为基础，根据实际情况以及专家建议稍做调整，共包含 7 个题项，示例题项如"市场份额""投资回报率""销售额的增长"等。

（4）控制变量。考虑到还存在其他可能会影响企业绩效的因素，引入了 4 个控制变量：运营时间、员工规模、产品品类、平台类别。数据均来自受访者在问卷中填写的基本信息。

三、实证结果与分析

（一）信度和效度检验

首先对问卷中的所有条目进行未旋转的探索性因子分析，得到 KMO 值为 0.945，Bartlett 检验的显著性为 0.000，未旋转前共析出 5 个因子，第一个因子解释了总变异量的 39.26%，小于 40%，说明同源偏差并不严重，调研数据质量较好。本节研究通过 AMOS 25.0 和 SPSS 20.0 软件对主要变量的信度、聚合效度和判别效度进行了检验。如表 8 – 1 所示，各变量的 α 系数和 CR 值均明显大于 0.80，表明变量具有良好的信度。各测度题项的因子载荷均高于 0.7，且均在 0.001 的水平上显著；各变量的平均提取方差（AVE）均大于 0.5，且各变量的 AVE 平方根大于该变量与其他变量的相关系数。由验证性因子（CFA）分析结果可知，测量模型拟合指数分别为 CMIN/DF = 2.588，小于 3；RMR = 0.06，小于 0.08；GFI = 0.914，IFI = 0.953，CFI = 0.952，TLI = 0.947，均大于 0.9；RMSEA = 0.048，表明假设理论模型与实际数据之间契合度较高，模型结果具有较强的说服力。

表 8 - 1　　　　　　　量表信度、效度检验结果 (*N* = 690)

变量	α 系数	组合信度 CR	因子载荷	AVE
平台赋能	0.925	0.926	0.720 ~ 0.785	0.555
共同制订计划	0.882	0.882	0.774 ~ 0.845	0.652
共同解决问题	0.864	0.865	0.760 ~ 0.823	0.615
灵活做出调整	0.835	0.837	0.760 ~ 0.817	0.632
企业绩效	0.902	0.902	0.723 ~ 0.788	0.569
模型拟合指数	CMIN/DF = 2.588，RMR = 0.06，GFI = 0.914，IFI = 0.953，CFI = 0.952，TLI = 0.947，RMSEA = 0.048			

（二）描述性统计分析

利用 SPSS 20.0 软件对各研究变量进行相关性分析。表 8 - 2 展示了变量的均值、标准差及相关系数矩阵。结果表明，各研究变量相互之间存在显著的相关关系，但为进一步探究各变量之间具体的关系假设，需运用回归分析进行更深入的检验。

表 8 - 2　　　　　各变量的均值、标准差及相关系数 (*N* = 690)

变量	均值	标准差	1	2	3	4	5
平台赋能	4.835	1.068	1				
共同制订计划	4.732	1.234	0.449***	1			
共同解决问题	4.815	1.200	0.429***	0.520***	1		
灵活做出调整	4.791	1.226	0.354***	0.437***	0.476***	1	
企业绩效	5.021	0.976	0.494***	0.553***	0.537***	0.451***	1

注：*** 表示在 1% 的水平上显著。

（三）回归结果及分析

以多重中介效应分析的改进方法为基础进行假设检验。如表 8 - 3 所示，模型 1 到模型 3 分别表明平台赋能对共同制订计划 (a_1 = 0.448，F =

36.125，P<0.01）、共同解决问题（$a_2 = 0.428$，F = 31.589，P < 0.01）、灵活做出调整（$a_3 = 0.352$，F = 20.473，P < 0.01）有显著的正向影响，且3个模型的方差膨胀因子（VIF值）均不超过1.236，D. W. 值接近2，证明假设模型中不存在多重共线性，残差与自变量相互独立。由此，假设8.1a、假设8.1b、假设8.1c得到支持。

表8-3　　　　　　　　多重中介作用回归分析（$N = 690$）

变量	价值共创			企业绩效		
	共同制订计划	共同解决问题	灵活做出调整			
模型	模型1	模型2	模型3	模型4	模型5	模型6
运营时间	0.048	0.054	0.030	0.052	0.016	0.022
员工规模	-0.088**	-0.052	-0.070*	0.013	0.071**	0.059*
平台归属性	-0.003	-0.024	0.013	-0.023	-0.015	-0.019
产品种类	0.031	0.025	0.026	0.029	0.019	0.011
平台赋能	0.448***	0.428***	0.352***	0.491***		0.218***
价值共创　共同制订计划					0.333***	0.272***
价值共创　共同解决问题					0.281***	0.232***
价值共创　灵活做出调整					0.175***	0.147***
间接效应	$a_1 = 0.448$	$a_2 = 0.428$	$a_3 = 0.352$	$c = 0.491$		$c' = 0.218$
	$b_1 = 0.272$	$b_2 = 0.232$	$b_3 = 0.147$			
	$a_1 b_1 = 0.122$	$a_2 b_2 = 0.099$	$a_3 b_3 = 0.052$			
	$\Sigma ab = 0.273$			$c - c' = 0.273$		
Bootstrap 95%	[0.076, 0.157]	[0.059, 0.133]	[0.024, 0.085]			
中介强度	24.85%	20.16%	10.59%			
R^2	0.209	0.188	0.130	0.249	0.420	0.455
调整后 R^2	0.203	0.182	0.124	0.243	0.414	0.448
F	36.125***	31.589***	20.473***	45.367***	70.487***	70.937***
VIF	≤1.236	≤1.236	≤1.236	≤1.236	≤1.534	≤1.603
D. W.	1.997	2.016	2.038	1.961	1.953	1.926
样本量	690	690	690	690	690	690

注：*、**、***分别表示在10%、5%、1%的水平上显著。

在模型 4 中，平台赋能对企业绩效有显著的正向影响（回归系数 $c = 0.491$，$F = 45.367$，$P < 0.01$）。模型的方差膨胀因子（VIF 值）不超过 1.236，表明假设模型中不存在多重共线性；D. W. 值接近 2，证明了残差与自变量相互独立。因此，平台赋能对企业绩效存在显著的总效应，故假设 8.2 得到支持。

由模型 5 可知，共同制订计划、共同解决问题、灵活做出调整对企业绩效的回归系数分别为 0.333、0.281、0.175，且均在 1% 的水平上显著；$F = 70.487$，方差膨胀因子（VIF 值）不超过 1.534，D. W. 值接近 2，均通过检验。因此，共同制订计划、共同解决问题、灵活做出调整在平台赋能和企业绩效之间存在显著的间接效应，故假设 8.3a、假设 8.3b、假设 8.3c 均得到支持。

模型 6 表明，将中介变量（共同制订计划、共同解决问题和灵活应对改变）加入模型后，平台赋能对企业绩效的回归系数 c' 为 0.218，在 1% 的水平上显著；$F = 70.937$，方差膨胀因子（VIF 值）不超过 1.603，D. W. 值接近 2，均通过检验。由此可得，平台赋能对企业绩效的直接效应仍然显著，且 ab 与 c' 的符号相同均为正，说明了共同制订计划、共同解决问题、灵活做出调整均发挥部分中介作用，中介效应占总效应比例（$\Sigma ab/c$）为 55.60%，共同制订计划的间接效应强度（$a_1 b_1/c$）为 24.85%，共同解决问题的间接效应强度（$a_2 b_2/c$）为 20.16%，灵活做出调整间接效应强度（$a_3 b_3/c$）为 10.59%。由此，假设 8.4a、假设 8.4b、假设 8.4c 得到支持。进一步的中介效应检验表明，样本容量为 5000，在 95% 的置信区间下，0 不在中介效应的结果之中（其中，共同制订计划的取值范围为 [0.076，0.157]，共同解决问题的取值范围为 [0.059，0.133]，灵活做出调整的取值范围为 [0.024，0.085]），这表明价值共创存在显著的中介效应。

四、结论与启发

本节在平台生态系统的整体视角下，把握了平台赋能和价值共创这两个非常关键的影响企业绩效的因素，通过将传统赋能理论和价值共创理论拓展并整合到一个分析框架中，研究了跨境电商平台赋能影响企业绩效提升的机制。基于对 690 份出口跨境电商的问卷调查，得到的主要研究结论如下。（1）平台赋能对出口电商企业绩效有显著的正向影响。这表明处于生态系统中核心地位的平台能够通过"赋能"，使企业通过过程重组形成高阶能力，即通过交易匹配使企业把握市场机遇，优化企业的运营模式，驱动产品和服务创新，从而有利于企业绩效提升。（2）平台赋能对价值共创的三个维度（共同制订计划、共同解决问题、灵活做出调整）有显著的正向影响。基于大数据技术和信息服务，有平台赋能利于企业和平台"共同制订计划"；促进了参与各方实现各个层次的融合以"共同解决问题"；提升了资源整合的便利，有利于企业应对环境的变化而"灵活做出调整"。（3）价值共创的三个维度（共同制订计划、共同解决问题、灵活做出调整）对企业绩效有显著的正向影响，且价值共创在平台赋能和出口电商企业绩效之间起到部分中介作用，价值共创间接影响了平台赋能与企业绩效之间的关系。

本节在理论方面的贡献体现在以下三个方面。（1）构建了"平台赋能—价值共创—企业绩效"的综合研究模型，揭示了平台赋能转化为企业绩效的价值共创过程，通过把握平台与平台上经营企业之间的互动联系，反映了在平台生态系统中价值共创对于平台赋能向企业绩效转化的重要作用，弥补了有关机理研究的空白。（2）结合平台生态系统的特点，将传统赋能理论的研究从企业与顾客层面，拓展到平台与平台上经营的企业之间；基于资源基础理论和企业能力理论，对数字经济背景下平台赋能的内涵提出了深刻见解，并且厘清了平台赋能的基础及导向等重要问题。（3）以生态系统中各参与者之间协作互动的分析视角，应用于平台与平台上经营企业之间，从价值共创的三个维度（共同制订计划、共同解决问题以及灵活做出调整）分别进行分析，深刻反映出价值共创使得平台赋能不仅是由平台单向地赋予企业能力，还可以创造性地增加系统中总体的"能"（Stanton & Wright，2006），实现平台生态系统整体价值的增进。

本节研究也对出口企业充分利用平台赋能，提升出口绩效带来了以下管理的启示。（1）从事国际贸易的企业应通过积极融入平台经济，把握跨境电商平台赋能的发展机遇。平台赋能是企业基于过程重组、获取应对环境变动高阶能力的重要途径，企业应重视依托平台所具备的信息数字技术及强大的资源整合能力，运用平台赋能提供的共享和集约化的增值服务，实现基于新技术的运营流程在线化，提高在市场中供需双方匹配的精确度，有效提升企业绩效。（2）为了顺利实现平台赋能向企业绩效的转化，平台上经营的企业要致力于与平台建立良好的信任机制并形成利益共同体，一致推进有效的价值共创。双方应在全面的资源互补和完善的制度架构设计中，以共同制订计划来调整优化战略决策，以共同解决问题来促进问题满意解决的效率，以灵活做出调整来更好地把握市场机遇，这些价值共创行为将综合促进平台赋能对于企业绩效作用的效果。（3）在数字贸易蓬勃发展的背景下，跨境电商平台生态的发展正代表着传统贸易转型升级的机遇。各国企业尤其是中小企业仍然面临信息获取不足、海关程序复杂、信用甄别困难和贸易融资不足等参与国际贸易的障碍，本节研究为这些企业利用平台赋能作为创新发展的驱动提供了有益的启发。

第二节　跨境电商平台赋权对顾客忠诚度的影响机制*

第一节研究表明，跨境电子商务平台作为数字贸易发展的重要载体，通过平台赋能对我国出口企业绩效提升产生了重要作用，其视角属于供给侧的分析，是以跨境电商平台上的出口企业为调研对象。与之相对，本节将从需求侧开展研究，以跨境进口电商平台上的消费者为调研对象，通过516份顾客调研问卷及二阶结构方程模型进行实证分析，研究跨境进口电商平台赋权对于顾客忠诚度产生的影响，从中揭示出开展跨境电商平台贸易对于拉动市场需求所产生的影响，并阐释其具体的作用机制。顾客忠诚度提升将对全球产业链升级产生全面影响，在数字经济背景下，数据价值

　＊　本节内容全文参见已发表论文：朱勤，刘玥，郑梦洁. 互联网平台赋权对顾客忠诚度的影响机制研究［J］. 华东经济管理，2023，37（2）：111－119. 中国人民大学复印报刊资料《市场营销（理论版）》2023年第5期全文收录。

链将叠加在传统价值链中共同实现价值创造；跨境电商平台通过对顾客数据搜集、挖掘并转化为数据商业智能，将对传统全球产业链中各价值增值环节产生影响，此过程也是以价值为导向的顾客话语权提升的过程。

形成强大国内市场、构建新发展格局，是党的十九届五中全会提出的明确要求。在新发展格局中，我国经济发展更加重视内生发展的稳定性，扩大内需是构建新发展格局的战略基点。而跨境电商平台的发展，促进了流通新业态和新模式不断涌现，为繁荣内需、形成强大国内市场拓展了新空间。而本节研究表明，跨境电商平台赋权能显著地促进顾客忠诚度提升，顾客参与及顾客信任在内的顾客融入在其中发挥了中介作用。本节研究支持了跨境电商平台应优化赋权环境、重视顾客参与并增进顾客信任，有助于对更有效地发挥跨境电商平台供需匹配及降低交易成本的作用，促进我国"双循环"新发展格局中强大国内市场的形成带来启发。

一、理论分析与研究假设

（一）平台赋权与顾客忠诚度

跨境电商平台是具有双边市场特质的典型的互联网平台，可以直接连接供应商与顾客两端，通过独特的平台赋权机制，赋予顾客在网络消费更大的控制力。例如，天猫国际、网易考拉、京东全球购、唯品会、小红书等平台都不同程度地采取在线评价、用户生成内容、网络口碑、虚拟社交网络群体等多样化的对顾客赋权的举措。赋予消费者主动的控制权将使消费者更有动力分享和交流信息、参与虚拟社交网络互动，以及更愿意投入精力和时间使用平台，从而会对消费者持续使用行为产生正向影响。本节研究从赋权理论和顾客行为理论融合的角度，将平台赋权界定为跨境电商平台凭借其独特的数字信息技术和资源整合能力，与顾客达成了新型契约关系；依托数字化手段使顾客参与设计、生产、交易及售后服务的某些价值环节中，通过平台与顾客的价值共创提升产品和服务品质，实现了交易成本节约，从而更好地满足市场需求。

平台赋权有利于顾客忠诚度的提升，主要理由有以下三个。其一，平台赋权创造了更多顾客参与的机会，提供了顾客完成价值共创所需要的条件，在此过程中平台获取了更多数据和信息，有利于满足顾客需求，并提升顾客忠诚度。其二，平台赋能增加了顾客投入平台的精力和时间，提高了顾客的转移成本，这也意味着顾客如果要寻求替代性平台，则不得不投入新的搜寻及学习成本，并且承担相应的风险。其三，平台赋权使顾客与平台、供应商以及其他顾客之间形成了紧密联系，可以在网络组织中充分进行知识和信息交换，顾客通过分享他们的想法、意见、建议以及经验，都会使他们融入受欢迎、被倾听和关心的社交关系中（Sebastian et al.，2019），这提升了顾客的自我效能感和积极的主观体验。此外，平台赋能使顾客感受到他们的决策具有改变结果的意义，从而产生出归属感，使顾客更有可能与平台建立长期联系。因此，本节提出假设 8.5。

H8.5：跨境电商平台赋权对顾客忠诚度有显著的正向影响。

（二）平台赋权与顾客融入

顾客融入的概念，强调了企业在与顾客互动及共同创造价值中，产生了全新的客户体验。顾客融入不仅包括顾客形成口碑、参与评论或用户生成内容等行为，也包括顾客对组织文化的认可，以及对公司品牌产生的情感纽带及依恋（Hollybeek et al.，2016）。因此，本节研究从顾客参与和顾客信任两个角度来刻画顾客融入，它们分别代表了顾客行为和心理两个方面。

王海忠等（2017）认为，顾客参与需要顾客在服务中作出贡献，付出脑力、时间与情感等多种投入。当跨境电商平台赋予顾客更多的权利，顾客对于投入平台建设的主动性也会随之增强，并产生更多的参与行为。顾客参与主要包括三种形式。其一，分享信息。平台赋权使顾客获得更积极的体验，使之更愿主动交流和分享信息（杨晶等，2017）。其二，人际互动。心理所有权被认为是顾客参与的重要动机，平台赋权促进了积极的情感体验，使顾客更有动力参与人际互动（Kumar & Nayak，2019），通过在虚拟社群的人际互动，提高了企业知名度。其三，责任行为。平台赋权使顾客感受到获得了更大的选择权、知情权和影响力，增强了顾客的归属感和责任感，更愿意参与在线评价、用户生成内容和形成网络口碑，以及帮助新顾客解决相关问题，从而促进平台不断提升服务品质。

顾客信任可被理解为顾客认为产品和服务提供方具备了友善、能力和正直等特质。已有研究支持了顾客赋权对能力信任具有显著的正向影响（Zhang et al.，2018），即顾客更倾向于相信赋予他们更多自主权的企业，有能力提供高质的产品和服务。平台赋权使顾客在购物过程中，接收到更多的信息和知识，产生了积极的情感体验，有利于增强顾客对平台友善信任和正直信任，即顾客相信平台不会做出有损自身权益的机会主义行为。因此，本节提出假设8.6、假设8.7。

H8.6：跨境电商平台赋权对于顾客参与（分享信息、人际互动、责任行为）有显著的正向影响。

H8.7：跨境电商平台赋权对于顾客信任（能力信任、友善信任、正直信任）有显著的正向影响。

（三）顾客融入与顾客忠诚度

包含顾客参与和顾客信任在内的顾客融入对顾客忠诚度会产生影响，主要表现在以下三个方面。第一，顾客参与和顾客信任能够促进网络口碑的传播（Harmeling & Carlson，2016），有助于顾客忠诚度的提升。平台顾客将体验效果较好的产品和服务，通过用户生成内容、在线产品评价、网络社交群体等途径介绍给其他顾客，当积极的网络口碑形成一定的规模，就会使其他顾客产生购买意愿，并且可以巩固原有顾客的忠诚度。第二，顾客参与和顾客信任实现了平台与顾客的价值共创，强化了平台的竞争优势。依托数字化手段推动顾客参与产品和服务的研发设计、生产、交易及售后服务等价值环节，通过平台与顾客的共创价值，实现产品和服务创新、节约交易成本并提升顾客忠诚度。第三，顾客参与和顾客信任为平台搜集和积累与顾客偏好相关的数据创造了条件，有利于克服信息不对称，从而更好地满足顾客需求（林艳、于沙沙，2019）。在数字经济背景下，数据是平台关键资源和核心竞争力的来源，基于大数据技术及算法，通过分析顾客对单个产品或者服务的消费习惯及偏好，使得跨境电商平台可以改进产品及服务功能，从而促进顾客忠诚度的提升。

（四）顾客融入的中介作用

在本节研究构建的跨境电商平台赋权对顾客忠诚度的研究框架中，包含顾客参与和顾客信任在内的顾客融入作为传递渠道，发挥了重要的作用。

其一，平台赋权创造了更透明的信息和规则体系，促进了顾客参与和顾客信任，进而提升了顾客忠诚度。当顾客认为平台建立了透明的信息和规则体系，并且能够提供有竞争力的产品和服务，则意味着顾客已建立了对平台的信任（Kofi et al.，2018），即相信平台能确保质量、个人信息安全和高效的配送等。这使顾客对与平台的交易产生出积极的期望，并愿意增加投入该平台的精力和时间，从而有利于提升顾客忠诚度。

其二，平台赋权通过降低交易成本、规避一定程度的风险，促进了顾客参与和顾客信任，进而提高了顾客忠诚度。不确定性即风险始终伴随着网络交易而产生，跨境电商平台赋权通过促进顾客与平台、供应商和其他顾客之间产生更密切的联系，在一定程度上克服了信息不对称，从而降低了顾客对交易风险的预期；换言之，由于被赋予购物过程中的相应权利及信息渠道，顾客更有理由认为交易会按专业、公平和诚信的原则来开展；如果出现问题时，顾客也相信平台会快速反应并解决问题，这些对于提升顾客忠诚度非常重要。

其三，平台赋权通过顾客参与和顾客信任，促进了关系资本增长和稳定的顾客群体形成。当顾客认为平台会保障顾客切身利益，并将充分考虑顾客正当诉求而提供相应服务时，顾客将形成对平台的友善信任（Han et al.，2019）；此外，平台赋权使顾客更有理由相信平台不会因为短期利益而发生机会主义行为，由此产生对平台的正直信任，有助于平台积累需求侧的关系资本，获得稳定的顾客群体。因此，本节提出假设8.8、假设8.9。

H8.8：顾客参与（信息分享、人际互动、责任行为）在跨境电商平台赋权对顾客忠诚度的影响中发挥了中介作用。

H8.9：顾客信任（能力信任、友善信任、正直信任）在跨境电商平台赋权对顾客忠诚度的影响中发挥了中介作用。

本节研究的测量指标包含了两种结构，"平台赋权"和"顾客忠诚度"为一阶反应型变量，而"顾客参与"和"顾客信任"被处理为二阶形成型构念，均包含 3 个一阶维度来表达其含义。其中，"信息分享""人际互动""责任行为"构成了顾客参与的 3 个维度；"能力信任""友善信任""正直信任"构成了顾客信任的 3 个维度，以上 6 个一阶维度变量均为反应型。

二、研究设计及数据说明

（一）问卷设计

本节研究以跨境进口电商平台顾客为对象，采用问卷方式收集数据。问卷采用李克特式 7 级量表设计，其中，1 代表"非常不同意"，7 代表"非常同意"，问卷主要由三个部分构成：一是顾客在跨境进口电商平台的消费经历，包括使用何种电商平台以及近期购买的进口商品种类等；二是问卷主体部分，包括"平台赋权""顾客参与""顾客信任""顾客忠诚度" 4 个主要变量的测量，共计 30 个题项，变量的测量均在国内外研究中成熟量表的基础上，结合实际研究情境和专家意见修改形成；三是受访者个人基本情况，包括年龄、性别、可支配月收入、学历以及网购经验，作为研究中的控制变量。

（二）变量测量

（1）自变量为"平台赋权"。鉴于"平台赋权"并没有直接的量化研究，所以基于目前较普遍采用的顾客赋权量表（Zhang et al.，2018），结合跨境电商平台经济特点适当调整而形成平台赋权的量表，具体包含 5 个题项，包括"平台使我能够在与零售商的交易过程中掌握控制权""在平台的购物过程中我有权自由选择产品和服务""平台使我有权影响平台上零售商提供给我的选择""在平台的购物过程中我有权自由选择产品和服务""相对于过去我对于平台上零售商的影响力有所增加"。

（2）因变量为"顾客忠诚度"。"顾客忠诚度"测量借鉴了史等（Shi et al.，2018）的量表，结合电商平台的情境进行了适当调整，最终形成了5个测量题项，包括"我欣赏该平台，因为它能带给我轻松和舒适的购物体验""我喜欢使用该平台购物，因为它给我带来了很好的体验""转向另一个平台购物可能会很麻烦""转向另一个平台购物会浪费我在这个平台投入的时间和精力""转向另一个平台购物会浪费我在使用这个平台时获得的知识和技能"。

（3）中介变量有两个，分别为"顾客参与"和"顾客信任"。其中，"顾客参与"的测量依照卡森（Carlson，2018）的量表，包括"我花了很多时间来共享我的购物偏好""我经常和其他顾客分享我的想法""我总是在平台购物时提出改进产品或服务的建议"等共9个题项；"顾客信任"的测量依照欧等（Ou et al.，2014）的量表进行，包括"平台在我开展跨境线上购物方面发挥了很好的作用""如果我需要帮助，平台会尽力帮助我""我认为该平台处理问题是真诚的"等共11个题项。

正如前文所述，自变量和应变量所采取的量表是在成熟量表的基础上进行了适当调整，其原则是适应跨境电商平台的情境及测量的可操作性，处理过程如下：第一，选取代表性跨境进口电商平台商家，对其管理和具体业务部门工作人员采取会议访谈，初步了解这些平台对顾客赋权举措及预期效果，据此对上述变量的量表语义进行细化修改；第二，邀请跨境电商领域的业内专家，对修改后题项的语义及结构提出意见，进一步调整和优化问卷；第三，发放150份问卷进行预测试和预调研，充分考虑顾客对问卷的接受及感知，对存在问题进行进一步修正，形成最终完善的调查问卷。

（三）样本及数据收集

据《2020中国跨境电商市场发展报告》显示，中国跨境网购用户在一二线城市的占 70.1% ，年龄分布在 24 岁以下的占 47.4% ，25～30 岁的占 35.2%。[①] 这说明跨境进口电商平台的顾客群以城市青年为主，中老年由于数字鸿沟或心理距离等原因，尚未形成跨境进口平台购物的消费习惯。本次调研对象主要选择为在杭州市 8 个区居住，且曾在跨境进口电商平台拥有购物经验的城市青年，重点走访了高教园区、科技园和产业园区。本次调查在 2020 年 9 月至 10 月上旬进行，调研方法采取分层抽样和简单随机抽样相结合的方法，共计发放问卷 850 份，回收问卷后将不具有跨境网购经历以及填写时间少于 1 分钟的问卷剔除，同时将答题具有明显规律性或明显存在前后矛盾的问卷剔除，最终获得合格有效问卷 516 份，有效回收率为 60.71%。样本描述性统计如表 8-4 所示，从统计信息来看，样本结构选取较为合理，符合现实情况。

表 8-4　　　　　　　　　　　　样本的描述性统计（N=516）

特征	类别	频数	占比（%）	特征	类别	频数	占比（%）
性别	男性	199	38.566	年龄（岁）	≤25	197	38.178
					25～30	127	24.612
	女性	317	61.434		30～40	142	27.519
					>40	50	9.690
每月可支配收入（元）	≤3000	39	7.558	受教育程度	高中及以下	94	18.217
	3000～5000	87	16.860		大专	91	17.636
	5000～8000	135	26.162		本科	248	48.062
	>8000	255	49.419		硕士及以上	83	16.085
海淘经验（年）	≤1	198	38.372	海外生活经历（年）	无	358	69.380
	1～3	232	44.961		≤1	132	25.581
	3～6	64	12.403		1～2	20	3.876
	>6	22	4.264		>2	6	1.163

————————

① 跨境电商研究院. 2020 年中国跨境电商市场发展报告［R］. 2020.

三、实证检验结果分析

(一) 变量描述性统计

各变量的描述性统计分析结果如表 8 - 5 所示，在问卷设计及数据收集的过程中，已通过扩大问卷收集来源、改进量表题项、匿名调查等方式对共同方法偏差进行控制，但仍旧可能无法消除因样本来源背景一致、量表格式固定等导致相关变量信息存在共同方法偏差的问题。为此，采用哈曼（Harman）单因子检验法进行检验，具体做法是对全部变量进行探索性因子分析，检验未旋转的因子分析结果，若是只析出 1 个因子或某个因子解释力特别大，则判定为存在严重的共同方法偏差，通过探索性因子分析得到 8 个因子析出，且解释方差最大的因子所能解释的方差变异为 27.225%，小于 40%，表明数据不存在严重的共同方法偏差。

表 8 - 5　　　　各变量的描述性统计分析结果 （$N = 516$）

变量	最小值	最大值	平均值	标准差
平台赋权	1.600	7.000	4.540	1.162
顾客参与__信息分享	1.000	6.333	4.406	1.057
顾客参与__人际互动	1.000	6.667	4.317	1.181
顾客参与__责任行为	1.000	7.000	4.660	1.281
顾客参与	1.778	6.444	4.461	0.942
顾客信任__能力信任	1.500	7.000	4.826	1.244
顾客信任__友善信任	1.333	7.000	4.525	1.189
顾客信任__正直信任	1.250	7.000	4.630	1.104
顾客信任	2.000	6.818	4.673	0.942
顾客忠诚度	1.200	6.800	4.678	1.133

(二) 信度与效度检验

首先，对变量顾客参与、顾客信任进行二阶结构方程模型检验，通过检验可知，信息分享、人际互动、责任行为均属于顾客参与的二级变量，各因子贡献载荷均大于 0.5，说明可以进行二阶模型检验。同时，能力信任、友善信任、正直信任均属于顾客信任的二级变量，各因子贡献载荷均大于 0.5，可以进行二阶模型检验。

结构模型检验有意义的基础在于量表具有可靠的信度和效度。采用严重性因子分析，进行测量模型评价，包括检验每个变量的信度、聚合效度和区分效度，其中信度评价一般要求每个构念 Cronbach's α 以及组合信度的值大于 0.70。从表 8-6 来看，Cronbach's α 值整体为 0.907，所有潜变量的 Cronbach's α 的值都超过 0.70，且各潜变量的组合信度均大于 0.7，说明测量模型具有可靠的信度。

表 8-6 变量的 CR 和 AVE 值（$N=516$）

潜变量	测量项	因子载荷	CR	P	Cronbach's α	组合信度	AVE
顾客参与	信息分享	0.683			0.876	0.772	0.531
	人际互动	0.707	9.819	***			
	责任行为	0.792	9.814	***			
顾客信任	能力信任	0.746			0.886	0.769	0.526
	友善信任	0.776	9.539	***			
	正直信任	0.751	9.869	***			
平台赋权	PE1	0.755			0.890	0.891	0.619
	PE2	0.803	18.258	***			
	PE3	0.801	18.192	***			
	PE4	0.797	18.111	***			
	PE5	0.778	17.638	***			
顾客忠诚度	CL1	0.781			0.916	0.917	0.689
	CL2	0.875	21.925	***			
	CL3	0.864	21.593	***			
	CL4	0.846	21.033	***			
	CL5	0.778	18.937	***			

测量模型的区分效度检验结果如表 8-7 所示。每个潜变量的 AVE 值平方根都超过各潜变量之间的相关系数，由此说明，测量模型的区分效度是较为适宜的。同时，数值偏大的因子负荷几乎都在希望的构面上，满足交叉负荷准则，表明潜变量的区别效度符合结构方程的建模要求。从以上

分析可得，测量模型具有良好的信度和效度，满足进行结构模型估计和检验的条件。

表 8 - 7 各变量之间的相关系数和区别效度检测（$N = 516$）

项目	平台赋权	顾客忠诚度	顾客参与	顾客信任
平台赋权	**0.729**			
顾客忠诚度	0.386	**0.725**		
顾客参与	0.377	0.434	**0.787**	
顾客信任	0.371	0.367	0.328	**0.830**

注：对角线加粗的数值为 AVE 值的均方根值。

（三）结构模型检验

根据理论及研究假设，构建变量之间的影响关系模型。采用 AMOS 24.0 软件进行结构方程分析，具体的拟合度指标如表 8 - 8 所示。卡方值与自由度之比为 1.991 < 3.000，表示模型适配度良好；分析其他适配度指标，可以发现各指标表现较好，总体上模型拟合情况较佳，说明假设理论模型与实际数据之间契合较高，模型结果较有说服力。

表 8 - 8 结构模型拟合优度分析

适配度检验指标	适配标准	模型结果	结论
CMIN/DF	1 ~ 3	1.991	良好
RMSEA	< 0.080	0.044	良好
SRMR	< 0.080	0.071	良好
GFI	> 0.900	0.909	良好
CFI	> 0.900	0.958	良好
IFI	> 0.900	0.958	良好
PNFI	> 0.500	0.832	良好

由于中介变量顾客参与、顾客信任被处理为二阶形成型构念，因此采用了两阶段法来进行模型的估计：在第一阶段，两个潜变量的一阶维度的因子得分采用重复指标法获得；在第二阶段，将一阶维度的因子得分视为二阶构念的反映性指标来进行。表 8 - 9 为一阶维度与二阶潜变量之间的路

径系数。根据检验结果，顾客参与的 3 个一阶维度的路径系数均显著且数值相近，说明信息分享、人际互动、责任行为这 3 个维度在形成顾客参与上有着同样重要的作用；顾客信任的 3 个一阶维度的路径系数均显著且数值差异不大，其中，正直信任在形成顾客信任上发挥的作用最大，其次是能力信任和友善信任。

表 8 - 9　　　　　　　　一阶维度和二阶构念之间的路径系数

二阶潜变量	一阶维度	路径系数
顾客参与	信息分享	0.397 ***
	人际互动	0.403 ***
	责任行为	0.400 ***
顾客信任	能力信任	0.418 ***
	友善信任	0.327 ***
	正直信任	0.446 ***

注：*** 表示 $P < 0.001$。

最终结构模型检验结果如表 8 - 10 所示，结果表明，平台赋权（β = 0.240，$P < 0.001$）对顾客忠诚度有显著的正向影响，假设 8.5 得到支持，即平台赋权程度越高则更有利于获得顾客的认可，促使顾客忠诚度提升。平台赋权（β = 0.388，$P < 0.001$）对顾客参与有显著的正向影响，平台赋权（β = 0.333，$P < 0.001$）对顾客信任有显著的正向影响，假设 8.6 和假设 8.7 得到支持，通过比较路径系数，发现平台赋权对二者的影响无显著差异，这说明平台赋予顾客更多权力，将同时对顾客行为和对平台的认知产生积极影响。一方面，促使顾客网购时更愿意分享信息、开展人际互动、承担责任行为；另一方面，促使顾客对平台产生更多信任，表现为对于平台的能力信任、友善信任和正直信任的提升。此外，顾客参与对顾客忠诚度的标准路径影响系数为 0.205，达到显著性水平，说明顾客参与对顾客忠诚度有显著的正向影响；顾客信任对顾客忠诚度的标准路径影响系数为 0.221，也达到显著性水平，说明顾客信任对顾客忠诚度产生了显著的积极作用。综上所述，所有假设均得到了检验结果的支持。

表 8－10 模型的基本路径检验

路径	路径系数 β	标准误	临界比（t）	P 值	是否支持假设
假设 8.5 平台赋权→顾客忠诚度	0.240	0.056	4.387	0.000	支持
假设 8.6 平台赋权→顾客参与	0.388	0.045	6.535	0.000	支持
假设 8.7 平台赋权→顾客信任	0.333	0.057	5.773	0.000	支持
顾客参与→顾客忠诚度	0.205	0.078	3.624	0.000	支持
顾客信任→顾客忠诚度	0.221	0.058	4.001	0.000	支持

基于 Bootstrap 方法，对顾客参与和顾客信任在平台赋权对顾客忠诚度影响中所发挥的中介效应进行检验。该方法要求样本量选择 2000，若在 95% 置信区间下的中介检验结果不包含 0，说明对应的间接、直接或总效应显著存在。检验结果如表 8－11 所示，Bootstrap 中介效应检验中 2000 次迭代的 95% 置信区间结果均不包含 0，且均通过显著性检验。其中，在总效应中平台赋权对顾客忠诚度的总效应值为 0.394，2000 次迭代的 95% 置信区间为 [0.292，0.488] 且不包含 0，这表明存在总效应；在间接效应中，平台赋权通过顾客参与对顾客忠诚度的间接效应值为 0.081，置信区间为 [0.021，0.163]，且不包含 0，这表明存在间接效应，即平台赋权通过顾客参与对顾客忠诚度产生显著的影响；平台赋权通过顾客信任对顾客忠诚度的间接效应值为 0.074，置信区间为 [0.034，0.137]，且不包含 0，这表明间接效应存在，即平台赋权通过顾客信任对顾客忠诚度产生显著的影响；在直接效应中，平台赋权对顾客忠诚度的效应值为 0.240，置信区间为 [0.126，0.366]，且不包含 0，这表明存在直接效应。

表 8－11 中介效应检验结果

路径	效应值	SE 值	置信区间	
			下限	上限
总效应 平台赋权→顾客忠诚度	0.394	0.050	0.292	0.488
间接效应 总中介检验	0.154	0.040	0.084	0.245
假设 8.8 平台赋权→顾客参与→顾客忠诚度	0.081	0.037	0.021	0.163

续表

路径	效应值	SE 值	置信区间	
			下限	上限
假设 8.9 平台赋权→顾客信任→顾客忠诚度	0.074	0.025	0.034	0.137
直接效应　平台赋权→顾客忠诚度	0.240	0.056	0.126	0.366

综上所述，顾客参与和顾客信任起到了部分中介作用，假设 8.8 和假设 8.9 均得到了支持。顾客参与在平台赋权对顾客忠诚度的影响路径上起到显著的部分中介作用；顾客信任在平台赋权对顾客忠诚度的影响路径上也起到显著的部分中介作用。进一步比较两个中介变量在平台赋权对顾客忠诚度影响路径上的中介效应大小，可以发现，顾客参与起到的中介效应（效应值为 0.081）要较高于顾客信任（效应值为 0.074）起到的中介效应，这说明顾客行为和心理的变化都在平台赋权的过程中起到了重要的作用，但顾客参与行为的变化造成的影响更大。

四、结论与启示

本节研究以跨境进口电商平台为例，通过对 516 份顾客有效调研问卷的分析，基于二阶结构方程模型验证了平台赋权对顾客忠诚度的影响机制。研究结果如下。（1）跨境电商平台赋权对顾客忠诚度具有显著的正向影响。平台赋权对顾客参与的 3 个维度，即信息分享、人际互动和责任行为，均具有明显的积极作用；同样，平台赋权对顾客信任的 3 个维度，即能力信任、友善信任和正直信任，也均具有明显的积极效应。（2）顾客参与和顾客信任各自包含的 3 个维度，分别对顾客忠诚度存在显著的正向影响。经过 Bootstrap 中介效应检验，进一步确定了平台赋权对顾客忠诚度的提升效果是通过顾客参与和顾客信任两种路径发挥的。

在智能化、数字化时代，国内市场消费需求日益多样化、个性化。当前，拉动更大规模、更高层次和更高质量的国内需求，已成为我国构建新发展战略的重要战略基点。本节研究结论为跨境电商平台更好地满足市场需求、提高顾客忠诚度带来启发，与之对应的具体建议从强化赋权机制、优化运营系统、规范治理体系这三个方面展开。

第一，强化跨境电商平台赋权机制，营造平台赋权环境。数字经济背景下，平台赋能通过赋予顾客选择权和自主权，更好地挖掘和满足顾客差异化需求，对于顾客忠诚度提升至关重要。通过数据价值链的运转，平台赋予顾客产品定制、用户生产内容、网络口碑、虚拟社区互动等环节更多的选择权和自主权，而这必然要求平台进行系统的制度设计，常见的包括会员制度、信息反馈激励、积分奖励制度等增强顾客效用的体系，促进顾客忠诚度提升。

第二，优化跨境电商平台运营系统，提升顾客参与意愿。与顾客共同完成价值创造是跨境电商平台构筑竞争优势的重要途径，平台应通过优化运营体系鼓励更多的顾客参与。例如，提高顾客在线互动的舒适感，重视顾客信息和数据反馈，将在线评价、网络口碑有机融入平台运营流程；建设虚拟社群时，设置特色主题区域促进顾客交流和互动；激发顾客参与的主动性，妥善解决顾客在参与中可能遇到的问题，确保顾客参与的高效运作。

第三，规范跨境电商平台治理体系，切实培育顾客信任感。平台应致力于顾客权益保护，实施科学的平台治理，这主要包括：防范数据泄露及不正当使用的风险，加强对顾客个人隐私保护；避免以数据和算法控制，杜绝对顾客实施不公平的差别待遇；发挥平台对产品和服务品质的监督职能，制定透明的规则体系来引导平台商家公平竞争；全方位强化平台的配套服务功能，只有切实培育顾客信任感，才能更有效地提升顾客忠诚度，从而做到高质量引领和创造市场需求。

第三节　服务贸易企业数字化转型与价值提升路径*

我国服务贸易企业通过数字化转型提升全球产业链分工位势的实践，

---

　　* 本节内容全文参见论文：周蕾，朱勤，夏晴. 全球化战略背景下会展服务企业的数字化转型路径分析——以浙江米奥兰特商务会展股份公司为例，该文获得中国国际贸易学会2023年"中国外经贸改革与发展"征文优秀奖。

为机制验证提供了丰富的案例研究基础。在全球贸易数字化的新背景下，服务贸易企业通过业务流程的数字化赋能、商业模式的数字化升级，以及产业体系的数字化融合，实现了数字化转型，从而与客户、市场和相关企业形成了基于数据整合的价值共享生态系统。本章采用扎根理论的三步编码方法，以服务贸易企业浙江米奥兰特为案例研究对象，构建了服务贸易企业数字化转型的理论模型，研究了服务贸易企业数字化转型的关键影响因素和路径。服务贸易会展企业浙江米奥兰特通过业务流程、商业模式和产业体系的数字化转型，不仅创造了全新形式的商业价值，实现了打造自主产权、自主品牌、独立办展等核心竞争力，既为客户创造了社会服务价值，也实现了企业与客户的价值共享共赢。本节融合了数字化转型理论、生态理论和创新理论，揭示了服务贸易企业价值提升的数字化路径和作用机制。

一、研究方法与方案设计

数字化转型表现为由信息技术促发企业生产制造、组织方式等经营各环节的转变，进而推动企业创造价值的过程（Li L. et al.，2018；Vial，2019）。在过去的 20 年中，数字化转型相关文献从数字化转型的动因（Chatterjee et al.，2002；Verhoef et al.，2021）、转型模式（Kim et al.，2007）、转型策略（Saadatmand et al.，2019；刘意等，2020），以及价值创造（Nambisan et al.，2019；孙新波等，2021）等方面对数字化转型进行了讨论。由于数字技术与数字平台迅速被企业广泛采用，数字化转型涵盖了商业模式、组织战略、文化以及商业联盟建设等领域的深刻变革（Berman，2012；Cui et al.，2015；张骁等，2019；孙新波等，2019；肖静华等，2020）。现有数字化转型研究主要集中在数字技术在制造企业或制造行业的应用（Taylor et al.，2019；Vial，2019；孔存玉等，2021），缺少系统的动态发展路径体系研究，且研究对象往往是制造企业或零售企业，很少涉及服务贸易企业的数字化转型。本节将考察浙江米奥兰特这一企业案例，构建服务贸易企业数字化转型和机制成长路径的理论模型，并进行深入的案例分析。

（一）案例基本情况

根据研究问题和目标，本节选取了浙江米奥兰特为单案例研究对象，浙江米奥兰特成立于 2010 年，并于 2019 年 10 月 22 日在深交所创业板挂牌，公司主营境外会展策划、组织、推广及运营服务，主要为"中国制造"企业量身打造拓展全球市场，特别是开拓"一带一路"市场提供数字营销方案，是一家打造"自主产权、自主品牌、独立运营"的互联网服务贸易企业。案例选择主要有以下三个原因。第一，浙江米奥兰特积极开拓数字展览业务，与本节研究主题数字化转型完全契合。作为中国会展第一股，服务贸易企业浙江米奥兰特从线下出国展览转型为数字展览，开拓的线上数字展览会已在全球处于领先位置。2020 年，新冠疫情开始以后，已经累计为上万家企业提供了服务。第二，浙江米奥兰特打造的数字展览新模式，为本节研究探寻数字化转型的关键因素提供丰富的实践素材和支撑。浙江米奥兰特在传统会展业务的基础上，以大数据为驱动，通过全球海关数据和展览买家数据相结合，线上线下推广和运营相结合，打造了全新的数字展览新模式。第三，浙江米奥兰特的境外自办展处于国内会展行业的领先位置，其数字化转型的经验具有一定说服力。米奥兰特国际会展在境外办展规模之大、自办展数量之多、办展质量之高，是目前国内其他专业展览公司距之甚远的，也是国际展览联盟（Union of International Fairs，UFI）的成员单位。

（二）数据分析策略

对收集到的资料采用扎根理论的三步编码方法（毛基业、陈诚，2017），图 8 - 1 展现了数据编码过程与最终的编码结果。第一级开放式编码将所有概念归纳整理为 39 个副范畴，第二级轴心式编码将 39 个副范畴归纳到 14 个主范畴中，第三级选择式编码形成 5 个核心范畴及理论框架。

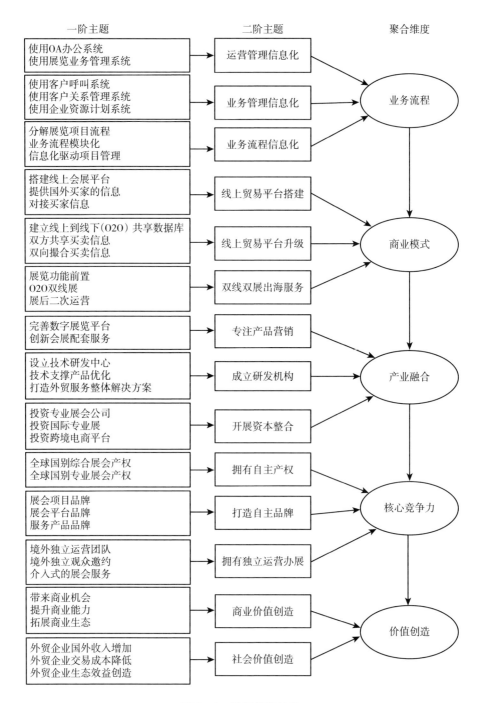

图 8 - 1　数据编码结果

焦豪（2022）提出的企业数字升级理论，指出企业数字化升级的路径可以从业务流程数字化、商业模式数字平台化、产业体系数字生态化三个方面入手，为本章研究分析企业数字化转型提供了一个很好的框架。在本章研究分析框架中，业务流程数字化赋能、商业模式数字化升级、产业体系数字化融合构成服务贸易企业数字化转型的行动策略，企业价值创造是服务贸易企业数字化转型的结果，数字化核心竞争力打造是支撑服务贸易企业数字化发展的关键前提条件。

（三）资料采集过程

本章研究采用三角测量法，通过一手访谈资料和二手收集资料，整理出原始资料。其中，一手资料的来源包括：（1）对浙江米奥兰特董事长、运营部总经理、技术人员、运营专员进行了深度的访谈，每次访谈时间持续 1.5 小时以上，对买家、展商访谈资料进行整理；（2）对浙江米奥兰特企业进行为期 6 天的实地调研和实地观察，近距离接触浙江米奥兰特线上会展平台网展贸，了解其双线展的具体运营，直观感受了信息与科技系统；（3）对浙江米奥兰特的部分重点客户进行了访谈。研究组调研从 2022 年 6 月 17 日开始，至 2022 年 8 月 30 日结束。根据研究内容需要，后期进行了三次补充调研。二手资料的收集包括：（1）公开发表有关浙江米奥兰特的新闻、论文以及专题材料中的文章，主要在百度、新浪财经和中国知网网站以"米奥兰特"为主题词进行检索；（2）浙江米奥兰特公司主页、微信公众号、上市公司年度报告、行业报告等公开资料；（3）浙江米奥兰特公司提供的相关内部资料。在数据收集过程中，研究组成员对收集整理的资料反复核对，以交叉检验资料的可靠性，并确保案例分析具有一致性。

二、案例研究过程分析

基于数据分析，本章研究梳理了浙江米奥兰特进行数字化的全过程，主要包含业务流程数字化赋能、商业模式数字化升级、产业体系数字化融合、数字化核心竞争力打造、服务贸易企业价值创造五个方面。

（一）业务流程：数字化赋能

数据表明，浙江米奥兰特主要基于数字技术驱动进行业务流程的数字化赋能，包含三个方面，二阶主题的具体编码与证据示例如表 8 – 12 所示。

表 8 – 12　　　　　　　　业务流程数字化赋能编码与示例

二阶主题	一阶构念	相关引文与证据
运营管理信息化	使用 OA 办公系统	"对内的信息化 2008 年就开始了，我们开始使用 Call Center、CRM、OA，整个企业管理系统信息化，我们到后来全部使用 Oracle 的 ERP。"
	使用展览业务管理系统	
	使用企业资源计划系统	
业务管理信息化	使用客户呼叫系统	2009 年 7 月，呼叫中心在上海正式成立，为集团下一步的快速发展奠定了更具规模效益的业务拓展模式基础
	使用客户关系管理系统	自 2008 年初开始，使用了 Call Center、CRM 客户管理等信息管理项目，大幅提升了客户服务水平
业务流程信息化	分解展览项目流程	"一般一个展览会除了人事部和行政部是独立的，如果按照业务的话，它一般是按项目分的，项目组做什么项目，但是我不按项目，我是把一个项目的工作分成很多流程，整个公司一条大流水线。"
	业务流程模块化	"我们公司是流水作业的，没有项目经理的。整个公司一条路走线，是工业化生产，做展览没有周期，形成业务流程模块化，专人专业负责业务模块。"
	信息化驱动项目管理	"一个展的整个管理体系是靠信息化，信息化在自动地驱动。"

资料来源：课题组调研访谈采集。

首先，运营管理和业务管理信息化。自 2008 年初开始，浙江米奥兰特在国内展览行业率先在企业内部启动了信息化建设，先后使用了 OA 办公自动化、客户呼叫系统（call center）、客户关系管理系统（CRM）、客户管理展览业务管理系统、企业资源计划系统（ERP）等信息管理项目，整个企业的运营和业务管理实现了信息系统的数字化管理，大幅度提高了工作效率和客户服务水平。

其次，业务流程信息化。不同于其他会展公司的项目制，浙江米奥兰特按照展览流程设置部门，将每一个国际会展项目分解成立项、策划设计、场馆确定、招展招商、现场管理、会中互动、会后评估、客户后期跟踪等环节，形成业务流程模块化，专人专业负责业务模块，形成一条办展的流水线，公司所有项目全部在一条流水线上完成；同时以信息化管理手段，打通业务流程之间的数据互通，实现（展览）信息流驱动公司业务发展，优化业务场景应用，达到了全球办展的能力。

（二）商业模式：数字化升级

浙江米奥兰特核心业务线上贸易展览平台的数字化升级，主要经历了三个阶段，二阶主题的具体编码与证据示例如表 8 – 13 所示。

表 8 – 13　　　　　　　　　商业模式数字化升级编码与示例

二阶主题	一阶构念	相关引文与证据
线上贸易平台搭建	搭建线上会展平台	2014 年，米奥兰特搭建了"网展贸"线上贸易平台
	提供国外买家的信息	"网展贸"建成初期主要为参加境外展会的中国客商提供国外买家的准确信息
	对接买家信息	"网展贸"实现了买家信息分国别、分语种、分客商的精准对接服务
线上贸易平台升级	建立 O2O 共享数据库	利用云计算和大数据，积累全球 154 个国家的海关提单数据，建立了 O2O 的共享数据库
	双向共享买卖信息	"突破传统守株待兔式展览业态，做到了买卖双方信息共享，参展前共享双方信息，买家主动提供采购需求，而参展商可以定向邀约。"
	双向撮合买卖信息	"双向参展的时候信息相互触发，以人工匹配和智能推送的形式提供对应的商机信息。"
双线双展出海服务	展览功能前置化	展前半个月完成企业 Trade China 平台入驻，行业运营专家对展商进行展前服务对接，展商提交意向邀约买家清单，邀约精准买家到场，外贸服务团队完成基础产品介绍
	O2O 双线展	境外线下实体展，样品出海，买家到场；境内线上在线谈，外贸服务团队协助展商和现场买家 1 对 1 线上云商洽
	展后二次运营	后续订单持续跟进，线上线下全部买家采购需求再次检索匹配

资料来源：课题组调研访谈采集。

2014 年，浙江米奥兰特搭建了"网展贸"线上贸易平台。该平台为参加境外展会的中国客商提供国外买家的准确信息，实现了买家信息分国别、分语种、分客商的精准对接服务。2020 年，新冠疫情对会展业造成了重大打击，浙江米奥兰特加大研发力度，基于数字化技术打通国际贸易交易链条中的信息交换瓶颈，将"网展贸"平台升级为"网展贸 MAX"，建立 O2O 共享数据库，提供客商展示、供求信息撮合、贸易在线实时商洽、客商征信核查等一系列由信息数据互联、互通、互享支持下的在线贸易服务功能，实现在线数字展览转型。由浙江米奥兰特独家打造的全球买家精准搜索平台米奥探索（Meo Discovery）提供全球提单买家查询搜索服务，可根据产品关键词、公司信息搜寻买家，解决传统展览的买卖信息不对称问题。

结合线下展览向数字化转变提速，在扩张在线数字展"网展贸 MAX"外，挖掘线下展会和线上展览业务的融合点，浙江米奥兰特创新了"网展贸 Meta"的双线数字化会展运营平台，其核心为"境外线下商品展，境内线上对口谈"，具体为：境外搭建展厅，展前 13 天展客商线上接洽，意向买家发出邀约；展中 3 天，人货场双线深度沟通，现场看样订货；展后 15 天，展客商二次运营，对尚未接触的潜在客户进行深度挖掘及数据分析。双线数字展改变传统展会，转变为展前撮合、展中下单，把展览的核心功能前置化，帮助参展企业实现"展品出海，展商上线；买家到场，即时商洽"的参展模式，企业样品提前寄到境外展馆，展会期间中国展商与海外买家到场，即时在线交流。浙江米奥兰特 2022 年时计划在全球 13 个不同区域市场举办 18 场展会。

（三）产业体系：数字化融合

当外贸数字化正在从信息互动、交易服务向整个外贸营销、供应链服务全面延展，为了打造一系列的外贸服务数据解决方案，浙江米奥兰特基于数字生态共生进行了产业数字化融合，主要从三个方面展开，二阶主题的具体编码与证据示例如表 8 - 14 所示。

表 8 – 14 产业数字化融合编码与示例

二阶主题	一阶构念	相关引文与证据
专注会展服务数字创新	完善数字展览平台	新型数字展览平台（Trade China）提供在线数字资讯、在线数字展示、在线数字撮合、在线大数据挖掘和在线数字商洽五大服务板块，以数据搜索、人工智能数据挖掘、数据精准匹配为服务机制
	创新会展配套服务	以展商需求为核心，对优质展商提供需邀约买家，境外呼叫中心定向邀约服务，保证买家到展
成立研发机构	设立技术研发中心	2021 年，浙江米奥兰特成立了米奥兰特（浙江）网络科技有限公司（简称米奥科技），在杭州设立了技术研发中心
	技术支撑产品优化	2020～2021 年，米奥科技共获得 3 项发明专利证书、21 项计算机软件著作权登记证书，旗下"网展贸"数字外贸综合服务平台是国家服务贸易联席会议推出的首批全国推广示范案例
	打造外贸服务整体解决方案	"一旦撮合成生意了，实施供应链金融服务才能做成，整个加起来是一条外贸产业链。那么接下来米奥科技就要提供一套以数字为核心的外贸服务解决方案。"
开展资本整合	投资专业展会公司	米奥兰特（浙江）股权投资有限公司（简称米奥投资）投资了深圳华富展览服务有限公司，借助深圳华富展览服务有限公司在国内深耕教育装备展市场的优势，把教育装备展移植到全球各主要集散市场
	投资国际专业展	米奥投资投资了中纺广告展览有限公司，利用其在日本市场培育多年的亚洲成衣展，弥补浙江米奥兰特全球办展布局中对日本市场的空白，同时也为下一步把浙江米奥兰特在全球举办的品牌展移植日本市场奠定了可能
	投资跨境电商平台	米奥投资投资了杭州数鲲科技有限公司，为浙江米奥兰特带来了外贸大数据营销的服务能力；米奥投资投资杭州米陌信息科技有限公司，为浙江米奥兰特带来了跨境电商多平台管理和谷歌、Facebook 等平台的广告投放的 SAAS 服务能力，等等

浙江米奥兰特秉承为中国制造量身打造全球展览营销平台为目标，通过数字化建设会展营销服务平台提升自己的核心服务能力。特别是新冠疫情以来，浙江米奥兰特建设的新型数字展览平台（Trade China）功能强大，提供在线数字资讯、数字展示、数字撮合、大数据挖掘和数字商洽等

服务板块。此外，浙江米奥兰特注重国外展会的配套服务，在展会当地搭建呼叫中心，组建本地化的运营团队，对报名到展的买家进行一对一的人工电话信息确定及到展邀约动作，保证买家的活跃度及到展率。

（四）数字化核心竞争力打造

浙江米奥兰特在数字化升级的过程中，围绕其核心竞争力的打造而展开，数据表明其核心竞争力主要体现在以下三个方面，二阶主题的具体编码与证据示例如表 8 - 15 所示。

表 8 - 15　　　　　　　　数字化核心竞争力打造编码与示例

二阶主题	一阶构念	相关引文与证据
拥有自主产权	全球国别综合展会产权	打造全球的 Trade China 展会，并申请为知识产权。Trade China 线上展厅开展展期 31 天持续线上对接买家
	全球国别专业展会产权	打造 Homelife、Machinex 线下展会，申请知识产权
打造自主品牌	展会项目品牌	从 2003 年起，米奥兰特国际会展开始探索在国际自主举办展览以来，历经 10 多年，已成功在全球九个热点市场培育品牌主题展
	展会平台品牌	打造平台品牌，比如 Teabe China 展会
	服务产品品牌	打造"网展贸"等服务产品品牌
拥有独立办展能力	境外独立运营团队	境外运营中心汇聚本地化专业人士，提供高深度的境外推广，响应海外买家的采购需求，推进中国产品品牌的"走出去"，对接海外优质买家资源
	境外独立观众邀约	展会当地搭建呼叫中心，组建本地化的运营团队，对报名到展的买家进行一对一的人工电话信息确定及到展邀约动作，保证买家的活跃度及到展率
	介入式的展会服务	"这是我们第一次参加这种展会，也是我们最新产品在国际舞台上的第一次亮相，目前来说我们得到的反馈效果都挺好的。对于第一次就能有不错的效果，主要是这种'保姆式'的服务。我们对接的运营人员一直在手把手教我们怎么推进。"

资料来源：课题组调研访谈采集。

中国在境外办展往往以中国商品展或某地方商品展的形式出现，这样的展会没有辨识度，受到市场的认可度较低，也不利于展会品牌的知识产权归属。浙江米奥兰特董事长潘建军深谙没有知识产权的展会市场价值极低，从2003年开始完成境外自主办展的设计，2004年在近东的约旦举办第一个自主展览。

自主品牌有助于强化浙江米奥兰特的差异化程度，享有高回报的经济和社会效益，提高浙江米奥兰特的国际竞争力。浙江米奥兰特在布局国别综合展中主要打造全球的Trade China展会，因此，从2003年起，浙江米奥兰特开始探索在国际自主举办展览以来，从展会的项目、平台、服务产品三个层面创办了企业的品牌，打造了HOMELIFEHE、MACHINEX、AFF展三个品牌主题展，以及Teabe China等平台品牌，"网展贸"等服务产品品牌。最终在全球13个国家形成得到市场认知的品牌展会。

浙江米奥兰特原来是从事境外展览代理组展服务，企业核心能力为展商组织和商旅服务能力，并不具备独立办展能力。但为了提高浙江米奥兰特的竞争力和影响力，境外自主展览是必然的趋势。董事长潘建军当时指出，到境外自主办展要突破跨文化营销和自主办展能力的困境，国际一流展览公司引进的国际团队以及自主办展团队是保证展会国际专业水准的基础。因此，浙江米奥兰特从境外独立运营团队、境外独立观众邀约能力、介入式的展会服务三个方面打造境外独立办展能力。首先，筹建独立组展团队。为了达到海外自主办展的目标，浙江米奥兰特在引进世界第二大展览公司的境外高管后，以境外高管为牵头，筹建独立组展团队，用三年时间完成了独立组展商团队的建设工作，解决了组织的跨文化问题，对境外自主办展有了组织保障。其次，具有境外独立观众的邀约能力。浙江米奥兰特积累买家资料，把各行业的提单买家数据线上化，整合成一个核心数据库，展商通过这个数据库进行大买家的筛选，可选择自己心仪的买家，从而拿到联系方式，并快速建立线上沟通，实现精准匹配，具备观众的独立邀约能力。最后，具有介入式的展会服务能力。不同于其他简单对接的数字展会，浙江米奥兰特运营团队采取全程介入式服务，从前期展会布置，到展中会议开始，再到展后结束，提供专人对接的"一对一"服务。根据行业划分，给每家参展企业配备一名参展助理与外贸服务人员，参展助理负责在现场招待买家，提供优质的产品体验；外贸人员负责买家在询盘过程中的沟通、及时协助以及翻译服务。这种无缝对接式介入式服务能弥补线上展会的不足，受到客户的一致好评。

（五）服务贸易企业价值创造

浙江米奥兰特的价值创造是企业经营过程的结果与具体表现，本案例中浙江米奥兰特既为自己企业创造出了不同形式的商业价值，还为受新冠疫情所困的外贸企业创造了社会价值，特别是为一些中小微外贸企业带来了商机，该范畴下二阶主题的具体编码与证据示例如表 8 - 16 所示。

表 8 - 16　　　　　　　　服务贸易企业价值创造编码与示例

二阶主题	一阶构念	相关引文与证据
商业价值创造	带来商业机会	改善传统线下展览受到时间、空间限制的情况，对未来数字展览和外贸的发展起到深远影响和意义
	提升商业能力	浙江米奥兰特推动了中国线上数字展览产业的标准化发展，展现中国线上数字展览的先进性和规范性
	拓展商业生态	"我们要打造一套外贸的服务解决方案，外贸的服务当然是以数字为核心，传统的服务我就不说了，就是以一套数字解决方案。那么除了展览以外，我还要赚其他的钱，从商业模式上讲就是要使我们的服务更加有深度，除了赚一个展位的坑位费，还要赚流量费。"
社会价值创造	外贸企业国外收入增加	2022 年，中国（土耳其）贸易博览会吸引了来自浙江、广东、福建、江苏、山东等近 200 家企业参展，其中包括中国知名民族品牌，比如浙江杭叉集团有限公司、浙江茶叶集团股份有限公司、恒信永基科技有限公司等龙头企业。其中，杭州某工艺纺织品有限公司在展会现场邂逅 Trade China 常客，最终成交 2 个柜，金额为 96525 美元
	外贸企业交易成本降低	2022 年，中国（土耳其）贸易博览会中有些外贸企业甚至达成获客成本低至 200 元，让企业实现"零感染、低成本、高接客"
	外贸企业生态效益创造	"形成遍布全球的自主办展的平台生态形态后，居于原来平台内的使用者的参展效率和效能会成倍提升，从而会自动吸引更多的企业积极登录，也会吸引更多地域的外向型政府等其他受众主动参与进入。"

资料来源：课题组调研访谈采集。

1. 商业价值创造

数据显示，浙江米奥兰特随着全球展览的布局以及数字化的转型，创造出了自身的商业价值，主要表现在带来新的商业机会、构建新的商业能力以及拓展新的商业生态。

首先，浙江米奥兰特在新冠疫情的影响下，以数字化为载体，充分发挥数字外贸综合营销平台，为企业带来新的商业机会。海外多国群体免疫政策下，新冠疫情发展还未得到抑制的情况下，国外顶级展会纷纷取消，国内各种知名展会齐齐延后，中国展商"走出去"之路举步维艰，既有出行成本数倍激增，也有感染风险高并存，浙江米奥兰特"网展贸"的出国参展服务是目前行之有效并且得到市场验证的"出海新模式"。根据上市公司公开数据，4 家以会展为主业的 A 股上市公司毛利率如表 8 – 17 所示，浙江米奥兰特在 4 家上市公司中毛利率最高，2021 年达到了 56.77%。

表 8 – 17　　　　　　　以会展为主业的 A 股上市公司毛利率　　　　　单位：%

序号	上市公司	2018 年	2019 年	2020 年	2021 年
1	浙江米奥兰特	44.10	46.29	37.24	56.77
2	湖南华凯文化创意股份有限公司	27.43	30.98	17.83	39.34
3	上海风语筑文化科技股份有限公司	30.21	30.34	34.88	32.96
4	东浩兰生会展集团股份有限公司	—	—	25.28	29.80

资料来源：中国会展经济研究会统计工作专业委员会.2021 年度中国展览数据统计报告［R］.2022.

其次，浙江米奥兰特通过数字化转型构建出新的商业化能力。浙江米奥兰特基于丰富的数字展览举办经验，牵头编纂浙江省团体标准《线上数字展览服务规范》，于 2020 年 12 月 31 日正式对外发布，2021 年 1 月 1 日正式实施，推动了中国线上数字展览产业的标准化发展，展现了线上数字展览的先进性和规范性，也解决了相关企业想进入数字展览领域完成产业升级但无从下手的问题，为展览行业数字化发展创造了新的商业化能力。

最后，浙江米奥兰特推动了数字外贸综合营销平台商业生态系统的拓展与演化。现在社会竞争已经不是企业之间的竞争，而是营利模式间的竞争，甚至成为产业联盟之战、生态圈之战。浙江米奥兰特海外自主办展平台——数字外贸综合营销平台在生态圈建设中不断挖掘，以外贸企业服务流程为内核，不断整合相关业务。因此，浙江米奥兰特以外贸服务流程为内核，通过展览撮合外贸服务的上游和下游，整合外贸企业的海外推广服务、外贸出口服务、外贸供应链服务外贸服务链各环节，形成一个比原来展览平台更大范围的外贸服务生态圈。

2. 社会价值创造

数据表明，浙江米奥兰特为中国制造企业走向国际市场搭建了全球的展览营销平台，帮助外贸企业增加国外市场收入、降低交易成本和创造生态效益。

首先，浙江米奥兰特帮助外贸企业创造经济价值。浙江米奥兰特在帮助外贸企业开拓国外市场的同时也增加了外贸企业的国外收入。2022 年 6 月，中国（土耳其）贸易博览会通过双线双展，即"境内线上对口谈，境外线下商品展"的形式进行，共有 108 家参展商，平均获客数为 34 家，成功商洽数 3662 场，商洽覆盖率 100%，累计意向采购金额 3728 万美元。[①] 博览会中广州某化妆品厂外贸经理说："我们整体展会的效果很好，每天都有很多商机提供到我们这边。而且质量也很高，目前对接的一半是我们的精准客户，一半是想要加入这个行业的潜在客户，整体沟通都很顺畅，这种形式'境内线上对口谈，境外线下商品展'在新冠疫情的这一形势下可以说是最好的选择之一了。"

其次，浙江米奥兰特帮助外贸企业降低交易成本。浙江米奥兰特"双线双展"的模式改变了传统展会，外贸企业只需将样品提前寄到境外展馆，无须出国，与海外买家在线上平台进行交流磋商即可，解决了外贸企业出境参展难、开拓国外市场受阻等问题，大大降低了外贸企业的参展成本。2021 年，浙江米奥兰特在阿联酋、印度、土耳其、波兰、南非、巴西、美国、泰国、日本等贸易集散国家举办数字展览，覆盖纺织服装、机械、家居、建材、汽配、五金、3C、食品 8 大行业。

---

① 中国贸促会展览公共服务网。

最后，浙江米奥兰特帮助外贸企业创造生态效益。在浙江米奥兰特完成全球办展布局之后，其海外自主办展平台逐步由一个目的国到计划的全球办展目的国，形成遍布全球的自主办展的平台生态圈后，多方主体如洪流般倾注而入，使得平台生态圈以数倍的规模增长，而当平台中的用户数量达到一定的门槛，那么已经居于生态圈的使用者带来的附加值将会自动吸引新的使用者进驻平台，使得平台生态圈有机地持续发展壮大，从而参与平台的外贸企业享受到了生态圈外溢效益。

三、理论模型与讨论

通过对浙江米奥兰特展览业务全球发展战略布局以及数字化全过程的深入分析和详细阐述可知，在全球发展战略布局的过程中，服务贸易企业通过业务流程的数字化赋能、商业模式的数字化升级、产业体系的数字化融合构建了企业的数字化路径，从而创造出商业价值与社会价值融合的共享价值，同时在这一过程中服务贸易企业实现了打造自主产权、自主品牌、独立办展等核心竞争力。

（一）转型路径与价值提升

全球发展战略布局推动了服务贸易企业数字化路径的选择。一般来说，中国展览海外自主办展有以下几个阶段：展中展、独立国别综合展、独立国别专业展、独立国际专业展。其中，独立国际专业展是在境外独立组展馆、招商、运营，并面向全球进行招展的行业展会，这是中国境外办展的一个目标，是真正进入国际展览市场的标识和里程。国际专业展这一高要求的展会形式要求中国服务贸易企业逐个做出各个行业的全球展览平台，扩大国际展商参与，这势必要求中国服务贸易企业借助数字化的技术和平台来实现。因此，本章提出命题8.1。

命题8.1：全球发展战略推动服务贸易企业数字化路径选择，是服务企业数字化的重要动因。

业务流程数字化赋能、商业模式数字化升级、产业体系数字化融合是服务贸易企业数字化实现的主要路径。数字化路径可以概括为三个方面（见图 8 - 2）。

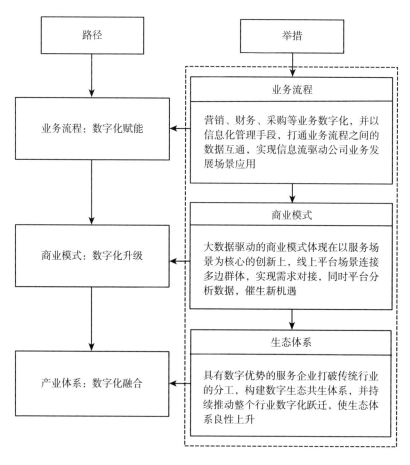

图 8 - 2　服务企业数字化路径

第一，基于数字技术驱动的业务流程数字化赋能。业务流程的数字化是服务贸易企业数字化实现的微观基础。服务贸易企业通过企业资源计划系统、客户关系管理系统、客户呼叫系统等信息管理项目实现了运营和业务流程的数字化，并在业务部门之间按照流水作业，进行数据与知识的互联互通、共享合作。这些业务的数字化重构了服务贸易企业现有的运营管理模式，帮助服务贸易企业有效提取数据资源，提升服务贸易企业对于内部资源的管理效率，充分满足了客户的需求；服务企业内部的办公系统、财务系统、人力资源管理、客户关系管理、销售业务管理系统等实行信息化管理，尤其是把客户的采购信息和相关售后服务信息构建成数据库；同时通过信息化管理打通业务流程之间的数据和知识，实现信息流驱动公司业务进展，为顾客提供快速精准的服务。这些业务的数字化可以帮助服务贸易企业实现信息的互联互通、共享协同，提升内部资源的管理效率，并进一步提高服务的精准度。

第二，基于数字平台赋能的商业模式数字化升级。数字技术应用的数字化平台商业模式是服务贸易企业数字化路径的实现手段。服务贸易企业依托互联网、大数据、5G 技术和境外独立的运营能力，建立大数据库，创新数字展览平台，一方面打破物理空间限制，整合了资源，连接了多边群体的需求；另一方面使买方卖方信息共享、双向触发，匹配得更快速精准。

第三，基于数字生态共生的产业体系数字化融合。具有数字优势的服务企业打破传统行业的分工，通过收购、合作、新建等方式融合产业链的关键企业，重构产业资源，产生协同效应，构成数字生态共生体系。通过多元化、互惠共享的数字生态共生体系构建，在产业市场中获得竞争优势，并持续推动整个行业的高效数字化跃迁，从而使数字生态体系的演化始终基于一种良性的上升状态。因此，本章提出命题8.2。

命题8.2：数字化的实现路径主要有业务流程的数字化、商业模式的数字化、产业体系的数字化，业务流程的数字化是服务贸易企业数字化实现的微观基础，数字技术应用的数字化平台商业模式是服务贸易企业数字化路径的实现手段，数字生态共生的产业体系融合是服务贸易企业数字化升级的支撑保障。

（二）主要结论与讨论

服务贸易企业的数字化路径可概括如下（见图8-3）：第一，基于数字技术实现流程再造，实现业务流程的数字化升级；第二，打造以大数据和云计算为支撑的数字化贸易平台，重构传统价值链和塑造新的价值创造及传递方式，实现线上商业模式的数字化升级；第三，企业与研究机构、投资机构共同构建数字生态共生圈，引领会展行业整体数字化升级与跃迁。服务贸易企业从业务流程、商业模式、生态体系三个维度进行了递进式的数字化升级与跃迁，这为服务贸易企业数字化路径提供了参考。

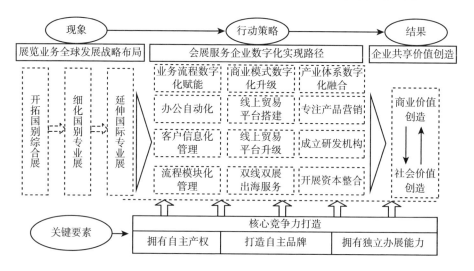

图8-3　浙江米奥兰特数字化实现路径理论模型

本章研究从浙江米奥兰特的数字化实践验证了以下问题。第一，全球发展战略推动服务贸易企业数字化的路径选择，成为服务贸易企业数字化的重要动因。第二，服务贸易企业数字化的实现路径主要有业务流程的数字化、商业模式的数字化、产业体系的数字化。其中，服务贸易企业数字化实现的微观基础是业务流程的数字化；数字化路径的实现手段是数字技术应用；数字化升级的支撑保障是数字生态共生的产业体系融合。正是通过业务流程、商业模式、产业体系的数字化升级，不仅为服务贸易企业创造出了不同形式的商业价值，还为客户创造了社会服务价值，实现了企业与客户价值的共赢共享。

此外，由于服务贸易企业数字化实现路径的研究是一个比较新颖且细分的选题，本章研究只能说尝试搭建了一个分析数字要素作为服务贸易企业路径的框架，可能无法涵盖现实中所有的要素。此外调研对象以浙江米奥兰特这一家服务贸易企业为例，并不能保证广泛的代表性，也不能够完全反映所有服务贸易企业数字化过程的特征。因此接下来的研究需要关注更多具有代表性的服务贸易企业数字化的历程，进一步完善相关理论。

第九章

数字贸易发展中跨境数据流动规制及国际治理*

数字技术与传统贸易的加速融合使得全球数字贸易迅速发展，数据流动规模空前增加。2009～2018年，全球跨境数据流动的经济贡献率高达10.1%，预计2025年将超过11万亿美元（Meltzer & Lovelock，2018）。跨境数据流动对经济全球化发挥了强大的支撑作用，海量数据通过全球产业链的传递作用实现跨境流动，已成为协调国际生产网络的一种新型机制（OECD，2018）。我国在数据治理方面开展了积极的探索，包括积极参与数字经济国际合作，主动进行国际组织数字经济议题谈判，开展双多边数字治理合作，维护和完善多边数字经济治理机制等；2021年我国正式申请加入《数字经济伙伴关系协定》（DEPA），表明了积极对接和建设数字贸易国际新规制的立场。

当前有关跨境数据流动的研究主要集中于欧美等发达国家法律法规的比较，相较而言，跨境数据流动国际治理体系整体性研究的文献并不多见。由于不同经济体实施跨境数据流动规制的差异较大，跨境数据流动的

---

* 本章内容全文参见已发表论文：朱勤，刘玥. 数字贸易发展背景下跨境数据流动国际治理及我国的探索［J］. 科技管理研究，2023，43（7）：151－157.

全球治理尚无法形成统一标准的监管政策体系，亦无法适应数字贸易快速发展的要求。构建具有一致性、连贯性及可执行的跨境数据流动国际治理体系，正成为全球贸易政策制定者关注的热点议题。本章分析了跨境数据流动界定标准，进行了跨境数据流动规制的国际比较，深入探讨了形成跨境数据流动国际治理体系的共识、基本框架及重点议题，提出中国作为数字经济发展中的大国应在跨境数据国际治理体系中承担的角色及采取的举措，以期为我国高质量参与全球数字贸易合作带来启发。

第一节　跨境数据流动的理论基础

一、跨境数据流动与数字贸易

根据联合国贸易和发展会议（2021）报告显示，2011～2020 年全球数字服务贸易的占比由 48% 增长至 63.6%，相较于全球商品流动趋缓的发展形势，数字贸易在全球贸易中的占比持续扩大，而搜索引擎、社交媒体、云计算等技术的大量应用，为跨境数据流动搭建了桥梁，使跨境数据流动成为了数字贸易中至关重要的部分。作为传统贸易在数字经济时代的拓展和延伸，狭义的数字贸易是指通过电子手段实现的商品或服务贸易，强调数字贸易的在线服务（USITC，2013；周念利、李玉昊，2017；BEA，2018）。广义的数字贸易还包括数字并购贸易、跨境电商、数字交付、大型互联网平台提供的在线交易和服务等（OECD，2017；盛斌、高疆，2020），对数字贸易的界定范围进行了拓展，将其定义为通过数字订购或数字支付开展的交易。

跨境数据流动是数字贸易区别于传统贸易的显著特征之一，跨境数据流动以数据平台作为数据传输的重要载体，采用跨境数据流动和共享对传统贸易模式进行重塑，具体表现为以下三个方面。其一，数据为数字贸易的基础资源。数字技术在订购、生产或递送等环节发挥关键性作用，而数据、数字化信息和知识成为新型关键要素，也成为了数字贸易的主要标的

（陆菁、傅诺，2018）。其二，实现数字贸易过程的虚拟化。伴随跨境数据流动，贸易过程是通过虚拟的网络平台，并通过虚拟的传输方式完成的（马述忠等，2019）。其三，数字贸易的边际生产成本和运输成本几乎为零。无形的数字商品和服务通过互联网平台进行跨境流动，贸易双方直接在跨境市场中联结，极大节约了交易成本，并拓展了利润空间（宗良等，2019）。

二、跨境数据流动的界定标准

目前关于跨境数据流动尚未形成非常明确且权威的定义，通常将跨境数据流动理解为跨越国界或跨越不同国际市场的数据无阻碍传输（WEF，2020）。但由于数据不会通过海关跨越国界，商业软件联盟（BSA，2017）更具体地将其定义为不同国家服务器之间的数据传输。通常，已有研究强调对跨境数据流动进行界定时，需注意以下两个方面。

第一，明确跨境数据流动的数据范围。目前，关于跨境数据流动的数据范围还存在着争议（OECD，2020）。一些研究倾向于将跨境数据流动的数据范畴限定为个人数据，因为个人数据更适用于法律监管的普遍规则，并在跨境数据流动中占据了最高的比例。然而，从国家安全和管理的角度考虑，包括国家、政府、企业等层面的非个人数据同样重要，并且个人数据安全也依赖于国家数据安全，故更普遍的看法是跨境流动的数据范畴包括了个人及非个人的"全类"数据。

第二，注重跨境数据流动的实质效果。互联网作为涵盖全球范围的计算机网络，依赖于跨区域网络传输数据的技术能力，跨境数据的流动一般是指数据以计算机等机器可读的电子形式，通过信息通信系统跨越国境（陈少威、贾开，2020）。随着网络和数据技术的发展，数据流动并不一定需要基于地理意义的转移，其主要目的是使境外数据接受者对相关数据进行读取、编辑或存储等操作（魏远山，2021）。因此，即使数据在物理存储位置上并未发生转移，只要数据能从境外获取，也属于跨境数据流动的范畴。

第二节　跨境数据流动规制模式的国际比较

数字贸易的成长需要由安全有序的跨境数据流动来驱动，跨境数据流动规制是数字贸易健康发展的重要前提。虽然全球数字经济和贸易领域规则呈现多元化发展态势，但主要经济体设定跨境数据流动相关政策和规则的目标具有一致性，即主要围绕确保国家安全、保护个人隐私及维护商业利益这三个维度进行展开。根据上述政策目标，主流的跨境数据规制模式在价值选择、规制手段、监管标准等方面呈现出较大的差异，可以大致划分为以美国为代表的市场导向型规制、以欧盟为代表的权益导向型规制，以及以中国为代表的安全和发展兼顾型规制模式（见表9-1）。

表9-1　　　　　　　　跨境数据流动规制模式的国际比较

	美国	欧盟	中国
核心特征	市场导向型	权益导向型	安全和发展兼顾型
规制手段	以市场调节为主	地理位置区别对待	有力的政府规制
目标一：国家安全	对危害国家安全的数据流动采取限制措施	各成员国直接负责；特殊情况下欧盟拥有否决权	重视数据主权和安全；强调安全评估
目标二：隐私保护	加利福尼亚和弗吉尼亚州有相关法律	高度重视隐私；保护个人基本权利和价值观	对个人数据隐私保护进行安全评估
目标三：商业利益	对特定数据采取严格约束，且需要出口许可证	商业公司有保护数据正确及完整的义务	支持数字开发；强调对知识产权的保护

一、市场导向型规制

美国国会研究服务部（CRS）认为，美国跨境数据流动规制"主要采用市场驱动的模式，支持开放、可互操作、安全可靠的互联网"（Rachel，

2020）。其规制特征是反对数据流动保护主义，例如，美国于 2004 年推动亚太经合组织（APEC）通过了《隐私框架》，要求成员国采取一切合理方式以避免不必要的数据流动障碍。

从跨境数据流动规制的三个目标来看。第一，在国家安全问题上采取限制措施。美国提出清洁网络计划（clean network），以限制部分外国电信运营商、应用程序和云服务的运行。2018 年出台的《澄清数据合法海外使用法案》（CLOUD）允许政府跨境访问和监控数据，但同时强调通过适合的认定标准，限制外国政府获取数据。第二，对于个人隐私保护强调自律。美国地方政府部门大多主张以自律的方式保护个人隐私，在 50 个州中仅有加利福尼亚州和弗吉尼亚州具有全面的隐私法，承认个人数据的隐私权，法规并未上升到联邦层面。第三，通过出口管制对商业利益进行保护。美国在《跨太平洋战略经济伙伴关系协定》（TPP）引入"商业信息跨境自由传输条款"，放宽了对商业数据的跨境流动限制（Gao，2018）。然而，对涉及主要科技和敏感信息的跨境数据流动，美方利用《美国出口管理条例》（EAR）对其采取严格约束，规定必须通过美国商务部工业和安全局的出口许可，才能进行数据交易。

二、权益导向型规制

欧盟的跨境数据流动规制以权益保护为导向，高度重视数据权益。2020 年，欧盟推出了《数据治理法案》（DGA），旨在通过规范数据治理建立规则统一的数字市场，确保个人、企业、政府及国家层面的数据免受信息泄露的威胁，并强调促进欧盟成员国之间的数据共享。从规制手段来看，欧盟"基于地理位置的区别"而有差别地实施跨境数据流动监管，在以数据治理法律体系促成欧盟统一数据市场的同时，通过"长臂管辖"实现欧盟外企业的数据流回欧盟境内。

从跨境数据流动规制的三个目标来看，第一，规定各成员国对于数据流动的国家安全承担责任，特殊情况下可由欧盟直接否决数据的跨境流动。欧盟最高法院曾表示，欧盟成员国在国家安全面临严重威胁时，可以

"全面、不加区分地"保留数据在境内，但必须设置必要的数据保留期限。第二，高度重视个人隐私保护，采取更具防御性的做法，实施严格的监管（Willemyns，2020）。早在 1995 年，欧盟发布了《保护个人享有的与个人数据处理有关的权利以及个人数据自由流动的指令》，又于 2018 年启动了《通用数据保护条例》（GDPR），要求数据传输至欧盟成员国之外时，必须采取"充分保护"原则。第三，对于商业利益保护，《通用数据保护条例》规定，在允许数据自由流动的前提下明确限制商业公司使用数据的目的、范围和时间，且指出商业公司具有保护数据正确且完整的义务。

三、安全与发展兼顾型规制

中国对于跨境数据流动的规制体现了同时兼顾数据安全和促进发展两个方面。2021 年，我国相继出台了《中华人民共和国数据安全法》和《中华人民共和国个人信息保护法》，要求数据出境需经过安全评估和第三方信息保护认证，从而维护国家数据主权（周念利、姚亭亭，2021）；同时，我国在积极促进数据跨境自由流动方面做出了不懈努力，2020 年签订的《区域全面经济伙伴关系协定》（RCEP）强调减少成员国的数据本地化等限制，从而为未来数字贸易发展提供了便利条件。从规制手段来看，鉴于网络安全对于国家安全的重要作用，我国政府采取了较严格的跨境数据流动的监管模式（Liu，2020）。

从跨境数据流动规制的三个目标来看，第一，在维护数据国家安全方面，我国的规制方式强调安全评估的重要性。2017 年正式施行的《中华人民共和国网络安全法》明确了跨境数据流动以安全评估为必要手段，同时也指出应避免对本地数据存储采取"一刀切"的粗放管理。第二，重视保护个人隐私，同样强调安全评估。2019 年发布的《个人信息出境安全评估办法（征求意见稿）》提出，在网络运营者向境外准备提供个人信息时，当安全评估认定难以有效确保个人信息安全时，则信息不得出境。第三，在维护商业利益方面，本着促进数字开发的原则，加强知识产权保护。我国《技术进出口管理条例》《知识产权海关保护条例》的实施，为跨境交易中涉及知识产权保护的行政执法提供了保障；《中华人民共和国反不正当竞争法》将侵犯商业秘密的行为类型化，通过约束义务主体来达到保护商业机密的目的。

　　总结来看，目前区域经贸协定围绕数据跨境流动形成三大规则主张：一是关注数据自由流动的美式模板，如《跨太平洋伙伴关系协定》（TPP）、《全面与进步跨太平洋伙伴关系协定》（CPTPP）与《美国—墨西哥—加拿大贸易协定》（USMCA）；二是关注隐私保护的欧式模板，如《自由贸易协定》（FTA）与欧日《经济伙伴关系协定》（EPA）；三是基于欧美式方案的折中办法——多元共治模板，如《区域全面经济伙伴关系协定》（RCEP）与《数字经济伙伴关系协定》（DEPA）；此外，还有偏向于本地化、以保护国内数字产业为主旨的区域模板（见表9-2）。

表9-2　　　　　　　区域经贸协定中的跨境数据流动规则比较

方案类型	代表性协定 主要国家或地区	主旨导向	规则主张
美式方案	《全面与进步跨太平洋伙伴关系协定》（CPTPP）、《美国—墨西哥—加拿大贸易协定》（USMCA）	以维护产业竞争优势为主旨，构建数据跨境流动与限制政策	主张个人数据跨境自由流动，利用数字产业优势主导数据流向；限制重要技术数据出口和特定数据领域的外国投资，确保美国领先；制定受控非秘密信息清单（CUI），界定"重要数据"范围
欧式方案	欧盟与越南、加拿大、新加坡等签署的《自由贸易协定》（FTA）、欧日《经济伙伴关系协定》（EPA）	与亚太经合组织（APEC）等区域机制对接，积极构建跨境数据自由流动规则	关注隐私保护，积极参与多双边数据跨境协定谈判，推动数据跨境自由流动规则的构建
多元共治	《区域全面经济伙伴关系协定》（RCEP）、《数字经济伙伴关系协定》（DEPA）	以建设亚太地区数据中心为导向，积极参与数据跨境流动合作机制	主张数据保护和自由流动结合，吸引跨国企业设立数据中心；响应APEC全球跨境隐私规则（CBPR）机制，寻求区域数据自由流动
本地化	印度、俄罗斯	以促进本国数字经济发展为前提；以保护主义政策推动IT产业发展	对个人数据实施分类，在融入全球化和促进数字经济发展之间寻求本地化中间路线；划定数据自由流动范围，允许流向"108号公约"缔约国和白名单国

　　资料来源：课题组整理。

第三节　跨境数据流动国际治理的共识及重要议题

　　各主权国家的数据保护政策呈现不兼容且碎片化的特征，增加了跨境数据流动的传输成本，而且在大体量、高频率的跨境数据流动传输通道中，任何国家的政策变化都有可能给数据流动带来全球性影响。当前跨境数据流动规则形成了贸易规制、数据规制两种模式并存的格局。从贸易规制来看，主要存在于发达经济体之间的经贸安排，通常缔约方的数字经济发展及数据治理方面具有比较优势。但是，贸易规制对数字经济不发达的经济体而言并无优势，原因是贸易协定中的"数据自由流动"便利化，在实际中有可能导致数据从发展水平较低的经济体向发达经济体"单向流动"，并且前者缺乏在贸易领域处理数据流动的专业化能力。从数据规制来看，作为数据规制模式的典型代表，新西兰、智利和新加坡于 2020 年 6 月签署了 DEPA，该协定已于 2021 年 1 月生效，旨在促进不同制度之间的兼容，解决数字化带来的新挑战。DEPA 从数据流动的角度，处理了与跨境数据流动相关的数据本地化等问题，为个人信息保护提供参考标准，并提出不得采用歧视或变相限制贸易的方式，要求使用本地计算机设备存储来作为开展业务的交换条件等。此外，各国针对数据主权的不同政策和立法，很大程度上影响着全球数据主权的治理，同时进一步激化了各国间在数据主权相关领域直接或间接的冲突。

一、跨境数据流动国际治理的演进

　　全球跨境数据流动治理体系正在快速演化和形成中，其宗旨在于允许数字贸易的参与者加强合作、共享数据。联合国开发计划署（UNDP）呼吁跨国公司积极共享数据，欧盟委员会（EUC）也敦促公共行政部门扩大数据使用范围。然而，目前数字服务出口高度集中于少数发达经济体，使得跨境数据流动规则制定的权利非常不平衡。2019 年，美国和欧盟等发达经济体在全球数字服务出口中，拥有高达76.1%的市场份额（中国信息通信研究院，2020），跨境数据流动的国际规则亦由美国和欧盟两大经济体把持，美国和欧盟各自搭建了美式和欧式数字贸易规则体系（徐金海、周蓉蓉，2019）。

DEPA的生效，标志着数字贸易国际规则已进入了多元发展新阶段。我国正积极谋求在全球跨境数据治理体系中的地位，除了在RCEP中参与设置有关数字贸易和跨境数据流动的规则外，我国还于2021年11月申请加入DEPA，力图就推动数字贸易和数据跨境流动，发出中国声音、提出中国方案。目前，全球性的跨境数据流动治理模式尚处于各国区域监管政策博弈的阶段，缺乏标准化的统一体系，这与数字贸易快速发展的要求不相适应。因此，开展具有一致性、连贯性及可执行的跨境数据流动国际治理，已成为全球数字贸易可持续发展的必要前提，其重要意义主要包括以下四个方面。

第一，整合分散的区域性数据治理规则。由于数据驱动的作用，全球数字经济的相互联系和依赖性提高，任一经济体的地域政策均会对其他经济体产生溢出效应。缺乏全球性的治理体系，跨境数据流动的监管只能是不同国家区域监管政策的拼凑，由此不可避免地伴随了网络碎片化风险，为数字贸易的可持续发展带来障碍。因此，秉承"数据空间命运共同体"的理念，在统一的框架下加强国际监管合作，才能有效满足数据跨境自由流动的要求。

第二，实现数字贸易经济利益更公平地分配。跨境数据流的经济利益靠自由发挥市场力量是不会产生有效且公平的结果。因此，公共政策可以发挥重要的作用。目前，由于缺乏适当的国际跨境数据流动法规，数据价值主要被全球大型数字平台攫取，这些数字平台凭借市场势力，采取限制数据访问权等措施防止收益扩散。如果仅有少数全球数字平台控制数据价值链，并从中获取绝大部分收益，那么跨境数据流动就无法实现真正意义上的社会福利。因此，开展全球数据治理对大型数据平台的市场势力滥用加以规制，才能有效实现经济利益的公平分配。

第三，促进数据价值的共创及共享。由于数据具有部分公共产品特性，故在一定程度上应被视为全球公共产品，而通过加强数据国际共享，有利于数据价值得到充分的发挥。例如，为了共同应对新冠疫情，各国在开发疫苗等方面展开合作研究，正是需要数据信息的交流。而 5G 互联网、云计算、人工智能等技术进步以及各国产业数字化的加速，为数字贸易的进一步发展创造了条件。构建规则统一的全球数据治理框架，有利于数字贸易开展中各贸易伙伴之间的相互信任，从而为数据货币化提供了更大便利，切实提升数据对贸易的赋能价值。

第四，缓解发展中国家在数字经济中面临的困境。在全球数字贸易发展及跨境数据流动中，各国处于日益不平等的发展地位。一方面，国际贸易中数据要素及技术的大量使用，可能对发展中国家传统的劳动力比较优势构成冲击，也给未能实现数字化转型的劳动密集型产业带来挑战；另一方面，数字鸿沟加剧了发展中国家的历史不平等性，使其在全球数据价值链中沦为原始数据提供者，还要为加工的数据信息付费。全球跨境数据流动治理体系的构建有助于缓解发展中国家在国际数字空间中面临的不平等困境，确保这些国家的权益在整体的国际数据治理框架中得到一定保障。

二、国际治理的基本框架和重点议题

国际数据治理研究所（DGI）将"数据治理"界定为通过实施一系列与数据信息相关的流程，实现数据决策权和相应职责系统分工的过程，并提出了较被广泛接受的数据治理"4W1H"模式，具体包含了确定数据治理主体（who）能根据什么信息，在什么时间（when）和情形（where）下，用什么方法（how）来采取什么行动（what）。参照"4W1H"模型，可以更清晰地认识跨境数据流动国际治理的基本框架。跨境数据流动国际治理的主体以国际合作和国家监督为主，配合各国行业和企业层面的自律和管理；跨境数据流动国际治理对象涵盖了跨越国境的公共数据、政府数据、企业数据和个人数据，贯穿数据采集、存储、分析和应用的全过程；跨境数据流动国际治理的目的主要为保障国家安全、保护数据隐私、提高数据流通质量和降低流通成本；跨境数据流动国际治理的主要内容包括确定数据跨境原则、跨境数据类型、数据跨境渠道以及数据跨境风险评估等方面；跨境数据流动国际治理的实施手段以贸易谈判确立法律法规、设定行业标准、提供技术工具为主，并需要企业层面的管理保障进行配合。

从现有与数字贸易相关的国际贸易协定来看，跨境数据流动相关的议题始终处于重要的位置，并主要聚焦于一些优先事项和关键领域，这些领域若取得突破将极大提升数据跨境流动的质量和规模。通过梳理及归纳，可以发现跨境数据流动国际治理的重点议题主要包括三类，分别是数据相关权利、数据治理标准以及数据治理手段（见图9–1）。

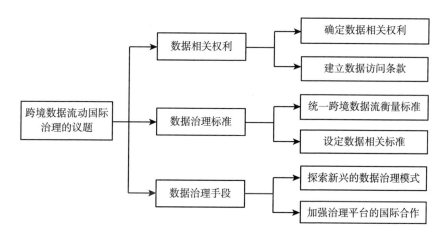

图9–1　跨境数据流动国际治理的重点议题

第一类围绕数据相关权利而展开，包括如何确定数据相关权利和如何建立数据访问条款等议题。当判断跨境数据流的边界时，对数据主权的模糊理解易引发各国在数据确权方面的冲突，因此在谈判中应率先就数据相关权利的确定达成共识，以便进一步促进跨境数据流动的共同治理。目前有待重点解决的问题包括：（1）不同类型的数据收集的目的和收集的途径，以及由哪方进行收集；（2）国家间共享数据的条件，以及赋予哪方数据访问权；（3）对于不符合数据收集、共享、使用或控制的情形，应由哪方负责且如何负责。上述问题旨在确定数据收集和访问权的设置条件、实施程序及安全保障。由于不同组织或个人对数据拥有不同的访问权，因此需要一个可靠的体制框架来管理、监测以及执行数据准入条件。

第二类围绕数据治理标准而展开，包括如何统一跨境数据流衡量标准和如何设定数据相关标准等议题。国际上对于跨境数据流动的标准化工作亟待推进，厘清跨境数据类型特征、收集和流动渠道、风险防控的标准体系，有助于增强数据流动中的互操作性和数据可移植性，也必然会提高各贸易伙伴国的对话效率，增加各国制定数字贸易相关政策的透明度。目前跨境数据流动的统计工作中，较为广泛使用的是国际带宽统计，其缺陷在于只能反映流动数据规模的大小，无法指向数据流向及刻画数据价值。因此，国际治理体系构建的重要内容之一，就是建设和推出统一的跨境数据流衡量指标，以及设定数据相关的一系列标准，从而使统计更好地诠释跨境数据流的主要特征，为跨境数据的风险防控及监管提供准确评估的科学依据。

第三类围绕数据治理手段而展开，包括如何探索新兴的数据治理模式和如何加强治理平台的国际合作等议题。目前主流的跨境数据流动治理模式是以不同的利益诉求为导向，而不同治理平台之间需要畅通对话和沟通的长效机制，因此，应积极寻求数据流动治理理念和目标的一致性。可以预见的是，在未来各种层面的数字贸易相关谈判中，跨境数据流动的治理手段和监管方式需要综合运用云计算、人工智能、区块链、数字孪生等前沿技术手段，因此蕴含了极大的创新空间。此外，由于数字贸易发展的不平衡，需要特别注意发展中国家的特殊情况而在机制设计中增加灵活性。在发展中国家充分参与的情况下，开展国际合作和政策对话才是富有意义的。

第四节　跨境数据流动国际治理的对策建议

作为数字经济发展大国，我国应在国际跨境数据治理体系形成的关键时期把握发展机遇，积极参与和推动数字贸易的迅速发展，在加强跨境数据自由流动和实现数据共享共治中，致力于注入中国理念，融入中国智慧，从而在跨境数据流动国际治理中提升话语权、发挥更为重要的作用。

为此，提出以下四个方面的对策建议。

第一，探索安全有序的跨境数据流动管理机制，提升跨境数据流动的赋能价值。一是完善跨境数据流动的安全监管。监管结构应包括一个关于电子合同、税务、消费者和数据保护等领域的规则框架。深入研究数据流动的治理逻辑或监管原则的适用性，推进数据安全保护能力认证体系建设，打造符合我国国情且与国际接轨的数据安全服务管理工具；聚焦于人工智能、工业互联网、跨境电商等关键领域，优化数据分类分级和出境安全评估流程，提高监管制度的规范性。二是聚焦跨境数据流动全过程，促进数据价值链的良性运行。在跨境数据流动的数据采集、存储、分析和应用的过程中，加强各环节服务体系建设；做大做强具有国际竞争力的数字技术、数字产品、数字服务品牌企业和示范项目，加强数据价值链良性运转的主体建设。三是探索综合性多维度保障体系，确保跨境数据流动的治理成效。对于跨境数据流动的国际治理，除了国际协作以外，还需要深入从国家监督、行业自律和企业管理多个维度共同实施，才能确保相关政策法规的约束力，提升跨境数据流动的治理效率。

第二，优化数字贸易营商环境，打通数字贸易产业链。一是实现跨境数据交易的数字化建设。加快数字化咨询、电子签约、数字身份、数字平台建设及数字化运营；同时，整合交易数据、政务数据及社会征信体系，营造安全可信的数字交易环境。二是提升数据产业化水平，改善我国数字产业链的全球分工位势。数字产业政策要基于在数字技术应用领域的优势，全面开发数据衍生产品，丰富数据贸易品类，并加快传统产业的数字化转型，提高数字技术创新能力。三是提升数字服务全球竞争力，充分开拓数字服务国际市场。吸收先进的数字产品设计理念和生产经验，扩大数字产品的进口，为数字服务企业拓展国际市场提供政策支持，并鼓励其充分利用平台赋能，精准匹配供需信息，加快打造数字服务贸易龙头企业，最终形成具有国际影响力的数字化知名品牌。

第三，培育数字贸易国际合作项目，在区域及多边数字贸易规则制定中争取主动权。一是主动发起数字贸易国际合作项目。我国应依托数字产品及服务出口，加强与重点贸易伙伴的联系，促进技术创新、人才培养、国际标准建设等领域的协作，包括国际知名数据管理和咨询公司的交流，吸收其技术外溢。二是充分利用区域贸易协定为全球性规制的形成做准备。通过区域性的示范原则为成员国达成数据流动规制的共识提供指导，目前，我国应积极发声，着力促进 RCEP 中有关数字贸易和跨境数据流动相关条款的落地生效；对接及完善 DEPA 关于数字经济新兴领域的规则制定；推动"一带一路"数字化建设，促进"数字丝绸之路"蓬勃发展，以形成 CPTTP 框架下的多边数字贸易合作。三是深化数字贸易创新发展试点。加快各地区数字贸易试验区建设，壮大、创新、扩展特色服务出口基地，并提炼出可复制、可推广的先进经验，逐步向全国推广，形成一批"专、精、特、新"的数字经济新兴产业集群，构建数字贸易高质量发展的产业基础和制度基础。

第四，积极参与全球数字贸易规则谈判，主动对接高质量数字治理规则。一是与各国共同完善跨境数据治理体系。充分考虑跨境数字流动相关的国家安全、隐私保护和知识产权等方面的诉求，依托于 OECD、WTO 等具有影响力的全球性国际组织，全面推进跨境数据流动的标准体系建设，共同确定数据跨境原则、跨境数据分类标准及数据跨境渠道。二是扩大优势领域的话语权。在跨境电子商务的数字货物贸易领域，我国已在跨境电商便利化规则制定上积累了经验，因此在相关数字贸易规则制定中具有优势，今后可继续扩大比较优势，以国际大活动为契机，如举办全球数字贸易博览会等，输出中国方案，主动推进国际跨境电商规则的形成。三是加强中国与高标准数字贸易规则的对接。目前，国际高标准数字贸易规则体系正在产生，我国应密切把握数字贸易规则的发展动向，有选择地吸收借鉴国际数据治理规范，从而加强国内数据治理与国际层面的衔接性，有效促进我国深度参与国际数字贸易和跨境数据流动的规则制定。

第十章

赋能产业链位势提升的
数字贸易政策体系

随着世界主要经济体、全球国际经贸主导国不断维护本国利益诉求等诸多因素，国际经贸规则正在重塑；发达国家频频利用数字经贸规则对我国实施单边制裁，凸显了对接高标准国际经贸规则的必要性和紧迫性。本章通过对代表性国际高标准经贸规则中有关数字贸易内容的比较研究，阐释了我国数字贸易领域对接高标准国际经贸规则的内涵、方向及举措。在此基础上，本章研究构建了赋能产业链升级的数字贸易政策体系，包含了数字贸易基础制度、数字贸易创新创业中心、数字贸易产业生态圈、数字贸易监管体系四大模块，并提出要在四大模块间形成良性循环，从而有效赋能我国企业全球产业链位势提升。

第一节 数字贸易规则内容及范围

数字贸易涉及的复杂问题和挑战不容忽视，包括数据隐私保护、网络安全、知识产权保护、电子支付、跨境数据流动等方面的议题。在此背景下，制定适应数字化时代背景的数字贸易规则日益凸显重要性和紧迫性。

各国政策制定者需要审视数字贸易的全球化趋势和不断变化的技术环境，制定具有前瞻性和灵活性的数字贸易规则，促进数字贸易的可持续发展和繁荣。在制定数字贸易规则的过程中，需要考虑到各国的政策倾向、经济利益、文化差异以及技术能力的不平衡性，以确保规则的公正性、平衡性和普适性。数字贸易规则的制定需要全球合作和协调，通过多边对话和协商，形成共识，为数字贸易提供稳定、可预测的国际法律框架和准则。

一、数字贸易规则主要议题

随着信息通信技术的快速进步和数字经济的广泛渗透，数字贸易呈现出快速创新的特点。未来数字贸易的发展和利益分配将取决于制定系统性规则和构建相应制度的能力。这是在数字全球化背景下各方普遍关注的重点。目前，数字贸易的发展涉及了广泛的规则领域（见表10-1），包括与数字贸易直接相关的显性议题，以及与数字治理环境紧密相关的隐性议题。这些规则的制定将对数字经济的发展和全球贸易格局产生重要的影响。其中，显性议题指在当前或未来多双边数字贸易、服务贸易投资谈判或非正式磋商中涉及的议题；隐性议题指不直接相关、但对数字贸易发展具有重要影响的议题。

表 10-1　　　　　　　　　数字贸易涉及的主要规则议题

大类	分类	议题	焦点
显性议题	当前议题	贸易便利化	通关便利化、无纸化贸易、电子认证和签名、电子发票等
		市场准入	服务市场开放承诺、《服务贸易总协定》（GATS）的电信附件等
		关税与数字税	电子传输关税、跨境电商最低免征税额、数字（服务）税等
		跨境数据流动	通过电子方式跨境传输信息、设施本地化等
		知识产权保护	源代码、商业秘密、数字内容版权、"强制技术转让"等问题
		网络安全和消费者保护	非应邀商业电子信息、在线消费者保护、个人信息保护等

续表

大类	分类	议题	焦点
显性议题	未来议题	数字货币规则	国际结算权力，数字货币的互操作、协调和透明度机制，相关安全机制等
		人工智能治理标准规则	价值观伦理、治理规则、国际国内治理标准规范等
隐性议题	传统贸易投资保护问题	数字领域的投资壁垒	外资安全审查、投资额外条件等
		传统贸易保护措施	补贴、政府采购、出口管制、技术性贸易壁垒、自然人流动等
		跨境司法管辖问题	跨境平台的协同监管、对本国境外平台的监管、对平台在境外侵犯本国权益或法律的监管等
	数字治理问题	数字技术标准的非歧视性及科技合作交流	标准组织及标准合作机制的开放性和非歧视性、国际技术标准的公益性和非歧视性等
		网络执法与网络主权	数据安全，内容审查，全球互联网的去中心化、分布式管理，避免恶意网络攻击等
		打造公平竞争的市场环境	反垄断、平台责任豁免、政务数据公开、对新兴技术的包容性、数字鸿沟等相关问题

资料来源：国务院发展研究中心对外经济研究部，中国信息通信研究院．数字贸易发展与合作报告．2021［M］．北京：中国发展出版社，2022．

二、数字贸易规则涉及范围

虽然数字贸易规则涉及领域广泛，但目前已开展并受到广泛关注的主题主要集中在贸易便利化、市场准入、关税与数字税、跨境数据流动、网络安全和消费者保护、知识产权保护、数字营商环境七大主题。

1. 贸易便利化

贸易的数字化转型深化及国际连通性提升，使参与国际贸易的市场主体交易成本大幅下降，具有"即时性、小规模、大批次、无纸化"为特点的跨境电商迅速崛起，并对贸易便利化提出了迫切需求。目前，相关规则谈判的重点主要集中在提高跨境电商通关效率，以及支持使用电子认证、电子签名、电子合同、电子支付、电子发票等具体规定和措施。这些措施旨在进一步促进跨境电商的发展，提升贸易便利化水平。

2. 市场准入

数字贸易的发展受到既有的国际贸易规则的约束，数字产品或服务是否能够进入国内市场以及如何进入，主要取决于各成员在 GATS 和区域、双边协议下的具体承诺。目前，数字产品的非歧视待遇、服务市场的准入承诺、第三轮信息技术协定的拓展谈判以及更新 GATS 的电信附件等议题，成为数字贸易自由化和市场准入谈判中的重要问题。这些措施旨在进一步促进数字贸易的自由化，扩大数字贸易市场的开放度。

3. 关税与数字税

近年来，由于跨境数字贸易的迅速增长以及跨国公司进行国际避税的行为，各国税收政策正越来越趋向强化国家管辖权。在关于关税和数字税的国际协调尚未达成共识之前，一些国家选择单方面开征数字服务税。2021 年，七国集团（G7）就跨国公司最低税率达成了一致意见，这有可能影响各国在数字税方面的政策选择。此外，对跨境电商最低免征税额规定和电子传输免关税政策，也成为数字贸易规则讨论的重要内容。这些议题反映了数字贸易规则的变化和新的挑战。

4. 跨境数据流动

数据作为新的生产要素和可交易的重要资产，已经成为智能制造发展所依赖的关键输入要素。它也是云计算等新兴服务贸易快速增长的核心，同时也是实现全球生产经营和供应链管理的重要依托。随着数字贸易的快速发展，对数据跨境自由流动的需求也日益增长，但同时也提出了对隐私和商业秘密保护、网络安全等方面的更高要求。如何促进数据的跨境自由和安全流动，特别是在跨境信息传输和计算设施位置（本地存储要求）等方面是各方关注的焦点。确保数据的自由流动有助于促进全球数字经济的发展和合作。同时，数据流动需要确保隐私和商业秘密的保护，加强网络安全是必不可少的。在推动数字贸易发展的同时，国际社会还面临着如何建立合适的规则和机制来管理数据流动的挑战。需要各方共同努力，加强国际协调与合作，制定适应数字时代的新规则和标准，以实现数据跨境流动的自由、安全和可持续发展。

5. 网络安全和消费者保护

在互联网环境下，一个安全、可靠、可信的网络环境有助于提高数字贸易交易双方的积极性。因此，规则谈判通常鼓励市场主体参与，探讨涉及个人信息保护、在线消费者保护、垃圾邮件和网络安全合作等具体议题，以通过适当的保护和有效的追责机制，规范数据贸易的交易流程。这些规则和协议的制定旨在保护消费者和企业的利益，促进数字贸易的发展。例如，在数字贸易中，涉及大量的个人信息，一个有效的个人数据保护制度可以减少消费者和企业的风险。同时，相关规则还可以惩罚那些滥用网络技术对其他人造成损害的机构或个人，维护公平竞争的市场环境。

6. 知识产权保护

确定知识产权保护的监管边界，是数字贸易规则建设中的重要议题，主要涉及数字内容版权、源代码等数字资产的保护。关于数字内容版权，主要包含"版权保护期延长""电子复制纳入复制权范畴""承诺政府仅使用正版软件"三项议题。关于源代码保护，现有区域经贸协定中的源代码规则均采用了"规则+例外"结构，原则性规定基本相同，谈判焦点在于确定禁止强制披露源代码的范围。

7. 数字营商环境

数字贸易因其平台属性容易形成高度集中的市场结构，通过反垄断维护公平竞争的市场环境尤为重要。当前，规则谈判既包括对电信通道、互联网、大型互联网平台等数字基础设施的公平使用，又包括平台责任、打击市场垄断、建立包容性的技术创新环境等内容。未来，数字基础设施的技术标准等也将成为国家合作磋商的重要内容。

第二节 对接国际高标准经贸规则

一、数字贸易领域国际高标准经贸规则

21世纪以来，国际经贸规则进入加速重塑期，数字经济新经济形态对

数字经贸新规则提出了新需求，世界主要经济体出于维护维持本国利益诉求等诸多因素，共同推动国际经贸规则重塑。尤其是美欧等发达国家加快制定新型经贸规则体制，频频利用经贸规则对中国实体实施单边制裁，限制中国技术创新发展和产业升级。对于我国而言，对标高标准国际经贸规则的必要性和紧迫性日益凸显。国际高标准经贸规则，又称高标准贸易与投资规则（high‐standard trade and investment rules），相对于 WTO 规则而言，主要体现在被广泛称为高标准贸易协定的区域贸易协定中。这些协定在美国和欧盟与其他 WTO 成员签订的 14 个区域贸易协定（优惠贸易协定）中涌现，涵盖52 个政策领域，进一步划分为"WTO 外"（"WTO‐x"或"WTO‐Extra"）和"WTO 加"（"WTO +"或"WTO‐Plus"）两个领域。为了精确定义高标准，学者们引入了"深度"的概念，将其作为深度贸易协定的代名词，并由世界银行编辑形成了相应数据库。在 2010 年，APEC 的第十八次领导人非正式会议首次提出了"下一代贸易与投资议题"的概念，为高标准经贸规则的发展提供了一个引领方向。

其特点主要体现在四个方面。其一，对自由化和便利化的要求更高。以 RCEP 和 CPTPP 为例，零关税比例分别达到90% 和99%，远高于 WTO 成员的开放承诺。对于海关程序、技术贸易壁垒、动植物检疫措施、服务贸易国内规制、投资措施等方面，高标准经贸规则提出了更高的便利化要求。其二，负面清单逐渐成为重要的开放方式。这表明不仅在货物贸易领域，而且在服务和投资领域，全面开放和国民待遇成为原则，而开放限制和非国民待遇成为例外。其三，涵盖领域日益广泛。在过去传统经贸协议中较少涉及的领域纷纷进入各类经贸协定，形成了更为全面的规则框架。其四，从边境措施向边境后措施扩展。高标准国际经贸规则涉及更深层次的开放，近年来形成的新规则在诸边、双边和区域经贸谈判中涉及更深层次的开放问题，从而进一步丰富了国际贸易规则的内涵，使其更贴近当今全球经济的复杂性和多样性。

从历史沿革来看，在 WTO 规则的框架下，各国通过电子商务谈判寻求取得突破，包括中国在内的 76 个 WTO 成员，联合发布了《全球电子商务宣言》，各成员同意在现有 WTO 规则框架基础上，仅就与贸易相关的电子商务问题进行谈判。截至 2021 年，全球已有 109 个区域或双边自贸协定包含专门的电子商务章节，涉及世贸组织 2/3 的成员（中国信息通信研究院，2022）。近年来，全球范围内推动数字贸易规则的制定变得尤为迫切。各国正在积极倡导并制定数字贸易规则，以适应数字化经济的快速发展，为全球数字贸易创造更有利的环境。在这个过程中，以 CPTPP、USMCA、RCEP、DEPA 为代表的国际高标准经贸规则中有关数字贸易内容不仅引领着数字贸易的演进，也为全球数字经济可持续发展提供了重要的制度支持，表 10 - 2 进行了主要方面的对比。

表 10 - 2　　　　　　国际高标准经贸规则中数字贸易规则的比较

签署年份	协定	数字贸易关税	数据跨境流动	争端解决	个人信息保护
2018	《全面与进步跨太平洋伙伴关系协定》（CPTPP）	明确规定不得对电子传输包括以电子方式传输的内容征收关税	允许数据跨境流动，同时仅允许严格限制条件下的例外	采用磋商—组建专家组—审查—形成报告执行的程序	要求缔约方建立适当的个人信息保护、消费者保护制度
2018	《美国—墨西哥—加拿大贸易协定》（USMCA）	不禁止对电子传输内容征收国内税和其他费用，但是应当满足本协定的方式征收	人为执行业务时在被缔约方允许涵盖的范围中进行数据跨境传输	案件处理流程为磋商—专家组（报告及最终报告）—执行或不执行（即终止利益）	要求缔约方建立适当的个人信息保护、消费者保护制度
2020	《区域全面经济伙伴关系协定》（RCEP）	基于 WTO 规则，维持对电子传输不征收关税的现行做法	允许数据跨境流动，但也允许缔约方自行决定例外	先与缔约方进行磋商，若未能解决，则提交 RCEP 联合委员会审议	要求缔约方建立适当的个人信息保护、消费者保护制度
2020	《数字经济伙伴关系协定》（DEPA）	明确对电子传输内容免征关税，但可以征收其他形式的国内税费	与 CPTPP 一致，数据原则上可跨境流动，仅允许严格限制的例外	主要采用磋商、组建仲裁庭、审查、形成报告、执行的程序	明确了个人信息保护的若干原则

资料来源：课题组整理。

（一）CPTPP 有关数字贸易的规则

作为新一轮最早生效的高标准区域贸易协定，CPTPP 把数字贸易的相关规则推到一个更高标准、更高水平，并得到了多数国家的认可，成为国际经贸秩序和格局变动的"风向标"，CPTPP 中与数字贸易规则最为密切相关的条款如下。（1）数字贸易关税。CPTPP 在海关关税方面明确：规则的缔约各方之间不得对交易双方之间的电子传输（包括其内容）征收关税；CPTPP 宣称消除数字贸易的关税壁垒是促进协议缔约国之间数字贸易的先决条件，同时承诺缔约国与非缔约国之间的其他关税和非关税壁垒将逐步取消，根据各国经济、贸易条件，差异化关税削减进程，目标是将95% 的关税细目最终降为零。（2）数据跨境流动。CPTPP 电子商务章第14 条"通过电子方式跨境传输信息"即对此进行约定。该条采用三个层次对数据跨境自由流动进行规制：首先，CPTPP 承认且认同各缔约国对此有各自监管需求；其次，核心条款要求各方应以允许数据跨境自由流动为原则，不得以监管要求变相阻碍；最后，规定了公共政策例外，在该公共政策不会对自由流动造成变相限制、超出限度的限制的情况下，可以对数据自由流动进行例外限制。（3）争端解决。CPTPP 在争端解决方面提出：首先双方进行平等磋商，起诉方请求设立专家组，专家组审查和报告，应诉方执行异议，执行异议审查和结论，实施报复。相较于 WTO 争端解决机制，CPTPP 通过取消上诉机构，有利于提高争端解决机制运行效率，是发展创新的重要体现。（4）个人信息保护。CPTPP 要求缔约方参照相关国际机构的原则和准则，通过立法为互联网用户的个人信息提供保护。CPTPP 尊重个人隐私作为法律赋予个人的基本权利，提出各缔约国在兼顾数据充分自由流动的贸易环境下，对过度收集、违规储存、开发、商业化使用个人数据等违法行为进行共同打击，消弭跨国数据传输问题上存在的严重分歧，积极磋商谈判，营造国际一致的法律环境。

（二）USMCA 有关数字贸易的规则

USMCA 是美国、加拿大和墨西哥之间的一项自由贸易协定，于 2020年 7 月 1 日生效。其中，第 19 章数字贸易条款除了直接承袭 TPP 中的部分条款外，对 TPP 中的数字贸易规则进行了一系列升级。如首次采用"数字贸易"替代"电子商务"章节，涵盖的经贸领域更为广泛、规制更加严格。（1）数字贸易关税。USMCA 沿用了 CPTPP 中的关税规定，即提出不禁止缔约方对电子传输的内容征收国内税和其他相关费用，但是应当满足本协定所要求的方式征收。（2）数据跨境流动。由于稳定畅通的数据流动是数字服务贸易生存的基础，因此，美国十分重视数据的传输与获取。USMCA 约定"缔约方允许涵盖的人为执行其业务时进行跨境传输"，且对这一条例的执行极为严格；强调存储非强制本地化，规定缔约方不得强制限制别国企业或个人使用本方领土内计算设施。（3）争端解决。USMCA 的案件处理流程第一步为磋商；第二步由专家组审议形成初步报告及最终报告；第三步形成执行争端解决或不执行，即终止利益的决议。USMCA 没有独立的常设上诉机构，实行专家组"一裁终局"制；USMCA 特别注重与国内司法、行政程序的衔接，当国内诉讼涉及相关事项时，应由协议委员会进行相应解释。（4）个人信息保护。USMCA 指出"个人信息保护"主要包含采集限制、传播限制、安全保护、透明度等，各方应采取非歧视性做法保护数字贸易用户免受其管辖范围内发生的侵犯个人信息的行为。USMCA 指出了缔约方在"个人信息保护"中应重视的具体原则，包括收集限制、选择、数据质量、目的规范、使用限制、安全保障、透明度、个人参与和问责制。

（三）RCEP 有关数字贸易的规则

RCEP 中涉及数字贸易规则的条款主要集中于电子商务、服务贸易中的电信服务、知识产权三部分。其中，电子商务章节涉及数字贸易规则的内容主要有四个方面。（1）数字贸易关税。RCEP 规定各个缔约方应当保持现有的暂时不就各缔约方之间的数据传输征收关税的惯常做法。但与此同时，RCEP 并未在其条款中做出完全禁止征收电子传输关税的规定；并进一步明晰，当按照协议规定的征收税收及费用或者其他开支时，各方不得妨碍对电子传输征收税收及费用或其他开支的征收。（2）数据跨境流动。RCEP 明确提出，各个缔约方不得妨碍由协议约束的各方为开展商业业务活动而以电子方式进行数据跨国传输行为。RCEP 基于缔约各方数据发展现实存在的差异，还对数据流动自由原则作了例外性规定，各缔约方可依基本安全利益或是为实现公共政策目标，对数据跨境流动加以监管或提出限制性要求。（3）争端解决。RCEP 中的争端解决的内容是所有协议的必要条件。条款规定各个缔约方若在数据跨境流动中产生分歧，应当首先就该争端中产生的分歧展开充分交流和磋商，若采用磋商的方式未能实现分歧的解决，可将该争端诉诸 RCEP 的联合委员会。但是，RCEP 联合委员会自身也仅拥有协调争端功能。（4）个人信息保护。在立法方面，RCEP 提出要求各个缔约方通过或维持本国目前的法律或法规，以防止消费者在进行电子商务活动时受到欺骗或误导以至受到不利损害。RCEP 中要求缔约方承诺考虑不断变化的全球数据保护标准，包括参考有关国际组织及机构的标准与原则、指南等，但条款未明确提及所具体应参考的标准。

（四）DEPA 有关数字贸易的规则

DEPA 由 16 个主题模块构成，包括商业和贸易便利化、处理数字产品及相关问题、数据问题、更广阔的信任环境、商业和消费者信任、数字身份、新兴趋势和技术、创新和数字经济、中小企业合作、数字包容、透明度和争端解决等。（1）数字贸易关税。DEPA 规定任何一方都不应对电子传输施加关税。但是 DEPA 并不排除各缔约方在符合本协定其他规定的情况下，对内容的电子传输施加国内税收、费用或其他收费。（2）跨境数据流动。DEPA 中关于数据流动的规定基本参照了 CPTPP 电子商务章节的有关条款，但是与 CPTPP 的"一揽子"条款有着本质区别的是，DEPA 的模块化设置为世界各国就是否接受该规定提供了自由化选择，这也是 DEPA 作为一种全新数字贸易制度安排的创新性和灵活性所在。（3）争端解决。DEPA 包含争端解决条款，以应对数字贸易领域争端解决条款普遍不适用的问题，DEPA 致力于为解决政府间的争端提供有效、公平和透明的程序；争端解决条款包括三个层次：协商、调解和仲裁程序，有效缓解了数字经济领域争端解决程序缺失的现状。（4）个人信息保护。DEPA 所指的个人信息是"包括数据在内的有关已识别或可识别自然人的任何信息"，并制定了加强保护个人信息的框架与原则，包括透明度、目的规范、使用限制、收集限制、个人参与、数据质量和问责制等。DEPA 要求缔约方在国内建立一个与这些原则相匹配的框架，以促进各国保护个人信息法律之间的兼容性和互操作性。

二、对接国际高标准经贸规则的举措

2021 年，中央经济工作会议部署 2022 年经济工作时提出，主动对标高标准国际经贸规则，以高水平开放促进深层次改革、推动高质量发展。2022 年，中央经济工作会议部署 2023 年经济工作时提出：要积极推动加入 CPTPP 和 DEPA 等高标准经贸协议，主动对照相关规则、规制、管理、标准，深化国内相关领域改革。2023 年 10 月，习近平总书记在第三届"一带一路"国际合作高峰论坛中提出：主动对照国际高标准经贸规则，深入推进跨境服务贸易和投资高水平开放，扩大数字产品等市场准入，深化国有企业、数字经济、知识产权、政府采购等领域改革。[①] 积极对标高标准数字经贸规则不仅有利于适应国际经贸规则的最新变化，找准突破口，提前有选择、有重点、有针对性地推动产业链与创新链深度融合，更有利于提升中国在全球经贸治理领域中的话语权，向全球提供输出国际经贸规则的中式模板、发出中国声音。

（一）数字贸易相关政策

自 2019 年数字贸易首次出现在我国政策文件以来，相关政策、法规制定进入快车道，立足我国数字贸易的发展目标和定位，已初步形成涵盖出口促进、产业发展、安全保障、市场开放、制度建设、地区实践六个方面的发展管理政策体系，而这些政策的实施将对我国对接数字贸易领域国际高标准经贸规则形成有效的保障。

第一，在出口促进方面。我国积极对接国际数字经贸规则，推动跨境数据流动监管政策不断与国际规则接轨。这一努力得到了明确的政策支持。2020 年，我国发布了《全球数字安全倡议》，提出了汇聚全球安全共

---

① 第三届"一带一路"国际合作高峰论坛主席声明 ［EB/OL］. 新华网，2023 - 10 - 18.

识、共享数字经济发展红利的主张。此举旨在积极参与全球数字经济治理体系建设，推动数字贸易的规则制定和实践。

第二，在产业发展方面。我国相继颁布出台《中华人民共和国数据安全法》《中华人民共和国个人信息保护法》，与《中华人民共和国网络安全法》共同构成个人信息保护和跨境数据流动监管的顶层制度。这些法律法规的颁布旨在确保数据及个人信息在收集、处理、存储、共享、流通等关键环节得到明确规制，进一步提升我国数字贸易的安全性和可信度。

第三，在安全保障方面。我国通过立法和制度建设，加强了数据安全和个人信息保护的管理体系。安全评估、专业机构认证和标准合同等具体措施被纳入我国的数据流动方式中，以确保数据的安全性和合规性。同时，为了维护国家安全和公共利益，对部分数据的跨境流动进行适度监管，以确保数字贸易的健康发展。

第四，在市场开放方面。秉持促进数据安全和自由流动原则，注重参与个人信息保护的国际规则制定与规则对接。这体现了我国数字贸易政策的开放和包容态度，同时也有助于加强国际合作，共同应对数字经济发展中的挑战和问题。

第五，在制度建设方面。依照《建设高标准市场体系行动方案》要求，促进内外贸法律法规、质量标准、检验检疫等制度相衔接，进一步完善市场竞争、知识产权保护、政府采购等重点领域的标准和规则。

第六，在地区实践方面。积极推动相关地方开展试点工作，细化和完善数字贸易政策的具体实施方案。这有助于将数字贸易政策与实际操作相结合，提高政策的可操作性和针对性，为数字贸易的发展提供有力支持。例如，上海、北京、浙江等多个地区先后出台了数字贸易发展规划，根据区位优势和产业特点建设数字贸易先行区或试验区，率先推动跨境数据流动、云服务开放等试点工作，探索与国际高水平自由贸易协定规则的对接。综上所述，我国数字贸易发展已具备了积极、全面的发展管理政策体系。通过明确与国际高标准经贸规则接轨的目标，我国不断推动数字贸易相关监管和政策的完善，从而确保数字贸易的高质量发展。

（二）跨境电商相关政策

我国跨境电子商务的发展离不开跨境电子商务的法律法规，也离不开跨境电子商务的开放性。我国跨境电商政策发展经历了三大阶段：政策萌芽期、政策发展期和政策爆发期。2013 年以来，我国发展了多项跨境电商政策，主要集中在出口和关税领域；尤其在 2020 年以来，跨境电商成为了促进外贸转型升级、创造新经济增长点的一个重要突破口，相关的政策也对跨境电商的发展给予了有力的支持。

近年来，我国跨境电商增势迅猛，各级部门出台多项政策文件以引导跨境电商合规健康发展。具体来看，国务院、财政部、海关总署、外汇管理局等部门围绕税收、通关、支付结算、配套服务等关键问题，从完善制度体系、鼓励新业态新模式等层面，为跨境电商发展构筑良好政策环境，主要有以下两个方面。一是试点布局进一步扩大。2022 年 2 月，国务院批准 27 个城市和地区建立跨境电商综合试验区，这是 2015 年第一个跨境电商综合试验区以来的第 6 批综合试验区。二是发展跨境电商新模式。支持市场采购贸易和跨境电商融合发展，指导综合试验区帮助企业充分利用海外仓扩大出口，新增 17 项市场采购贸易方式试点，并对保税维修、离岸贸易等新业务进行了积极的探索。

在建立综合试验区的过程中，我国的跨境电商在制度创新、管理创新和服务创新等领域积累了丰富的经验，并形成了一系列可以被国际和国内参考的成熟做法，为跨境电商的高速高质量发展作出了显著的贡献。2022 年 2 月，《国务院关于同意在鄂尔多斯等 27 个城市和地区设立跨境电子商务综合试验区的批复》发布，同意在鄂尔多斯市等 27 个城市和地区设立跨境电子商务综合试验区。在此之前，我国已分 5 批建立 105 个跨境电商综合试验区，基本覆盖全国，形成了陆海内外联动、东西双向互济的发展格局。加上此次获批的 27 个城市和地区，国内跨境电商综合试验区达到 132 个。

从跨境电商综合试验区的作用来看，跨境电商综合试验区政策的主要措施有两个方面。一方面，在支付、物流、通关、退税和结汇等环节进行先行先试，对出口退税政策进行完善，尤其在 2018 年 10 月，对综合试验区电商出口企业实行了免税。另一方面，逐步放宽对跨境电子商务零售业的限制，简化对进口业的批文、注册和备案手续；对清单上的货物，实行"限额以内"的零关税，对进口环节的增值税、消费税继续按照国家规定的70%进行征收。

　　跨境电商已成为推动我国对外贸易走向更高层次、更高水平的技术催化剂。跨境电商综合试验区的建设，可以提升跨境电商企业的创业动力，促进生产性服务业的集聚，从而降低城乡居民收入差距。综合试验区的制度创新总结如表 10 – 3 所示。

表 10 – 3　　　　　　　　　　综合试验区制度创新点

创新方面	政策内容	优点
税收监管方面	"无票免税"是从 2018 年 10 月 1 日开始实施的，对综合试验区内的电商企业出口的商品，如果没有合法的进货凭证，在满足一定条件的情况下，可以享受免征增值税和消费税。早在 2014 年 2 月 10 日，为了规范跨境电商发展，提升通关效率，海关总署增列了代码为"9610"的监管方式，即"跨境贸易电子商务"，适用于境内个人或电子商务企业通过电子商务交易平台实现的交易	在实际交易中，众多跨境电商公司在电商平台上，以高频率的方式进行多个类别的商品的销售，无法保证每一类、每一批次所售的商品均能获得合法、有效的进货凭证。出口商品不但得不到退税，甚至有可能被视同内销征收税款。"无票免税"制度的实施，打破了目前的窘境，极大地减轻了我国中小企业的税负
申报通关方面	海关总署、税务总局等政府管理部门出台了一系列政策文件来帮助提升通关效率，主要有四个方面内容：一是简化归类，即对不涉及出口征税、进口退税的施行许可证管理；二是清单核放，即电商出口企业将商品信息、物流信息、支付信息等推送到"单一窗口"；三是汇总统计，即出口企业按照《申报清单》汇总，无须再形成报关单；四是允许批量转关	使得企业申报通关的烦琐程度降低，同时也大大降低了海关的审单压力，显著提高了申报的准确率和通关速度。例如，在上述措施下，杭州跨境电商综合试验区的货物进出口申报时间从 4 小时缩短到平均 1 分钟
保障服务方面	综合试验区对"融资难""融资贵"等问题给予了高度关注，并采取了一系列的金融服务举措，比如，为小微企业提供了直接的贷款贴息，鼓励金融机构开展"跨境电商供应链"融资业务，并研发了专门的、创新的信贷产品，放宽了在"跨境电商综合试验区"注册的电商和个人的结售汇政策	对建立跨境电商产业园区利好，可以吸引知名电商平台企业、跨境电商产业链上下游企业及相关服务企业入驻，通过对园区内金融、通关、检疫、物流、人才等供应链综合服务进行完善，构建跨境电商产业生态圈

　　资料来源：马述忠，郭继文. 制度创新如何影响我国跨境电商出口？——来自综试区设立的经验证据［J］. 管理世界，2022，38（8）：83 – 102.

第三节　数字贸易发展的政策支撑体系

我国应立足于全球视野,通过对标高标准国际经贸规则,把握全球数字贸易发展趋势,有战略、有步骤、系统化地推动我国数字贸易高质量发展。应该看到,我国数字贸易在跨境电子商务方面优势明显,但在数字贸易基础制度、数字贸易创新创业中心建设、数字贸易产业生态圈形成、数字贸易监管体系等方面仍然存在很大的提升空间。我国应构建系统的政策支撑体系,可分别从完善数字贸易基础制度建设、加快建设数字贸易创新创业中心、构建数字贸易产业生态圈、创新数字贸易监管体系四个模块来综合推进,从而赋能全球产业链位势提升(见图10-1)。

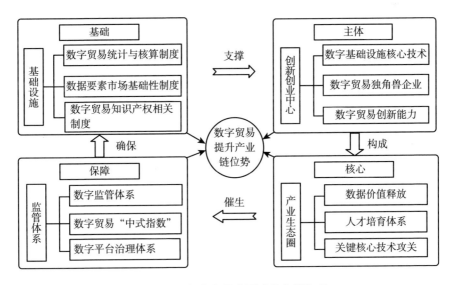

图 10-1　数字贸易发展政策支撑体系

一、完善数字贸易基础制度建设

数字贸易发展离不开新型基础设施建设,新时期我国发挥了在 5G 技术领域的国际优势,推动人工智能、区块链、大数据、云计算和金融科技等新兴数字技术快速发展，打造数字化程度更高、智能化水平更强、网络化连接更广的综合型、智能型数字基础设施，为数字贸易高质量发展奠定了坚实基础。

（一）建设数字贸易统计与核算制度

我国是全球最大的电商市场，也是数字经济快速发展的国家之一，数字贸易的规模和影响力不断增强。然而，目前数字贸易的基础制度建设尚不完善，需要加强数字贸易统计与核算制度建设，完善指标体系建设，建立数字贸易数据收集和共享机制，推动数字贸易的国际统计标准化工作。一是统计方法和指标体系的完善。加强对数字贸易特有属性和特征的理解和应用。探索以跨境电商交易额、数字服务出口额、数字知识产权交易额等为指标的数字贸易统计体系，并将数字贸易与宏观经济指标进行协调统计，从而更准确地衡量数字贸易的规模和结构。此外，积极推进，将数字贸易的数据维度扩展到区块链、物联网等新兴技术领域，建立数字贸易数据的多维度统计体系。二是数据收集和共享机制的建立。加强跨部门、跨领域的数字贸易数据共享机制的建设，通过统一数据格式和标准，确保数字贸易数据的准确性和可靠性，并在数据质量监测和控制方面加强管理。此外，我国还应积极参与国际数字贸易数据共享和交流，加强国际数字贸易的合作与协调，促进数字贸易数据的跨境流通和应用，推动数字贸易的全球化发展。三是推进国际统计标准化工作。加强与国际组织和其他国家的合作，建立数字贸易国际统计标准化机制，加快构建与国际接轨且符合我国比较优势的数字贸易统计制度。加强国际数字贸易数据的共享和交流，推动数字经济与"一带一路"倡议的深度融合。建立健全数字贸易统计与核算制度，通过统计方法和指标体系的完善、数据收集和共享机制的建立，以及国际统计标准化工作，可以准确地把握数字贸易发展规模和趋势，提高数字贸易统计的准确性和可靠性。

（二）健全数据要素市场基础性制度

随着数字经济的快速发展和数据要素的日益重要，数据要素市场已经成为数字经济发展的重要组成部分。在这个背景下，为了促进数据要素市场的健康发展，需要加强数据要素市场基础性制度的健全完善。一是数据要素市场规范化、制度化和市场化建设。注重政府的引导作用。政府通过制定相关法律法规和规范管理体系，建立健全的数据要素市场法律制度和规范管理体系，加强对数据要素市场的监管和服务。加强数字经济和实体经济的融合发展，推动数据要素市场与实体经济的深度融合，以实现数据要素市场的可持续发展。二是数据产权保护机制的建立。进一步加强数据产权法律制度建设，完善数据产权的保护机制，强化数据要素市场的知识产权保护，保护数据生产者、数据中介机构和数据使用者的合法权益。此外，应当推动数据要素市场的信息公开和透明度，提高市场参与者的知情权和选择权。三是促进数据流通和价值创造。建立数据交易平台，促进数据的流通和共享，为数据价值创造提供良好的市场环境。同时，应当加强数据技术创新和数据应用能力的提升，推动数据要素市场与新技术、新业态的融合，提升数据的价值创造能力和市场竞争力。四是推动数据要素市场的健康发展。加强国际合作和交流，推进数据要素市场的国际标准化和规范化。此外，应当积极推动数字经济人才的培养和引进，加强数据要素市场人才的专业化和国际化能力建设，为数字经济的全球化发展提供有力支持。健全数据要素市场基础性制度建设，是促进数字经济发展、推进数字化转型的重要任务。

（三）完善数字贸易知识产权相关制度

数字贸易知识产权的保护已经成为对标国际高标准经贸规则的重要方面。随着数字经济的蓬勃发展，知识产权保护面临越来越复杂的形势，特别是在跨境数字贸易中，知识产权的保护更加复杂和困难。为了更好地加强数字贸易知识产权法律保护，需要建立和完善数字贸易知识产权争端解决机制。一是数字贸易知识产权的法律保护。目前，我国数字贸易知识产权保护是以《中华人民共和国知识产权法》为基础的，而针对数字经济领域的特点，相关的法律法规也在不断完善和调整，如《中华人民共和国电子商务法》《中华人民共和国数据安全法》等。数字贸易知识产权的保护还需要强化司法保护和行政执法，加强知识产权保护的司法实践，提高知识产权保护的效力和公信力。二是数字贸易知识产权的创造和流通。要积极鼓励数字贸易参与主体进行技术创新和研发，推动数字经济向高质量发展，增强数字贸易知识产权的创造能力。例如，加强数字技术的研发和创新，推动新一代信息技术的发展，提高数字经济创新的核心竞争力。此外，要完善数字贸易知识产权市场的流通机制，推动数字贸易知识产权有效转化，从而提高数字贸易知识产权的利用效益。三是数字贸易知识产权的管理和维护。建立健全数字贸易知识产权管理体系，加强数字贸易知识产权的监管和维护工作，保障数字贸易知识产权合法权益。加强数字贸易知识产权的监管，建立数字贸易知识产权管理平台，实现知识产权信息的共享和管理。应加强数字贸易知识产权的国际合作，推动数字贸易知识产权的国际化、标准化和规范化发展，参与国际知识产权组织，与国际知识产权保护机构开展合作，共同推动数字贸易知识产权的保护和发展。此外，完善数字贸易知识产权制度，促进数字贸易知识产权的创新和流通，提高数字贸易知识产权的管理和维护水平，推动数字贸易知识产权的健康、稳定和可持续发展。

二、加快建设数字贸易创新创业中心

推动我国数字贸易高质量发展，必须充分发挥市场主体的主导作用，积极培育数字贸易市场主体，加快建设数字贸易创新创业中心。

（一）推动数字基础设施核心技术攻关

在当今数字化时代，数字基础设施已经成为企业发展的关键要素。数字基础设施包括网络、计算设备、存储设备、软件系统等各种组成部分，提供了强大的计算和存储能力，支撑了信息化建设和数字化转型。数字基础设施的核心技术研发、标准化、运营等方面的问题，已经成为数字化时代企业面临的重要挑战和机遇。因此，应进一步加强自主创新，积极探索数字基础设施核心技术的应用场景，推动数字基础设施的普及和应用。一是数字基础设施核心技术研发。加强技术研发和创新能力，特别是在关键领域和核心技术上进行攻关。数字贸易创新创业中心可以建立开放的研发平台，与高校、研究院所等合作，共同研究数字基础设施核心技术，提高数字化业务的核心竞争力。此外，鼓励企业积极参与政府支持的科技项目，争取资金支持，加速数字基础设施核心技术的研发。二是数字基础设施标准化。数字贸易涉及多个领域和行业，各方面的标准化程度不同，建立完善的数字基础设施标准体系对于数字贸易的发展至关重要。在数字基础设施标准化方面进行国际合作，与国际标准化组织等机构开展合作，并积极参与标准制定和推广。此外，数字贸易创新创业中心通过与标准化机构合作，共同研究和制定数字贸易标准，提高数字贸易的互通性和可信度。三是加强企业对数字基础设施的运营和维护能力。提高数字化运营和维护能力，建立数字化运营和维护团队。例如，阿里云通过数字化运维管理平台，实现对数字基础设施的实时监测和管理，有效提高了数字基础设施的稳定性和可靠性。同时，加强数字基础设施的维护，及时发现和解决数字基础设施故障和问题，提高数字基础设施的可用性和可靠性。在数字基础设施核心技术攻关方面，可加强技术创新、标准化和运营维护能力，有助于企业构建数字化经济新生态，推动数字贸易快速发展。

（二）培育数字贸易独角兽企业

随着数字技术发展和数字化转型的深入，数字贸易已成为提升企业全球产业链位势的重要途径。为了推动数字贸易的发展，培育数字贸易独角兽成为了当下的重要任务。数字贸易独角兽企业是指在数字贸易领域拥有独特优势和核心技术的企业，具有很高的市场占有率和盈利能力。因此，加快建设数字贸易创新创业中心，培育数字贸易独角兽，对于推动数字贸易的快速发展具有重要意义。一是差异化的扶持政策。根据不同类型数字贸易企业发展特点和发展阶段，为数字贸易企业提供更精准的扶持。例如，针对初创期的数字贸易企业可以给予财政补贴、免费提供办公场所等扶持政策，以减轻其资金压力；对于成长期的数字贸易企业，可以给予税收优惠、信贷支持等方面的扶持，以促进企业快速成长。此外，加大对数字贸易独角兽企业的扶持力度，鼓励企业加大研发投入，提高核心技术竞争力。二是数字贸易企业融资机制。建立多元化融资渠道，提升数字贸易企业融资便利化。通过设立风险投资基金、引导银行和证券公司为数字贸易企业提供融资支持，为数字贸易企业提供更广泛的融资渠道，缓解融资困难的问题。鼓励信誉和业绩良好的数字贸易企业通过股权融资、债务融资等方式获得资金支持。三是数字贸易企业的知识产权保护和扶持。加强知识产权保护力度，维护数字贸易企业的合法权益。鼓励数字贸易企业加强知识产权的申请和保护工作，提高企业的核心竞争力。通过设立知识产权保护基金，培育数字贸易领域成长潜力大的独角兽企业，为数字贸易企业创新和发展创造有利的环境。加强数字贸易知识产权的国际保护，有利于增强数字贸易企业的国际竞争力。

（三）提升数字贸易创新能力

一是建立创新生态系统。为了提升数字贸易的创新能力，需要构建创新的生态系统，推动产业深度融合，加强国际合作。创新生态系统由创新驱动的企业、创新支持的政策和创新的社会环境组成。政府可以通过出台创新政策，加大对数字贸易企业的支持力度，引导和培育更多的数字贸易独角兽企业。企业也可以通过加强内部研发和创新，扩大自身的影响力和市场份额。二是产业链创新链深度融合。通过对标国际高标准经贸规则，推动产业链创新链深度融合。加速数字经济与传统经济的深度融合，并深入推进贸易领域产业深度融合，有利于提高数字贸易国际市场竞争力和市场势力。国际贸易进出口企业需要积极开展数字化转型，提升自身产品品质和服务能力，满足国内外市场和客户需求。三是加强数字贸易国际合作。加大对数字贸易企业的对外支持，推动数字贸易产业的国际合作，提高数字贸易的全球化水平。企业可以通过参加国际性的数字贸易展览、洽谈会等活动，扩大国际市场和客户群体，提升数字贸易的国际竞争力。此外，还可以通过建立国际合作联盟、推动国际的数字贸易标准化等方式，促进数字贸易的国际化合作。同时，加强国际合作还可以通过引进国外先进的数字贸易技术和理念，促进数字贸易企业的创新和升级，提高数字贸易的整体水平。

三、构建数字贸易产业生态圈

形成数字贸易产业生态圈是促进数字贸易的进一步发展的核心。因此，推动我国数字贸易高质量发展，应着力构建数字贸易产业生态圈。其中，值得注意的是需要以多元化的资源整合实施数字贸易生态圈的构建，形成数据、人才、技术等资源的综合提升。

（一）促进数据价值释放

数据要素具有的非竞争性、非排他性、低成本复制和即时性等特征，是数字贸易生态圈的基础性、战略性资源。我国应充分发挥数据资源的效用，形成跨区域、跨国家的数字贸易生态圈就需要挖掘数据要素的潜在价值，发挥数据要素的生产作用，注重数据价值的释放，打通数据价值链，在保障数据安全的底线下，促进数据要素的自由流动。一是重视跨境数据流动安全性。重视跨境数据流动安全风险，要建立和健全跨境数据流动的行业自律制度，并对企业进行检查和督促，确保其在跨境数据安全方面的义务，为跨境数据安全治理体系的建设和良好的合规环境建设提供帮助。同时，对 ICT、5G、机械等各类电子产品的信息安全性进行认证，不仅可以保证出口商品符合国际标准，还可以对数据流通中可能出现的"原生风险"和由此产生的"次生风险"加以预防。二是制定数据出境分级分类标准。数据出境需要充分考虑国家核心数据的保密性以及对企业和个人隐私的保护，有必要根据各行业的具体情况，分别建立一套针对各行业的数据出境目录。此外，基于对数据出境风险自评估机制的解读，提倡数据处理方尽快形成行业"重要数据"目录、借鉴"白名单"制度建立数据合作伙伴清单、优化设计数据出境标准合同或标准化合同条款等合规建议。三是完善数据跨境流动治理规则。加快出台数据跨境流动规则体系及相关细则，研究制定数据跨境流动的指示性范本和标准格式合同管理模式，加快构建数据跨境流动安全治理评估体系，探索适合我国国情与发展道路的跨境数据流动治理框架。加快构建跨境数据流动治理体系，在保障数据主权的基本前提下促进数据的跨境流动。

（二）创新人才培育体系

在数字贸易迅猛发展的同时，配备足够的数字经济和贸易人才不可或缺。我国应积极出台相关优惠政策，吸引高端数字贸易人才，打造全球数字贸易人才生态圈，为数字贸易发展输送高质量复合型人才。同时，加大数字贸易相关新兴专业学科的投资，加快培养具有扎实专业知识和技术的人才。一是注重本土数字贸易人才的培养。应该强化对职业教育的相应指导，促进与数字贸易有关的高科技人才培养。加强金融支持，设立促进数字贸易商业发展基金。加强对数字贸易专业技术人员的培训，鼓励高等院校和科研院所建立数字贸易学院和研究所。鼓励企业和第三方机构积极地对员工进行数字技能提升培训，以提高在数字经济领域中的技能人才供给。二是吸引和激励全球数字技能人才。为了弥合人才供需鸿沟，对国际数字技能人才移民及顶尖高校数字技能专业留学人员的申请条件进行适当的放宽，加快构建数字领域高技能人才聚集平台。对数字贸易领域的人才引进条件进行优化，提高其福利待遇，吸引并留住全球的数字贸易创新人才。为我国数字贸易企业提供快速便捷的全球技术人才资源。利用股权激励机制，引进和激励优秀核心人员。

（三）加强关键核心技术攻关

一是以关键核心数字技术为主攻方向。促进数字经济和实体经济深度融合，推动以产业数字化和数字产业化为核心的双引擎政策引导战略，努力实现高质量发展。我国已围绕数字技术创新和应用，提前布局领先一代的数字技术创新，包括超前布局6G未来网络、量子科技、算法创新、区块链、先进算力基础设施、类脑计算等数字经济先导产业。从系统视角出发，应积极鼓励产学研融合、政府采购与激励型财税政策等手段，攻克在关键技术领域存在的"卡脖子"难题。二是推进数字技术标准化建设。鼓励并支持行业技术标准的研发与应用，以柔性的政策来引导与推动传统行业的数字化转型，从而促进我国数字经济的整体发展。为此，必须加大对网络基础技术、软件和核心芯片研究和开发的力度。由于区块链数据具有公开透明、不可篡改、过程可追溯等特性，与数字知识产权的产生、保护和流转之间有着天然的契合度，这为数字知识产权保护提供了新的突破口，也为未来知识产权的保护提供了良好的技术手段，可以对其进行进一步的加工运用。三是强化数字技术领域顶层设计。强化新兴数字技术标准化的顶层设计，促进产业应用与管理等关键标准的研发以及标准的验证应用，从而加速标准的供给数量，提升标准的研制质量，从而可有效解决特定领域中的标准供给不足的问题。需要将我国新型举国体制的优势充分发挥出来，加强企业科技创新的主体地位，将重点放在集成电路、软件等重点领域，加速锻造长板、补齐短板，培养出一批具备国际竞争能力的大企业和具备产业链控制力的生态主导型企业，建立起一个自主可控的产业生态体系。

四、创新数字贸易监管体系

（一）优化数字监管体系

一是重视数字治理在数字中国中的作用。随着我国数据要素交易体系初步构建，数字经济与实体经济逐渐融合，数字治理在数字中国建设中日益发挥重要作用。我国应建立与数字贸易高质量发展相适应的监管体系，对跨部门与跨区域、线上与线下以及事前、事中和事后的全方位监管协作进行统筹和协调，将数字领域中新技术应用到治理实践中去，借鉴发达国家的经验与做法，逐渐建立与我国实际情况相适应的数字治理模式。二是完善数字服务领域监管治理。针对我国数字服务贸易面临的监管与治理挑战，须着重建立和完善人工智能、区块链、车联网等技术的算法、标准、伦理等的治理规则和安全评估制度。规范电子商务、金融科技、新闻信息等线上经济活动。推动数字平台治理，科学界定平台等级和类别，落实平台责任义务，加强对平台不正当竞争和资本无序扩张的监管。完善网络安全保障，加强网络安全关键技术产业发展，提升网络安全监测、预警、响应和处理能力。三是提升数字监管服务效能。发挥数字赋能的效用，构建数字监管治理新模式，以数据信息共享、部门协同联动为抓手，提升数字监管服务效能。促进"数字技术＋监管服务"融合发展，完善服务管理手段，构建跨区域、跨部门联动的监管模式。将自贸区先行先试的监管经验推广至更广区域、覆盖更多项目。统筹布局数字港口、智慧物流等数字基建，响应数字贸易便利化需求，加强数字金融对企业资金融通、支付结算等环节的支撑能力。

（二）构建数字贸易"中式指数"

一是构建"数字贸易监管指数"。在积极与国际高标准经贸规则接轨的同时，建议相关研究机构以有别于欧美模式的定义与度量方法，探索建立"中式指数""东亚指数"等，推出与我国国情相适应的"数字贸易监管指数"，将有效监管和贸易壁垒区分清楚，对各类数字贸易监管措施的实施细节、必要性等进行清晰的阐释与分析，并将该指数的应用范围拓展到大多数发展中国家。欧洲国际政治与经济中心（ECIPE）发布的数字贸易约束指标表明，我国对于数字贸易的监管力度明显超过了全球平均水平，有利于弥补目前欧美国家主导指数体系的不足，还将有助于我们在数字贸易规则的制定中更好地权衡利弊，获得更大的话语权。二是注重优化数字贸易营商环境。对于数据跨境流动等新型贸易形态，对数字贸易营商环境进行优化，已经成为有关国际机构和各国监管部门关注的热点。如世界银行公布的"数字营商环境指数"，旨在促进全球各国建设高效率的数字经济体系；欧洲发布"数字贸易管制指数"（DTRI）；经济合作与发展组织发布"数字服务贸易管制指数"（DSTRI），用以衡量国家和地区的数字贸易开放度。我国应密切关注数字贸易营商环境的监管，并从多维度优化数字贸易营商环境。

（三）完善数字平台治理体系

数字化互联网平台作为数字贸易依托的载体和中枢，是激活数字生态系统活力、促进数据价值链高端化发展的关键。一是优化数字平台企业制度环境。为数字平台企业参与国际竞争创造良好的制度环境。发挥数字平台企业国际化发展潜力，构建与国际接轨多元化平台规制体系。加强构建数字平台"走出去"所需服务与支撑体系，强化数字平台企业境外合作政策支持，完善出境审查与出海风险评估，防范数字平台可能的域外风险。二是增强数字平台企业国际竞争力。为增强跨境数据流动的包容性，需要明确跨境贸易和投资中数字平台企业所面临的数据安全和平台责任等合规监管问题。通过差异化监管方式，提升数据出境安全评估的便利性，为企业的跨国业务提供有效的数据流动机制。优化数字平台的反垄断监管，有助于提升数字贸易的竞争力水平。这意味着需要建立更加有效的监管机制，遏制数字平台企业滥用市场优势的行为，保障公平竞争环境，促进数字贸易的发展，推动创新和竞争，为消费者提供更多选择，并进一步提高数字经济的整体效益。通过明确监管责任和加强监管机制，实现对数字平台企业的有力监管，防止其垄断市场、限制竞争的行为，从而优化数字贸易的竞争环境，推动数字经济的可持续发展。三是以 RCEP 为契机，助推数字平台"走出去"。引导和鼓励数字平台企业优先布局东盟和日韩市场，重点培育跨境电商、数字内容、移动支付等国际区域性产业链和生态圈，做大平台经济国际生态圈。鼓励数字平台企业积极参与"数字丝绸之路"建设，加快海外仓建设与境外经贸合作区联动发展，推进平台企业以"丝路电商"方式建设"一带一路"平台经济的国际大市场。

参 考 文 献

［1］36 氪研究院. 2022 年中国跨境电商行业研究报告［R］. 2022.

［2］阿里研究院, 阿里跨境电商研究中心. 2016 中国跨境电子商务发展报告［R］. 2016.

［3］艾媒咨询. 2020—2021 中国进口跨境电商行业研究报告［R］. 2021.

［4］艾瑞咨询. 2023 年中国跨境出口电商行业研究报告［R］. 2023.

［5］柏培文, 张云. 数字经济、人口红利下降与中低技能劳动者权益［J］. 经济研究, 2021, 56（5）: 91 – 108.

［6］包群, 但佳丽, 王云廷. 国内贸易网络、地理距离与供应商本地化［J］. 经济研究, 2023, 58（6）: 102 – 118.

［7］蔡跃洲, 陈楠. 新技术革命下人工智能与高质量增长、高质量就业［J］. 数量经济技术经济研究, 2019, 36（5）: 3 – 22.

［8］曹慧平. 契约执行效率如何影响中国制造业价值链升级？——基于产品升级视角［J］. 财贸研究, 2022, 33（9）: 15 – 28.

［9］陈昌盛, 胡翠, 许伟. 我国出口竞争力评估与结构性挑战——2012 年以来我国商品国际竞争力研究［J］. 管理世界, 2022, 38（12）: 26 – 38, 39, 75.

［10］陈凤兰, 武力超, 戴翔. 制造业数字化转型与出口贸易优化［J］. 国际贸易问题, 2022, 480（12）: 70 – 89.

［11］陈贵富, 韩静, 韩恺明. 城市数字经济发展、技能偏向型技术进步与劳动力不充分就业［J］. 中国工业经济, 2022, 413（8）: 118 – 136.

［12］陈俊聪. 对外直接投资对服务出口技术复杂度的影响——基于跨国动态面板数据模型的实证研究［J］. 国际贸易问题, 2015（12）: 64 – 73.

［13］陈启斐，杨继军，叶迪. 中国加入 GVC 对伙伴国技术进步的影响：中国竞争还是中国红利［J］. 财经研究，2023，49（7）：108－121.

［14］陈启斐，张群. 经济政策不确定性是否降低了全球技术溢出强度：基于货物贸易与服务贸易的对比分析［J］. 统计研究，2021，38（4）：30－44.

［15］陈少威，贾开. 跨境数据流动的全球治理：历史变迁、制度困境与变革路径［J］. 经济社会体制比较，2020（2）：120－128.

［16］陈晓华，刘慧. 要素价格扭曲、价格加成与制造业生产技术革新［J］. 科学学研究，2018，36（10）：1758－1769.

［17］陈彦斌，林晨，陈小亮. 人工智能、老龄化与经济增长［J］. 经济研究，2019，54（7）：47－63.

［18］崔日明，赵鲁南，盛新宇. 中国主要经济区贸易强省水平测度及比较［J］. 国际经贸探索，2021，37（7）：69－84.

［19］戴魁早. 技术市场发展对出口技术复杂度的影响及其作用机制［J］. 中国工业经济，2018（7）：117－135.

［20］戴翔，金碚. 产品内分工、制度质量与出口技术复杂度［J］. 经济研究，2014，49（7）：4－17，43.

［21］戴翔，刘梦. 人才何以成为红利——源于价值链攀升的证据［J］. 中国工业经济，2018（4）：98－116.

［22］戴翔，马皓巍. 数字化转型、出口增长与低加成率陷阱［J］. 中国工业经济，2023（5）：61－79.

［23］党琳，李雪松，申烁. 制造业行业数字化转型与其出口技术复杂度提升［J］. 国际贸易问题，2021（6）：32－47.

［24］邓慧慧，刘宇佳，王强. 中国数字技术城市网络的空间结构研究——兼论网络型城市群建设［J］. 中国工业经济，2022，414（9）：121－139.

［25］丁小义，胡双丹. 基于国内增值的中国出口复杂度测度分析——兼论"Rodrik 悖论"［J］. 国际贸易问题，2013（4）：40－50.

［26］杜运苏，刘艳平. 服务业开放、资源错配与价值链升级——基

于中国制造业企业的经验研究 [J]. 国际贸易问题, 2023 (6): 34 - 51.

[27] 樊海潮, 张丽娜. 贸易自由化、成本加成与企业内资源配置 [J]. 财经研究, 2019 (5): 139 - 152.

[28] 范合君, 吴婷, 何思锦. "互联网 + 政务服务"平台如何优化城市营商环境? ——基于互动治理的视角 [J]. 管理世界, 2022, 38 (10): 126 - 153.

[29] 范黎波, 郝安琪, 吴易明. 制造业企业数字化转型与出口稳定性 [J]. 国际经贸探索, 2022, 38 (12): 4 - 18.

[30] 范鑫. 数字经济发展、国际贸易效率与贸易不确定性 [J]. 财贸经济, 2020, 41 (8): 145 - 160.

[31] 方慧, 霍启欣. 数字服务贸易开放的企业创新效应 [J]. 经济学动态, 2023 (1): 54 - 72.

[32] 顾夏铭, 陈勇民, 潘士远. 经济政策不确定性与创新——基于我国上市公司的实证分析 [J]. 经济研究, 2018, 53 (2): 109 - 123.

[33] 郭娟娟, 冼国明, 李怡. 服务业外资自由化与中国制造业企业全球价值链地位提升 [J]. 财贸研究, 2022, 33 (7): 16 - 30.

[34] 国务院发展研究中心对外经济研究部, 中国信息通信研究院. 数字贸易发展与合作报告. 2021 [M]. 北京: 中国发展出版社, 2022.

[35] 韩沈超. 服务贸易促进了服务业全球价值链重塑吗 [J]. 国际商务 (对外经济贸易大学学报), 2023, 210 (1): 56 - 71.

[36] 韩先锋, 宋文飞, 李勃昕. 互联网能成为中国区域创新效率提升的新动能吗 [J]. 中国工业经济, 2019 (7): 119 - 136.

[37] 郝能, 刘德学, 吴云霞. 数字产品进口对企业出口国内附加值率的影响研究 [J]. 国际贸易问题, 2023 (7): 70 - 86.

[38] 何军. 我国经济内涵式发展中的产业链升级问题研究 [J]. 河南社会科学, 2020, 28 (9): 54 - 62.

[39] 何雅兴, 马丹. 区域垂直专业化分工与出口产品竞争力提升——基于区域贸易增加值分解的新视角 [J]. 统计研究, 2022, 39 (5): 3 - 22.

[40] 侯俊军, 王胤丹, 王振国. 数字贸易规则与中国企业全球价值

链位置 [J]. 中国工业经济, 2023 (4): 60 - 78.

[41] 黄光灿, 王珏, 马莉莉. 全球价值链视角下中国制造业升级研究——基于全产业链构建 [J]. 广东社会科学, 2019 (1): 54 - 64.

[42] 黄光灿, 王珏, 马莉莉. 中国制造业全球价值链分工地位核算研究 [J]. 统计与信息论坛, 2018, 33 (12): 20 - 29.

[43] 黄丽华, 朱海林, 刘伟华, 等. 企业数字化转型和管理: 研究框架与展望 [J]. 管理科学学报, 2021 (8): 26 - 30.

[44] 黄亮雄, 林子月, 王贤彬. 工业机器人应用与全球价值链重构——基于出口产品议价能力的视角 [J]. 中国工业经济, 2023 (2): 74 - 92.

[45] 黄群慧, 余泳泽, 张松林. 互联网发展与制造业生产率提升: 内在机制与中国经验 [J]. 中国工业经济, 2019 (8): 5 - 23.

[46] 黄先海, 王瀚迪. 数字产品进口、知识存量与企业数字创新 [J]. 浙江大学学报 (人文社会科学版), 2022, 52 (2): 28 - 43.

[47] 贾怀勤, 高晓雨, 许晓娟, 等. 数字贸易测度的概念架构、指标体系和测度方法初探 [J]. 统计研究, 2021, 38 (12): 30 - 41.

[48] 江小涓, 孟丽君. 内循环为主、外循环赋能与更高水平双循环——国际经验与中国实践 [J]. 管理世界, 2021, 37 (1): 1 - 19.

[49] 蒋为, 梅鹤轩, 吴昱霈. 政府与企业间人才配置对出口技术复杂度的影响研究——来自中国的经验证据 [J]. 国际经贸探索, 2019, 35 (1): 35 - 54.

[50] 焦豪. 企业数字化升级的内在逻辑与路径设计研究 [J]. 社会科学辑刊, 2022 (2): 96 - 104.

[51] 鞠雪楠, 赵宣凯, 孙宝文. 跨境电商平台克服了哪些贸易成本?——来自 "敦煌网" 数据的经验证据 [J]. 经济研究, 2020, 55 (2): 181 - 196.

[52] 孔存玉, 丁志帆. 制造业数字化转型的内在机理与实现路径 [J]. 经济体制改革, 2021 (6): 98 - 102.

[53] 孔静, 傅元海. 科技自立自强与制造业全球价值链高端: 嵌入

机制与路径 [J]. 经济学家, 2023 (8): 65 - 75.

[54] 跨境电商研究院, 2020 年中国跨境电商市场发展报告 [R]. 2020.

[55] 李兵, 李柔. 互联网与企业出口: 来自中国工业企业的微观经验证据 [J]. 世界经济, 2017, 40 (7): 102 - 125.

[56] 李晨, 王丽媛. 中国主导的"一带一路"沿线国家区域价值链构建研究——以水产品出口贸易为例 [J]. 宏观经济研究, 2018, 238 (9): 72 - 84.

[57] 李跟强, 潘文卿. 国内价值链如何嵌入全球价值链: 增加值的视角 [J]. 管理世界, 2016 (7): 10 - 22, 187.

[58] 李宏, 乔越. 网络基础设施建设与企业全球价值链嵌入——基于"宽带中国"战略的准自然实验 [J]. 国际商务 (对外经济贸易大学学报), 2023 (2): 18 - 32.

[59] 李金城, 周咪咪. 互联网能否提升一国制造业出口复杂度 [J]. 国际经贸探索, 2017, 33 (4): 24 - 38.

[60] 李小平, 余娟娟, 余东升, 等. 跨境电商与企业出口产品转换 [J]. 经济研究, 2023, 58 (1): 124 - 140.

[61] 李正, 武友德, 胡平平. 1995—2011 年中国制造业全球价值链动态演进过程分析——基于 Ti VA 数据库的新兴市场国家比较 [J]. 国际贸易问题, 2019 (5): 69 - 84.

[62] 李洲, 马野青. 三次产业增加值分解视角下的中国出口技术复杂度——兼评经济开放对产业技术升级的重要性 [J]. 国际贸易问题, 2020 (1): 1 - 16.

[63] 联合国欧洲经济委员会. 全球化对国民核算的影响指南 [R]. 2011.

[64] 刘斌, 顾聪. 跨境电商对企业价值链参与的影响——基于微观数据的经验分析 [J]. 统计研究, 2022, 39 (8): 72 - 87.

[65] 刘斌, 潘彤. 人工智能对制造业价值链分工的影响效应研究 [J]. 数量经济技术经济研究, 2020, 37 (10): 24 - 44.

[66] 刘洪愧. 数字贸易发展的经济效应与推进方略 [J]. 改革, 2020 (3): 40 –52.

[67] 刘会政, 肖音, 张鹏杨. 数字贸易、出口多样化与企业产出波动——以加入跨境电商平台为准自然实验 [J]. 国际贸易问题, 2022 (12): 54 –69.

[68] 刘佳琪, 孙浦阳. 数字产品进口如何有效促进企业创新——基于中国微观企业的经验分析 [J]. 国际贸易问题, 2021 (8): 38 –53.

[69] 刘威, 杜雪利, 李炳. 金融发展对中国出口复杂度的影响渠道研究 [J]. 国际金融研究, 2018 (2): 87 –96.

[70] 刘意, 谢康, 邓弘林. 数据驱动的产品研发转型: 组织惯例适应性变革视角的案例研究 [J]. 管理世界, 2020, 36 (3): 164 –182.

[71] 刘宇英, 盛斌. 数字经济与全球价值链国内链长 [J]. 财经研究, 2023, 49 (4): 35 –49.

[72] 刘玉荣, 杨柳, 刘志彪. 跨境电子商务与生产性服务业集聚 [J]. 世界经济, 2023, 46 (3): 63 –93.

[73] 刘悦, 凌丹, 刘慧岭. 高标准区域贸易协定是否有助于中国制造业产业链固链强链? [J]. 世界经济研究, 2023 (10): 120 –134, 137.

[74] 刘姿均, 陈文俊. 中国互联网发展水平与经济增长关系实证研究 [J]. 经济地理, 2017, 37 (8): 108 –113, 154.

[75] 刘子鹏, 许培源, 朱廷珺. 地理区位优势、生产规模扩张与全球价值链位置攀升 [J]. 国际贸易问题, 2023 (3): 106 –123.

[76] 卢福财, 金环. 互联网是否促进了制造业产品升级——基于技术复杂度的分析 [J]. 财贸经济, 2020, 41 (5): 99 –115.

[77] 陆菁, 傅诺. 全球数字贸易崛起: 发展格局与影响因素分析 [J]. 社会科学战线, 2018 (11): 2, 57 –66, 281.

[78] 罗军, 邱海桐. 城市数字经济驱动制造业绿色发展的空间效应 [J]. 经济地理, 2022, 42 (12): 13 –22.

[79] 吕延方, 方若楠, 王冬. 全球数字服务贸易网络的拓扑结构特征及影响机制 [J]. 数量经济技术经济研究, 2021, 38 (10): 128 –147.

[80] 吕越, 陈帅, 盛斌. 嵌入全球价值链会导致中国制造的"低端锁定"吗? [J]. 管理世界, 2018, 34 (8): 11－29.

[81] 吕越, 谷玮, 尉亚宁, 等. 人工智能与全球价值链网络深化 [J]. 数量经济技术经济研究, 2023 (1): 128－151.

[82] 吕越, 洪俊杰, 陈泳昌, 等. 双重电商平台出口的规模效应与中间品效应——兼论新发展格局下两个市场的利用 [J]. 经济研究, 2022, 57 (8): 137－153.

[83] 马丹, 何雅兴, 郁霞. 双重价值链、经济政策不确定性与区域贸易竞争力——"一带一路"建设的视角 [J]. 中国工业经济, 2021 (4): 81－99.

[84] 马其家, 李晓楠. 国际数字贸易背景下数据跨境流动监管规则研究 [J]. 国际贸易, 2021, 471 (3): 74－81.

[85] 马述忠, 房超, 梁银锋. 数字贸易及其时代价值与研究展望 [J]. 国际贸易问题, 2018 (10): 16－30.

[86] 马述忠, 房超, 张洪胜. 跨境电商能否突破地理距离的限制 [J]. 财贸经济, 2019, 40 (8): 116－131.

[87] 马述忠, 房超. 跨境电商与中国出口新增长——基于信息成本和规模经济的双重视角 [J]. 经济研究, 2021, 56 (6): 159－176.

[88] 马述忠, 郭继文. 制度创新如何影响我国跨境电商出口? ——来自综试区设立的经验证据 [J]. 管理世界, 2022, 38 (8): 83－102.

[89] 马述忠, 胡增玺. 跨境电子商务对我国企业出口市场组合风险的影响 [J]. 财贸经济, 2022, 43 (7): 149－164.

[90] 马述忠, 胡增玺. 数字金融是否影响劳动力流动?——基于中国流动人口的微观视角 [J]. 经济学 (季刊), 2022, 22 (1): 303－322.

[91] 马述忠, 张洪胜, 王笑笑. 融资约束与全球价值链地位提升——来自中国加工贸易企业的理论与证据 [J]. 中国社会科学, 2017 (1): 83－107, 206.

[92] 毛基业, 陈诚. 案例研究的理论构建: 艾森哈特的新洞见 [J]. 管理世界, 2017 (2): 135－141.

［93］孟夏，董文婷. 企业数字化转型与出口竞争力提升——来自中国上市公司的证据［J］. 国际贸易问题，2022（10）：73－89.

［94］裴长洪，刘洪愧. 中国怎样迈向贸易强国：一个新的分析思路［J］. 经济研究，2017，52（5）：26－43.

［95］彭水军，吴腊梅. 中国在全球价值链中的位置变化及驱动因素［J］. 世界经济，2022，45（5）：3－28.

［96］戚聿东，刘翠花，丁述磊. 数字经济发展、就业结构优化与就业质量提升［J］. 经济学动态，2020，717（11）：17－35.

［97］前瞻产业研究院. 预见2022：2021年中国跨境电商行业全景图谱［R］. 2021.

［98］钱学锋，范冬梅. 国际贸易与企业成本加成：一个文献综述［J］. 经济研究，2015（2）：172－185.

［99］任婉婉，梁绮慧. 虚拟集聚与企业出口国内增加值率——基于上下游关联视角［J］. 国际贸易问题，2022（11）：53－68.

［100］沈国兵，袁征宇. 企业互联网化对中国企业创新及出口的影响［J］. 经济研究，2020，55（1）：33－48.

［101］沈玉良，彭羽，高疆，等. 是数字贸易规则，还是数字经济规则？——新一代贸易规则的中国取向［J］. 管理世界，2022（8）：67－82.

［102］盛斌，高疆. 超越传统贸易：数字贸易的内涵、特征与影响［J］. 国外社会科学，2020（4）：18－32.

［103］盛斌，刘宇英. 中国数字经济发展指数的测度与空间分异特征研究［J］. 南京社会科学，2022（1）：43－54.

［104］施炳展，金祥义. 注意力配置、互联网搜索与国际贸易［J］. 经济研究，2019，54（11）：71－86.

［105］施炳展. 中国出口产品的国际分工地位研究——基于产品内分工的视角［J］. 世界经济研究，2010（1）：56－62，88－89.

［106］史沛然. "韧性供应链"战略与中国在全球价值链中的角色再定位［J］. 太平洋学报，2022，30（9）：62－75.

［107］宋全云，李晓，钱龙. 经济政策不确定性与企业贷款成本

[J]. 金融研究, 2019, 469 (7): 57 - 75.

[108] 苏丹妮, 盛斌, 邵朝对. 产业集聚与企业出口产品质量升级 [J]. 中国工业经济, 2018 (11): 117 - 135.

[109] 苏敏, 夏杰长. 数字经济中竞争性垄断与算法合谋的治理困境 [J]. 财经问题研究, 2021, 456 (11): 37 - 46.

[110] 苏庆义. 全球价值链: 测度与应用 [M]. 北京: 中国社会科学出版社, 2021.

[111] 孙楚仁, 覃卿, 王松. 城市中心性能促进城市出口结构升级吗?: 来自中国城市和城市群的证据 [J]. 世界经济研究, 2021 (1): 17 - 31, 134.

[112] 孙杰. 从数字经济到数字贸易: 内涵、特征、规则与影响 [J]. 国际经贸探索, 2020, 36 (5): 87 - 98.

[113] 孙黎, 许唯聪. 数字经济对地区全球价值链嵌入的影响——基于空间溢出效应视角的分析 [J]. 经济管理, 2021, 43 (11): 16 - 34.

[114] 孙浦阳, 张靖佳, 姜小雨. 电子商务、搜寻成本与消费价格变化 [J]. 经济研究, 2017, 52 (7): 139 - 154.

[115] 孙新波, 钱雨, 张明超. 大数据驱动企业供应链敏捷性的实现机理研究 [J]. 管理世界, 2019, 35 (9): 133 - 151.

[116] 孙新波, 张媛, 王永霞, 等. 数字价值创造: 研究框架与展望 [J]. 外国经济与管理, 2021, 43 (10): 35 - 49.

[117] 万兴, 杨晶. 互联网平台选择、纵向一体化与企业绩效 [J]. 中国工业经济, 2017, 34 (7): 156 - 174.

[118] 王海忠, 闫怡, 何朕鑫. 消费者参与新产品构思对线上社群成员自我—品牌联接和品牌依恋的影响 [J]. 管理学报, 2017, 14 (3): 400 - 413.

[119] 王瀚迪. 数字产品进口、知识存量与企业数字创新 [J]. 浙江大学学报 (人文社会科学版), 2022 (2): 28 - 43.

[120] 王厚双, 盛新宇, 赵鲁南. 长江经济带对外贸易竞争力水平测度及比较研究 [J]. 经济理论与经济管理, 2021, 41 (8): 96 - 112.

[121] 王璐, 吴群锋, 罗頔. 市场壁垒、行政审批与企业价格加成 [J]. 中国工业经济, 2020 (6): 100 – 117.

[122] 王云飞, 李之旭, 高运胜. 中欧垂直专业化分工结构与就业效应研究 [J]. 世界经济研究, 2020 (2): 121 – 134, 137.

[123] 王振国, 张亚斌, 单敬, 等. 中国嵌入全球价值链位置及变动研究 [J]. 数量经济技术经济研究, 2019, 36 (10): 77 – 95.

[124] 王志盼, 张清凌, 宋小青, 等. 基于位置大数据的中国跨境电商时空格局变化及其影响机制 [J]. 经济地理, 2022, 42 (1): 44 – 52.

[125] 魏远山. 博弈论视角下跨境数据流动的问题与对策研究 [J]. 西安交通大学学报 (社会科学版), 2021, 41 (5): 114 – 126.

[126] 习近平. 不断做强做优做大我国数字经济 [J]. 求是, 2022 (2): 1 – 5.

[127] 夏杰长, 李銮淏. 数字化赋能国际贸易高质量发展: 作用机理、现实挑战和实施路径 [J]. 国际贸易, 2023 (1): 56 – 65.

[128] 肖静华, 胡杨颂, 吴瑶. 成长品: 数据驱动的企业与用户互动创新案例研究 [J]. 管理世界, 2020, 36 (3): 183 – 205.

[129] 谢地, 荣莹, 叶子祺. 城市高质量发展与城市群协调发展: 马克思级差地租的视角 [J]. 经济研究, 2022 (10): 156 – 172.

[130] 信超辉, 毛艳华. 外资进入加剧了中国全球价值链地位的"低端锁定"吗? ——来自中国 282 个地级市金融发展的经验证据 [J]. 经济社会体制比较, 2022 (4): 29 – 39.

[131] 徐金海, 周蓉蓉. 数字贸易规则制定: 发展趋势、国际经验与政策建议 [J]. 国际贸易, 2019 (6): 61 – 68.

[132] 徐维祥, 周建平, 刘程军. 数字经济发展对城市碳排放影响的空间效应 [J]. 地理研究, 2022, 41 (1): 111 – 129.

[133] 许恒, 张一林, 曹雨佳. 数字经济、技术溢出与动态竞合政策 [J]. 管理世界, 2020, 36 (11): 63 – 84.

[134] 许宪春, 张美慧. 中国数字经济规模测算研究——基于国际比较的视角 [J]. 中国工业经济, 2020, 386 (5): 23 – 41.

［135］阳镇，陈劲，吴海军. "拥抱"还是"拒绝"：经济政策不确定性与企业数字化转型［J］. 经济学家，2023，289（1）：45－54.

［136］杨坚争，郑碧霞，杨立钒. 基于因子分析的跨境电子商务评价指标体系研究［J］. 财贸经济，2014，35（9）：94－102.

［137］杨晶，李先国，陈宁颉. 在线品牌社区情境下顾客参与对顾客购买意愿的影响机制研究［J］. 中国软科学，2017（12）：116－126.

［138］姚战琪，熊琪颜. 数字化对我国区域经济国际竞争力的影响研究［J］. 国际经贸探索，2023，39（1）：4－18.

［139］姚战琪. 人力资本、协同集聚对出口技术复杂度的影响：基于有调节的中介效应视角［J］. 西安交通大学学报（社会科学版），2020，40（4）：80－90.

［140］姚战琪. 数字经济对我国制造业出口竞争力的影响及其门槛效应［J］. 改革，2022（2）：61－75.

［141］姚枝仲. 贸易强国的测度：理论与方法［J］. 世界经济，2019，42（10）：3－22.

［142］易行健，周利. 数字普惠金融发展是否显著影响了居民消费——来自中国家庭的微观证据［J］. 金融研究，2018（11）：47－67.

［143］易靖韬，王悦昊. 数字化转型对企业出口的影响研究［J］. 中国软科学，2021（3）：94－104.

［144］于伟，张鹏，姬志恒. 中国城市群生态效率的区域差异、分布动态和收敛性研究［J］. 数量经济技术经济研究，2021，38（1）：23－42.

［145］岳云嵩，李兵. 电子商务平台应用与中国制造业企业出口绩效——基于"阿里巴巴"大数据的经验研究［J］. 中国工业经济，2018（8）：97－115.

［146］岳云嵩，李柔. 数字服务贸易国际竞争力比较及对我国启示［J］. 中国流通经济，2020（4）：12－20.

［147］岳云嵩，赵佳涵. 数字服务出口特征与影响因素研究——基于跨国面板数据的分析［J］. 上海经济研究，2020（8）：106－118.

［148］张春飞，岳云嵩. 我国数字贸易创新发展的现状、问题与对策

研究 [J]. 电子政务, 2023 (2): 96 - 106.

[149] 张峰, 刘曦苑, 武立东, 等. 产品创新还是服务转型: 经济政策不确定性与制造业创新选择 [J]. 中国工业经济, 2019, 376 (7): 101 - 118.

[150] 张洪胜, 潘钢健. 跨境电子商务与双边贸易成本: 基于跨境电商政策的经验研究 [J]. 经济研究, 2021, 56 (9): 141 - 157.

[151] 张慧, 江民星, 彭璧玉. 经济政策不确定性与企业退出决策: 理论与实证研究 [J]. 财经研究, 2018, 44 (4): 116 - 129.

[152] 张家滋, 刘雅婕, 何文举. 互联网发展对城市贸易产业和收入差距的影响 [J]. 经济地理, 2021, 41 (2): 47 - 54.

[153] 张帅, 吴珍玮, 陆朝阳, 等. 中国省域数字经济与实体经济融合的演变特征及驱动因素 [J]. 经济地理, 2022, 42 (7): 22 - 32.

[154] 张先锋, 张敬松, 夏宏博. 贸易自由化、相对价格效应与技能溢价 [J]. 财贸研究, 2015, 26 (3): 79 - 87, 132.

[155] 张骁, 吴琴, 余欣. 互联网时代企业跨界颠覆式创新的逻辑 [J]. 中国工业经济, 2019 (3): 156 - 174.

[156] 张小云, 凌丹. 中间品技术溢出与制造业全球价值链地位攀升——双循环下的理论与经验分析 [J]. 国际贸易问题, 2023 (9): 159 - 174.

[157] 张勋, 万广华, 吴海涛. 缩小数字鸿沟: 中国特色数字金融发展 [J]. 中国社会科学, 2021, 308 (8): 35 - 51, 204 - 205.

[158] 张莹, 朱小明. 经济政策不确定性对出口质量和价格的影响研究 [J]. 国际贸易问题, 2018, 425 (5): 12 - 25.

[159] 张正荣, 杨金东, 顾国达. 数字贸易的概念维度、国际规则与商业模式 [J]. 经济学家, 2021 (4): 61 - 69.

[160] 赵春明, 李震, 王贝贝, 等. 经济集聚与价值链嵌入位置——基于企业出口上游度的分析视角 [J]. 国际贸易问题, 2020 (9): 81 - 96.

[161] 郑展鹏, 王洋东. 国际技术溢出、人力资本与出口技术复杂度 [J]. 经济学家, 2017 (1): 97 - 104.

[162] 中国信息通信研究院. 大数据白皮书（2022 年）［R］. 2023.

[163] 中国信息通信研究院. 全球数字经贸规则年度观察报告（2022年）［R］. 2022.

[164] 中国信息通信研究院. 数字贸易发展白皮书：驱动变革的数字服务贸易［R］. 2020.

[165] 中国信息通信研究院. 数字贸易发展与影响白皮书（2019 年）［R］. 2019.

[166] 中华人民共和国商务部服务贸易和商贸服务业司. 中国数字服务贸易发展报告 2018［R］. 2019.

[167] 中华人民共和国商务部服务贸易和商贸服务业司. 中国数字贸易发展报告 2021［R］. 2022.

[168] 周蕾, 朱勤, 夏晴. 全球化战略背景下会展服务企业的数字化转型路径分析——以浙江米奥兰特商务会展股份公司为例［M］// 金旭. 中国外经贸改革与发展（2023）. 北京：中国商务出版社, 2023.

[169] 周茂, 李雨浓, 姚星, 等. 人力资本扩张与中国城市制造业出口升级：来自高校扩招的证据［J］. 管理世界, 2019, 35（5）：64 - 77, 198 - 199.

[170] 周念利, 陈寰琦. RTAs 框架下美式数字贸易规则的数字贸易效应研究［J］. 世界经济, 2020（10）：28 - 51.

[171] 周念利, 李玉昊. 全球数字贸易治理体系构建过程中的美欧分歧［J］. 理论视野, 2017（9）：76 - 81.

[172] 周念利, 姚亭亭. 跨境数据流动限制对数字服务进口的影响测度及异质性考察［J］. 国际商务, 2021（2）：1 - 15.

[173] 周升起, 兰珍先, 付华. 中国制造业在全球价值链国际分工地位再考察——基于 Koopman 等的"GVC 地位指数"［J］. 国际贸易问题, 2014（2）：3 - 12.

[174] 朱勤, 刘玥, 杨晶晶. 数字化转型促进区域贸易竞争力提升的空间效应［J］. 经济地理, 2023（12）：126 - 134.

[175] 朱勤, 刘玥, 郑梦洁. 互联网平台赋权对顾客忠诚度的影响机

制研究 [J]. 华东经济管理, 2023, 37 (2): 111-119.

[176] 朱勤, 刘玥. 数字贸易发展背景下跨境数据流动国际治理及我国的探索 [J]. 科技管理研究, 2023, 43 (7): 151-157.

[177] 朱勤, 孙元, 周立勇. 平台赋能、价值共创与企业绩效的关系研究 [J]. 科学学研究, 2019, 37 (11): 2026-2033, 2043.

[178] 朱勤, 于海静, 李兵涛. 互联网发展与城市出口技术复杂度提升 [J]. 浙江社会科学, 2021 (10): 4-11, 62, 155.

[179] 朱勤, 周祥祥. 数字贸易发展如何影响全球价值链地位提升?: 来自中国城市层面的经验证据 [J]. 世界经济研究, 2024 (4): 105-115, 136.

[180] 朱勤. 我国互联网平台型企业市场势力的形成、影响及其规制研究 [M]. 北京: 经济科学出版社, 2021.

[181] 朱勤. 城市互联网发展对出口企业市场势力的影响研究 [J]. 商业经济与管理, 2021 (7): 87-96.

[182] 祝树金, 申志轩, 文茜, 等. 经济政策不确定性与企业数字化战略: 效应与机制 [J]. 数量经济技术经济研究, 2023 (3): 1-23.

[183] 卓乘风, 邓峰. 基础设施投资与制造业贸易强国建设——基于出口规模和出口技术复杂度的双重视角 [J]. 国际贸易问题, 2018 (11): 104-119.

[184] 宗良, 林静慧, 吴丹. 全球数字贸易崛起: 时代价值与前景展望 [J]. 国际贸易, 2019 (10): 58-63.

[185] Acs Z J, A K Song, L Szerb, D B Audretsch, E Komlosi. The evolution of the global digital platform economy: 1971-2021 [J]. Small Business Economics, 2021, 57 (4): 1629-1659.

[186] Aguerre C. Digital trade in Latin America: Mapping issues and approaches [J]. Digital Policy, Regulation and Governance, 2019, 21 (1): 2-18.

[187] Albukhitan S. Developing digital transformation strategy for manufacturing [J]. Procedia Computer Science, 2020, 170: 664-671.

［188］Antras P, Chor D, Fally T, Hillberry R. Measuring the upstreamness of production and trade flows ［J］. American Economic Review (AER), 2012, 102 (3): 412 – 416.

［189］Arvin M B, R P Pradhan, M Nair. Uncovering interlinks among ICT connectivity and penetration, trade openness, foreign direct investment, and economic growth: The case of the G – 20 countries ［J］. Telematics and Informatics, 2021, 60: 101567.

［190］Azmeh S, C Foster, J Echavarri. The international trade regime and the quest for free digital trade ［J］. International Studies Review, 2020, 22 (3): 671 – 692.

［191］Bas Maria, Strauss – Kahn Vanessa. Input – trade liberalization, export prices and quality upgrading ［J］. Journal of International Economics, 2015, 95 (2): 250 – 262.

［192］BEA. Defining and measuring the digital economy 2018 ［R］. 2018.

［193］Berman S J. Digital transformation: Opportunities to create new business models ［J］. Strategy & Leadership, 2012, 40 (2): 16 – 24.

［194］Blaum J, Claire L, Michael P. The gains from input trade in firm – based models of importing ［R］. 2015.

［195］Boersma K, Kingma S. From means to ends: The transformation of ERP in a manufacturing company ［J］. The Journal of Strategic Information Systems, 2005, 14 (2): 197 – 219.

［196］Bojnec S, Ferto I. Impact of the internet on manufacturing trade ［J］. Joint International Conference on Information Sciences, 2015, 59 (1): 124 – 132.

［197］Brodny J, M Tutak. Assessing the level of digitalization and robotization in the enterprises of the European Union Member States ［J］. PloS one, 2021, 16 (7): e0254993.

［198］BSA. Cross – border data flows 2017 ［R］. 2017.

[199] Bunje M Y, S Abendin, Y Wang. The multidimensional effect of financial development on trade in Africa: The role of the digital economy [J]. Telecommunications Policy, 2022, 46 (10): 102444.

[200] Burri M. Towards a new treaty on digital trade [J]. Journal of World Trade, 2021, 55 (1): 77 – 100.

[201] Carballo J, Handley K, Limão N. Economic and policy uncertainty: Aggregate export dynamics and the value of agreements [J]. Journal of International Economics, 2022, 139: 103661.

[202] Carlson J. Enhancing brand relationship performance through customer participation and value creation in social media brand communities [J]. Journal of Retailing and Consumer Service, 2018, 50 (8): 1 – 9.

[203] Chatterjee D, Grewal R, Sambamurthy V. Shaping up for ecommerce: Institutional enablers of the organizational assimilation of web technologies [J]. MIS Quarterly, 2002, 26 (2): 65 – 89.

[204] Chen J E, Pan S L, Ouyang T H. Routine reconfiguration in traditional companies' ecommerce strategy implementation: A trajectory perspective [J]. Information Management, 2014, 51 (2): 270 – 282.

[205] Chen X, Cheng L K, Fung K C, et al. Domestic value added and employment generated by Chinese exports: A quantitative estimation [J]. China Economic Review, 2012, 23 (4): 850 – 864.

[206] Chen X, Q Meng, J Shi, Y Liu, J Sun, W Shen. Regional differences and convergence of carbon emissions intensity in cities along the Yellow River basin in China [J]. Land, 2022, 11 (7): 1042.

[207] Chen Y, B Liu, Y Shen, X Wang. Spatial analysis of change trend and influencing factors of total factor productivity in China's regional construction industry [J]. Applied Economics, 2018, 50 (25): 2824 – 2843.

[208] Chen Z, J Lin, J Li, Z Chen. Digital trade: Definition, measurement and development [J]. Scientific and Social Research, 2022, 4 (1): 112 – 118.

［209］ Choi C. The Effect of the internet on service trade ［J］. Economics Letters, 2010, 109 (2): 102 – 104.

［210］ Chor, Davin, Kalina Manova, Zhihong Yu. The global production line position of Chinese firms ［C］. Industrial Upgrading and Urbanization Conference, Stockholm, 2014.

［211］ Claro D P, Claro P B O. Collaborative buyer – supplier relationships and downstream information in marketing channels ［J］. Industrial marketing management, 2010, 39 (2): 221 – 228.

［212］ Cui M, Pan S L. Developing focal capabilities for ecommerce adoption: A resource orchestration perspective ［J］. Information Management, 2015, 52 (2): 200 – 209.

［213］ Dehning B, Richardson V J, Zmud R W. The value relevance of announcements of transformational information technology investments ［J］. MIS Quarterly, 2003, 27 (4): 637 – 656.

［214］ DEPA. Singapore ministry of trade and industry ［R］. 2022.

［215］ Duong H N, Nguyen J H, Nguyen M, et al. Navigating through economic policy uncertainty: The role of corporate cash holdings ［J］. Journal of Corporate Finance, 2020, 62: 101607.

［216］ Fisher D, Smith S. Cocreation is chaotic: What it means for marketing when no one has control ［J］. Marketing Theory, 2011, 11 (3): 325 – 350.

［217］ Gao H. Digital or trade? The contrasting approaches of China and US to digital trade ［J］. Journal of International Economic Law, 2018, 21 (2): 297 – 321.

［218］ García C B, Salmerón R, García C G, Pérez J G. Residualization: Justification, properties and application ［J］. Journal of Applied Statistics, 2020, 47 (11): 1990 – 2010.

［219］ Goldberg, Pinelopi Koujianou, et al. Imported intermediate inputs and domestic product growth: Evidence from India ［J］. The Quarterly Journal of Economics，2010，125（4）：1727 - 1767.

［220］ Goldfarb A C，Tucker. Digital economics ［J］. Journal of Economic Literature，2019，57（1）：3 - 43.

［221］ Grossman G M，Helpman E. Trade，knowledge spillovers，and growth ［J］. European Economic Review，1991，35（2 - 3）：517 - 526.

［222］ Gulen H，Lon M. Policy uncertainty and corporate investment ［J］. Review of Financial Studies，2016，29（3）：523 - 564.

［223］ Hallak J C，J Sivadasan. Product and process productivity：Implications for quality choice and conditional exporter premia ［J］. Journal of International Economics，2013，91（1）：53 - 67.

［224］ Hallak，Juan Carlos，Peter K Schott. Estimating cross - country differences in product quality ［J］. The Quarterly Journal of Economics，2011，126（1）：417 - 474.

［225］ Han H，Nguyen H N，Song H J. Role of social network services （SNS）sales promotions in generating brand loyalty for chain steakhouses ［J］. Journal of Quality Assurance in Hospitality & Tourism，2019，20（5）：617 - 645.

［226］ Harmeling C，Calson B. Sports sponsorship effectiveness：The impact of transformational consumption experiences ［J］. Developments in Marketing Science：Proceedings of the Academy of Marketing Science Book Serie，2016：785.

［227］ Hausman R，J Hwang，D Rodrik. What you export matters ［J］. Journal of Economic Growth，2007，12（1）：1 - 25.

［228］ Heo P S，Lee D H. Evolution of the linkage structure of ICT industry and its role in the economic system：The case of Korea ［J］. Information Technology for Development，2019，25（3）：424 - 454.

［229］ Hofheinz P，M Mandel. Uncovering the hidden value of digital trade ［J］. The Lisbon Council，2015，19：1 - 12.

［230］ Hollebeek L D，Srivastava R K，Chen T S - D. Logic - informed customer engagement: integrative framework, revised fundamental propositions, and application to CRM [J]. Journal of the Academy of Marketing Science, 2016, 47 (1): 161 – 185.

[231] Holweg M, Pil F K. Theoretical perspectives on the coordination of supply chains [J]. Journal of Operations Management, 2008, 26 (3): 389 – 406.

[232] Hu Y, H Zhou, B Yan, Z Zou, Y Li. An assessment of China's digital trade development and influencing factors [J]. Frontiers in Psychology, 2022, 13: 837885.

[233] Hummels D, Ishii J, Yi K M. The nature and growth of vertical specialization in world trade [J]. Journal of International Economics, 2001, 54 (1): 75 – 96.

[234] Jiang M, P Jia. Does the level of digitalized service drive the global export of digital service trade? Evidence from global perspective [J]. Telematics and Informatics, 2022, 72: 101853.

[235] Jie W, Yao. ICT's effect on trade: Perspective of comparative advantage [J]. Economics Letters, 2017, 155: 96 – 99.

[236] Kaufmann A, Lehner P, Todtling F. Effects of the internet on the spatial structure of innovation networks [J]. Information Economics and Policy, 2003, 15 (3): 402 – 424.

[237] Kim T Y, Dekker R, Heij C. Cross – border electronic commerce: Distance effects and express delivery in European Union markets [C]. International Journal of Electronic Commerce, 2017, 21 (2): 184 – 218.

[238] Knudsen E S, Lien L B, Timmermans B, et al. Stability in turbulent times? The effect of digitalization on the sustainability of competitive advantage [J]. Journal of Business Research, 2021, 128: 360 – 369.

[239] Kofi Q D, Charlene A, Dadzie, Alvin J W. Trust and duration of buyer – seller relationship in emerging market [J]. Journal of Business & Industrial Marketing, 2018, 2 (1): 134 – 144.

［240］Kumar J, Nayak J K. Consumer psychological motivations to customer brand engagement: A case of brand community ［J］. Journal of Consumer Marketing, 2019 (1): 168 – 177.

［241］Li L, Su F, Zhang W, Mao J Y. Digital transformation by SME entrepreneurs: A capability perspective ［J］. Information Systems Journal, 2018, 28 (6): 1129 – 1157.

［242］Li S, B. Ragunathan T S, et al. The impact of supply chain management practices on competitive advantage and organizational performance ［J］. Omega, 2006, 34 (2): 107 – 124.

［243］Li Z, Y Liu. Research on the spatial distribution pattern and influencing factors of digital economy development in China ［J］. IEEE Access, 2021, 9: 63094.

［244］Lin X, L Hyukku. Analysis of the development and influence factors of global digital trade ［J］. Korean – Chinese Social Science Studies, 2021, 19 (4): 66 – 84.

［245］Lis, Karahanna E. Online recommendation systems in a B2C e – commerce context: A review and future directions ［J］. Journal of the Association for Information Systems, 2015, 16 (2): 72 – 107.

［246］Liu J. China's data localization ［J］. Chinese Journal of Communication, 2020, 13 (1): 84 – 103.

［247］Liu T, W Liu, E Elahi, X Liu. Supply Chain finance and the sustainable growth of Chinese firms: The moderating effect of digital finance ［J］. Frontiers in Environmental Science, 2022, 10: 788922182.

［248］Long R, S Bao, M Wu, H. Chen. Overall evaluation and regional differences of green transformation: Analysis based on "government – enterprise – resident" three – dimensional participants perspective ［J］. Environmental Impact Assessment Review, 2022, 96: 106843.

［249］Long Y. Export competitiveness of agricultural products and agricultural sustainability in China ［J］. Regional Sustainability, 2021, 2 (3): 203 –

210.

［250］Lv C，B Bian，C Lee，Z He. Regional gap and the trend of green finance development in China ［J］. Energy Economics，2021，102：105476.

［251］Ma S Z，C Fang，Y F Liang. Digital trade：Definition，practical significance and research prospects ［J］. Journal of International Trade，2018，10：16 – 30.

［252］Ma S Z，J W Guo，H S Zhang. Policy analysis and development evaluation of digital trade：An international comparison ［J］. China & World Economy，2019，27（3）：49 – 75.

［253］Meltzer J P，Lovelock P. Regulating for a digital economy：Understanding the importance of cross – border data flows in Asia ［J］. Global Economy and Development Working Paper，2018，113：1 – 51.

［254］Mu Y F，Chen Z. How the internet promotes China's exports：A firm – level perspective ［J］. China & World Economy，2020，28（5）：118 – 142.

［255］Nambisan S，Wright M，Feldman M. The digital transformation of innovation and entrepreneurship：Progress，challenges and key themes ［J］. Research Policy，2019：103773.

［256］National Bureau of Economic Research. Characterizing global value chains：Production length and upstreamness ［R］. 2017.

［257］National Bureau of Economic Research. Give credit where credit is due：Tracing value added in global production chains ［R］. 2010.

［258］National Bureau of Economic Research. The gains from input trade in firm – based models of importing ［R］. 2015.

［259］OECD Trade Policy Papers. Digital trade and market openness ［R］. 2018.

［260］OECD. Measuring the economic value of data and cross – border data flows ［R］. 2021.

［261］OECD. Trade and cross – border data flows ［R］. 2018.

[262] OECD. OECD digital economy outlook 2017 [M]. Paris: OECD Publishing, 2017.

[263] OECD. Measuring digital trade: Towards a conceptual framework [R]. 2017.

[264] OECD. Towards a handbook on measuring digital trade: Status update [R]. 2018.

[265] Ou C X, Pavlou P A, Davison R M. Swift guanxi in online marketplaces: The role of computer – mediated communication technologies [J]. MIS quarterly, 2014, 38 (1): 209 – 230.

[266] Paunov C, Rollov. Has the internet fostered inclusive innovation in the developing world [J]. World Development, 2016, 78: 587 – 609.

[267] Porter M E, Kramer M R. The competitive advantage of corporate philanthropy [J]. Harvard Business Review, 2002, 80 (12): 56 – 68.

[268] Rachel F. Internet regimes and WTO e-commerce negotiations [J]. Congressional Research Service, 2020: 62202.

[269] Ramaswamy V, Ozcan K. Brand value co-creation in a gigitalized world: An integrative framework and research implications [J]. International Journal of Research in Marketing, 2016, 33 (1): 93 – 106.

[270] Rodrik D. What's so special about China's exports? [J]. China & World Economy, 2006, 14 (5): 1 – 19.

[271] Rossato F G, Susaeta A, Adams D C, et al. Comparison of revealed comparative advantage indexes with application to trade tendencies of cellulose production from planted forests in Brazil, Canada, China, Sweden, Finland and the United States [J]. Forest Policy and Economics, 2018, 97: 59 – 66.

[272] Saadatmand F, Lindgren R, Schultze U. Configurations of platform organizations: Implications for complementor engagement [J]. Research Policy, 2019, 48 (8): 103770.

[273] Schott P K. Across – product versus within – product specialization in international trade [J]. Quarterly Journal of Economics, 2004, 119 (2):

647 - 678.

［274］Sebastian M, Yuksel, Arnold J A. Consumer - based brand performance model for assessing brand success ［J］. International Journal of Market Research, 2019, 61 (1): 93 - 110.

［275］Shi X, Lin Z, Liu J, Hui Y K. Consumer loyalty toward smartphone brands: The determining roles of deliberate inertia and cognitive lock - in ［J］. Information & Management, 2018, 55 (7): 866 - 876.

［276］Staiger R W. Does digital trade change the purpose of a trade agreement? (No. w29578) ［J］. National Bureau of Economic Research, 2021: 29578.

［277］Stanton J, Wright T, et al. The internet, consumer empowerment and marketing strategies ［J］. European Journal of Marketing, 2006, 40 (9/10): 936 - 949.

［278］Sun M. The internet and SME participation in exports ［J］. Information Economics and Policy, 2021, 57: 100940.

［279］Sun Y, You X. Do digital inclusive finance, innovation, and entrepreneurship activities stimulate vitality of the urban economy? Empirical evidence from the Yangtze River Delta, China ［J］. Technology in Society, 2023: 102200.

［280］Swan T T, Swan B Q, Zhang Z. Exploring new internet measurements on international trade and global human resources ［J］. Journal of Economic Studies, 2021, 48 (2): 428 - 448.

［281］Tan B, Pan S L, Lu X, Huang L. The role of IS capabilities in the development of multi - sided platforms: The digital ecosystem strategy of Alibaba. com ［J］. Journal of the Association for Information Systems, 2015, 16 (4): 248 - 280.

［282］Taylor S A, Hunter G L, Zadeh A H, et al. Value propositions in a digitally transformed world ［J］. Industrial Marketing Management, 2020, 87: 256 - 263.

［283］Teece D J, Pisano G, Shuen A. Dynamic capabilities and strategic management [J]. Strategic Management Journal, 1997, 18 (7): 509 – 533.

[284] Thomas L D W, Autio E, Gann D M. Architectural leverage: Putting platforms in context [J]. The Academy of Management Perspectives, 2014, 28 (2): 198 – 219.

[285] Tiwari A K, M A Nasir, M Shahbaz, I D Raheem. Convergence and club convergence of CO2 emissions at state levels: A nonlinear analysis of the USA [J]. Journal of Cleaner Production, 2021, 288: 125093.

[286] UNCTAD. Digital economy report 2021: Cross – border data flows and development: For whom the data flow [R]. 2021.

[287] UNCTAD. International trade in ICT services and ICT – enabled services [R]. 2015.

[288] UNCTAD. Project on measuring exports of ICT – enabled services (digitally – delivered services) [R]. 2018.

[289] USBEA, Borga M, Koncz – Bruner J. Trends in digitally – enabled trade in services [R]. 2012.

[290] USITC. Digital trade in the US and global economies [R]. 2020.

[291] USITC. Global digital trade 1: Market opportunities and key foreign trade restrictions [R]. 2017.

[292] Vargo S L, Lusch R F. Institutions and axioms: An extension and update of service – dominant logic [J]. Journal of the Academy of Marketing Science, 2016, 44 (1): 5 – 23.

[293] Varnavskii V G. The global transportation and logistics infrastructure [J]. Herald of the Russian Academy of Sciences, 2021, 91 (1): 65 – 72.

[294] Verhoef P C, Broekhuizen T, Bart Y, Bhattacharya A, Dong J Q, Fabian N, Haenlein M. Digital transformation: A multidisciplinary reflection and research agenda [J]. Journal of Business Research, 2021, 122: 889 – 901.

[295] Vial G. Understanding digital transformation: A review and a re-

search agenda [J]. Managing Digital Transformation, 2021: 13 – 66.

[296] Visser R. The effect of the internet on the margins of trade [J]. Information Economics and Policy, 2019, 46 (3): 41 – 54.

[297] Wang Y, Li J. ICT's effect on trade: Perspective of comparative advantage [J]. Economics Letters, 2017, 155: 96 – 99.

[298] Weber R H. Digital trade in WTO – law taking stock and looking ahead [J]. Asian Journal of WTO International Health Law and Policy, 2010, 5 (1): 1 – 24.

[299] WEF. A roadmap for cross border data flows: Future – proofing readiness and cooperation in the new data economy [R]. 2020.

[300] Wen H, W Chen, F Zhou. Does digital service trade boost technological innovation? International evidence [J]. Socio – Economic Planning Sciences, 2023, 88: 101647.

[301] Willemyns I. Agreement forthcoming? A comparison of EU, US, and Chinese RTAs in times of plurilateral e – commerce negotiations [J]. Journal of International Economic Law, 2020, 23 (1): 221 – 244.

[302] WTO. World trade report 2019: The future of services trade [R]. 2019.

[303] Xiao J J, B L Li. Globalization of services in the internet age: A new engine, acceleration and major power competitiveness [J]. Social Sciences in China, 2020, 41 (4): 5 – 23.

[304] Yang Y, N Chen, H Chen. The digital platform, enterprise digital transformation, and enterprise performance of cross – border e – commerce—From the perspective of digital transformation and data elements [J]. Journal of Theoretical and Applied Electronic Commerce Research, 2023, 18 (2): 777 – 794.

[305] Yang, H. Research on international competitiveness and influencing factors of China's digital trade [D]. Suzhou: Suzhou University, 2020.

[306] Yao M, J Duan, Q Wang. Spatial and temporal evolution analysis of industrial green technology innovation efficiency in the Yangtze River economic

belt [J]. International Journal of Environmental Research and Public Health, 2022, 19 (11): 6361.

[307] Ye S, et al. Digital trade feature map: A new method for visualization and analysis of spatial patterns in bilateral trade [J]. ISPRS International Journal of Geo-Information, 2020, 9 (6): 363.

[308] Yi J, Y Zhang, K Liao. Regional differential decomposition and formation mechanism of dynamic carbon emission efficiency of China's logistics industry [J]. International Journal of Environmental Research and Public Health, 2021, 18 (24): 13121.

[309] Yu H, Zhu Q. Impact and mechanism of digital economy on China's carbon emissions: From the perspective of spatial heterogeneity [J]. Environmental Science and Pollution Research, 2023, 30: 9642 – 9657.

[310] Yu, Miaojie, Jin Li. Imported intermediate inputs, firm productivity and product complexity [J]. The Japanese Economic Review (JER), 2014, 65 (2).

[311] Yuan F. Research on the impact evaluation of digital finance on the synergy between economic development and ecological environment [J]. Journal of Environmental and Public Health, 2022: 1714609.

[312] Zhang D, X Zheng. Measurement of digital trade development level and analysis of its influencing factors – A case study of Zhejiang province [J]. Zhejiang Univ. Sci. Technol, 2020, 4: 249 – 271.

[313] Zhang M, Ren C, Wang G A, He Z. The impact of channel integration on consumer responses in omnichannel retailing: The mediating effect of consumer empowerment [J]. Electronic Commerce Research and Applications, 2018, 2 (28): 181 – 193.

[314] Zhu Q, X X Zhou. Regional differences and dynamic evolution of digital trade: Data from China [J]. Applied Economics, 2023 (5): 1 – 19.